Das Buch

Jeder kennt die Gefühle von Angst, Panik und Orientierungslosigkeit, die sich während einer Krise einstellen. An Krisen kann man scheitern, sie können chronisch werden oder sich in Krankheiten äußern. Die Krise bezeichnet einen Tiefpunkt, aber auch gleichzeitig einen Wendepunkt: Sie ist der Abgrund, der zur Neuorientierung zwingt. Und so können Krisen dem Menschen auch die Möglichkeit bieten zu wachsen und zu reifen.
Verena Kast stellt in ihrem Buch zunächst verschiedene Arten von Krisen anhand von anschaulichen Beispielen vor und macht deutlich, daß sich hinter einer Krise oft ein grundlegendes Problem verbirgt, das es zu identifizieren und bewußt zu machen gilt. So sollen die im Patienten schlummernden Möglichkeiten aufgespürt werden, die es ihm erlauben, aus der Krise gewandelt und reicher hervorzugehen. Oft hat der »Kriselnde« nicht die Möglichkeit, das Leben in die Hand zu nehmen und zu verändern, denn nicht selten wirken seine Ängste lähmend. Hier kann der Therapeut eingreifen, mit dessen Hilfe die notwendigen Entscheidungen getroffen werden können. Das Buch verrät eine umfassende Erfahrung, verschweigt auch nicht die Mißerfolge und ist für Therapeuten und vor allem für jeden Betroffenen ein wichtiger und mutmachender Ratgeber.

Die Autorin

Verena Kast, geboren 1943 in der Schweiz, studierte Psychologie, Philosophie und Literatur und promovierte in Jungscher Psychologie. Sie ist Professorin für Psychologie an der Universität Zürich, Dozentin und Lehranalytikerin am C. G. Jung Institut und Psychotherapeutin in eigener Praxis, außerdem 1. Vizepräsidentin der Internationalen Gesellschaft für Analytische Psychologie sowie Vorsitzende der Internationalen Gesellschaft für Tiefenpsychologie. Veröffentlichungen u.a.: ›Trauern‹ (1982), ›Wege aus Angst und Symbiose‹ (1982), ›Mann und Frau im Märchen‹ (1983), ›Familienkonflikte im Märchen‹ (1984), ›Wege zur Autonomie‹ (1985), ›Märchen als Therapie‹ (1986), ›Das Assoziationsexperiment‹ (1988), ›Die Dynamik der Symbole‹ (1990), ›Freude, Inspiration, Hoffnung‹ (1991), ›Die beste Freundin‹ (1992).

Verena Kast:
Der schöpferische Sprung
Vom therapeutischen Umgang mit Krisen

Deutscher
Taschenbuch
Verlag

Meinen krisen-freundlichen Freunden

Von Verena Kast
sind im Deutschen Taschenbuch Verlag erschienen:
Mann und Frau im Märchen (35001)
Wege zur Autonomie (35014)
Wege aus Angst und Symbiose (35020)
Märchen als Therapie (35021)
Familienkonflikte im Märchen (35034)
Imagination als Raum der Freiheit (35088)
Die beste Freundin (35091)
Dynamik der Symbole (35106)

Ungekürzte Ausgabe
1. Auflage Oktober 1989 (dtv 15058)
6. Auflage Februar 1996: 36. bis 39. Tausend
Deutscher Taschenbuch Verlag GmbH & Co. KG, München
© 1987 Walter-Verlag AG, Olten
ISBN 3-530-42105-7
Umschlaggestaltung: Boris Sokolow
Gesamtherstellung: C. H. Beck'sche Buchdruckerei,
Nördlingen
Printed in Germany · ISBN 3-423-35009-1

Inhalt

Vorwort 7

Einleitende Bemerkungen 8

Die Krise als Chance
    Entwicklungs-, Anforderungs-, Verlustkrisen 12
    Charakteristik der Krise 13
    Krise als Umschlagspunkt 16
    Angst und Krise 18
    Ziele der Krisenintervention 22
    Krise und schöpferischer Prozeß 24

Reifungskrisen
    Auslöser und Grundproblematik 29

Über- und Unterstimulierungskrisen
    Umgang mit Emotion und Hemmung 38
    Beispiel für eine Überstimulierungskrise 39
    Beispiel für eine Unterstimulierungskrise 46

Krisenintervention bei Suizidgefährdung
    Krisenintervention am Telefon 63
    Das präsuizidale Syndrom 67
    Entwicklung zur Suizidhandlung 69
    Krisenintervention bei einem Suizidanten 72

Krisenintervention bei einer Trauerkrise 84

Krisenintervention bei der Diagnosestellung einer lebensbedrohenden Krankheit
    Der Trauerprozeß bei einer lebensbedrohenden Krankheit . 105
    Beispiel einer Krisenintervention 118
    Exkurs: Krisenintervention und Kurztherapie 141

Krisenintervention bei einem eskalierenden Streitpaar 144

Krisen im psychotherapeutischen Prozeß
Abwehrzentriertes Arbeiten – konfliktzentriertes Arbeiten 158
Die natürliche Krise 164
Die provozierte Krise 166
Schleichende Krisen 171

Abschließende Bemerkungen 178
Anmerkungen 181
Literatur 183

Vorwort

Das Thema Krise und Krisenintervention beschäftigt und fasziniert mich seit langem.

Ich habe meine Erfahrungen mit – wie mir scheint typischen – Krisen und den damit verbundenen Interventionen zusammenhängend bei den Lindauer Therapiewochen vorgetragen. In etwas erweiterter Form, die hier diesem Buch nun auch zugrunde liegt, habe ich an der Universität Zürich im Sommersemester 1986 eine Vorlesung zur Bedeutung der Krisenintervention im therapeutischen Prozeß gehalten.

Für das große, warme Interesse, mit dem meine Ausführungen aufgenommen worden sind, sowie für die vielen Anregungen, die ich bekommen habe, möchte ich mich bedanken.

Ganz herzlich bedanke ich mich bei all jenen, die mir erlaubt haben, Teile aus unseren Kriseninterventionen zum Teil wörtlich wiederzugeben sowie ihre Krise samt der zugrundeliegenden Dynamik zu schildern.

Ein ganz besonderer Dank gebührt Frau dipl. soz. päd. Christa Henzler, die sich mit bewundernswerter Geduld und Sachkenntnis durch das Gestrüpp meines Manuskripts hindurchgearbeitet hat.

St. Gallen, im August 1986   Verena Kast

Einleitende Bemerkungen

Dieses Buch handelt von der Möglichkeit und der praktischen Durchführung von Krisenintervention in der psychotherapeutischen Praxis. Es geht dabei um eine spezielle Form der Krisenintervention, die sich von der, wie sie in Kriseninterventionszentren betrieben wird, unterscheidet.

Menschen in Krisen werden in die therapeutische Praxis meistens vermittelt, etwa vom behandelnden Arzt, oft auch vom Pfarrer. Zudem können auch innerhalb schon laufender therapeutischer Prozesse Krisen entstehen, die zu einer Krisenintervention Anlaß geben. Innerhalb der psychotherapeutischen Praxis haben wir es aber im allgemeinen eher mit verschleierten Krisen zu tun, auf die die Bezeichnung »Krise« im engen Sinne nicht mehr zutrifft, da sich diese Krisen nicht mehr in ihrer vollen Dramatik zeigen, sondern sich allenfalls etwa in anhaltenden Problemsituationen, wie unerklärbarer Müdigkeit, Lustlosigkeit oder in psychosomatischen Beschwerden äußern.

Auch wenn Krisenintervention nicht das ganz alltägliche Brot einer Therapeutin in eigener Praxis ist, meine ich einiges zur Praxis der Krisenintervention beitragen zu können.

Es geht mir einmal darum, typische Lebenssituationen, die Krisen auslösen können, anhand von praktischen Fallbeispielen zu beschreiben sowie auch die spezielle Psychodynamik der jeweiligen Krisen. Natürlich hat jeder Mensch seine je eigene Krise, dennoch bestehen – gesamthaft gesehen – beschreibbare Unterschiede etwa zwischen einer Verlustkrise im engeren Sinne und einer Suizidkrise.

Diese Krisen mit ihren Hintergründen als typische psychische Prozesse wie auch die in ihnen liegenden Entwicklungsmöglichkeiten möchte ich beschreiben.

Dabei ist mir außerordentlich wichtig, unsere eigenen Gefühle, die wir als Therapeuten diesen Krisen gegenüber haben, mit in meine Überlegungen einzubeziehen: Ein Mensch in einer Krise löst zunächst schon ganz bestimmte »Krisengefühle« in uns Mitmenschen aus; entweder werden wir angesteckt von den Panikgefühlen, oder wir sind gerade ganz konzentriert, ganz da, weil wir

spüren, daß das nun eine Situation ist, bei der es »drauf an-
kommt«, oder aber wir wehren die Krise ab, bagatellisieren sie
usw. Unsere Reaktion hängt davon ab, wie wir uns selbst in unserem Leben zu Krisen ganz allgemein stellen, wie krisenfreund-
lich, wie krisenverträglich oder wie krisenallergisch wir sind,
dann aber auch, was die einzelnen speziellen Krisen in unserer
Psyche an Ängsten, an Bedrohung wachrufen und wie wir gelernt
haben, damit umzugehen.

Es stellt sich dabei heraus, daß es eine eher typische Reaktion
auf bestimmte Krisen gibt, die viele Menschen miteinander teilen,
also sozusagen eine kollektive Form der Gegenübertragung. Dazu haben wir aber auch unsere ganz persönlichen Reaktionen auf
einzelne Krisen, die zum Teil über das Gelingen oder Mißlingen
von Kriseninterventionen, aber auch über unseren methodischen
Zugang zu den entsprechenden Krisen entscheiden.

Diese »Gegenübertragungsgefühle«, wie ich sie hier nenne, betrachte ich als relevant für die Krisenintervention.

Ich verstehe unter Gegenübertragung zunächst all die Gefühle,
die der Analytiker/die Analytikerin in bezug auf den »kriselnden« Menschen hat und die er in irgendeiner Form festzuhalten
versucht.[1] Diese Gefühle des Analytikers können den Gefühlen
des Analysanden genau entsprechen und so einen direkten Zugang zu den Gefühlen des »Kriselnden«, zu deren empathischem
Verstehen darstellen. Viel häufiger aber erleben wir in uns die
Abwehr der Gefühle, die in uns durch den Analysanden geweckt
worden sind. Indem wir unsere Abwehr empathisch wahrnehmen, werden wir spüren, welche Bedrohung uns erfaßt hat, und
das ist dann eben meistens die Bedrohung, unter der auch der
»Kriselnde« bzw. der Analysand steht.[2]

Aber nicht nur Emotionen werden in der Gegenübertragung
erlebt: Oft haben wir den Eindruck, fast unter einem Zwang ste-
hend in ein bestimmtes Verhalten, in eine bestimmte Rolle, in ein
bestimmtes Beziehungsmuster hineingedrängt zu werden, gegen
unsere bessere Absicht. Wir sprechen dann etwa davon, daß der
Analysand, der »Kriselnde«, uns manipulieren wolle. Es ist dies
wohl – wie Sandler[3] immer wieder anführt – der Versuch, ein
Beziehungsmuster, das einmal im Leben dieses Menschen bedeutsam war und Sicherheit vermittelte, wieder herzustellen, nun aber
in einer außerordentlich beängstigenden Lebenssituation, in der

Sicherheit über alles geht, in der dieses Lebensmuster notwendige Sicherheit bietet.

Bei all diesen Gegenübertragungsaspekten ist wesentlich, sie als Ausdruck dafür zu begreifen, daß das Unbewußte des Analysanden und das Unbewußte des Analytikers miteinander kommunizieren,[4] daß das Unbewußte des einen – besonders in Situationen, die wie jede Krise ganz von Emotionen bestimmt sind – angesteckt wird von der Emotion des anderen Menschen, und daß mit dieser Ansteckung umgegangen werden muß.

Ein dritter, wesentlicher Punkt ist aufzuzeigen, wie in solchen Krisensituationen, die sehr von Ängsten geprägt sind, therapeutisch gehandelt werden kann. Um mein Vorgehen nachvollziehbar zu machen, habe ich oft die Interventionen und Gesprächssequenzen, wie ich sie vom Tonband abgeschrieben habe, wörtlich – allerdings vom Schweizerdeutschen ins Hochdeutsche übersetzt – angefügt. Es handelt sich dabei also nicht um »Modell-Interventionen«, sondern um tatsächliche Interventionen, wie sie in der jeweiligen therapeutischen Situation von mir durchgeführt worden sind. Ich füge sie an, um so konkret wie möglich Einblick in therapeutisches Vorgehen zu geben, wohl wissend, daß es Aspekte therapeutischen Geschehens gibt, die sich aller Darstellung entziehen.

Die Krise als Chance

Wir wissen, daß Krisen auch Chancen sind, Chancen zur größeren Entfaltung der Persönlichkeit, wenn wir uns innerhalb der vielen möglichen Krisen der Menschen hier auf die Krise im persönlichen Bereich beschränken wollen. Mit dieser Ansicht, daß Krisen auch Chancen sind, kann man dem, der gerade in einer Krise steckt, diese auch schmackhaft zu machen versuchen. Zugleich aber können wir uns mit diesem Ausdruck auch darüber hinwegtäuschen, daß viele Krisen solche Chancen sind, die nicht genutzt werden und nicht genutzt werden können.

Ob eine Krise zu einer Chance für ein neues Erleben unserer Identität werden kann, ob wir aus einer Krise mit neuen Verhaltensmöglichkeiten, neuen Dimensionen des Selbst- und Welterlebens hervorgehen, vielleicht sogar mit neuen Sinnerfahrungen und mit dem Bewußtsein, kompetent geworden zu sein im Umgang mit dem Leben, diesem Leben also nicht länger einfach ausgeliefert zu sein: Das hängt wesentlich davon ab, ob wir die Krise als eine Lebenssituation zu sehen vermögen, in der für unser Leben existentiell Wichtiges sich ereignet und entscheidet, oder ob wir die Krise nur als lästiges Beiwerk des Lebens sehen, das wir so rasch als möglich vergessen wollen. Zu wissen, daß jede Krise eine von möglichen grundsätzlichen Wandlungen herbeiführen kann, ist wesentlich. Ob wir die Möglichkeiten, die uns in einer Krise sowohl an Erlebnis- wie auch an Verhaltensmöglichkeiten im persönlichen und im sozialen Bereich ergreifen können, wahrnehmen können, hängt weiter davon ab, ob wir wirklich mit unserer Krise in Kontakt kommen können. Krisenintervention meint zunächst einmal, mit der Krise in Kontakt zu kommen. Aber auch dann noch kann die Krise stärker sein als wir, auch dann noch können wir an einer Krise scheitern.

Entwicklungs-, Anforderungs-, Verlustkrisen

Jedem Menschen stellen sich immer wieder neue Lebensprobleme, die er zunächst mit den erlernten »alten« Erfahrungskategorien und den gewohnten Problemlösestrategien zu fassen und zu lösen versucht. Neue Lebensprobleme stellen sich uns auch als Folge unseres immer fortschreitenden Lebensalters. So kennen wir die Entwicklungskrisen, die mehr oder weniger dramatisch verlaufen können, von der Pubertätskrise bis hin zur Alterskrise. Wir kennen aber auch die Krisen, die uns aus Anforderungen, denen wir uns nicht gewachsen fühlen, erstehen. Meist sind wir der Ansicht, daß diese Anforderungen von außen stammen, berufliche Anforderungen, Forderungen der Familie, Arbeitslosigkeit, Umzüge, Pensionierung usw. Die Anforderungen müssen aber nicht nur von außen kommen. Die jedoch wirklich von außen kommen, können auch deshalb so dringend, so überfordernd werden, weil wir im Blick auf sie von uns selbst zu viel verlangen. Diese Anforderungskrisen stehen natürlich auch im Zusammenhang mit gesellschaftlichen Entwicklungen und Bedrohungen im großen Rahmen. Schließlich erleben wir auch Verlustkrisen in ihren mannigfaltigen Formen, Verluste durch Tod, durch Trennung, durch Veränderung des eigenen Körpers, durch Krankheit, durch Alter; schwer wiegt aber auch der Verlust der Arbeit.

Die hieraus entstehenden Krisen lassen sich nicht so leicht voneinander unterscheiden – und das ist auch nicht notwendig, wie es jetzt vielleicht den Anschein hat. So stecken etwa hinter vielen Anforderungskrisen eigentlich Reifungskrisen. Eine Anforderung wird für uns oft nur deshalb so ängstigend, weil wir einen längst fälligen Entwicklungsschritt noch nicht gemacht haben. Die Krise zwingt uns nun, diesen Schritt – so gut wie möglich – nachzuholen. Auch haben sehr viele Anforderungen, die zu Krisen führen, mit Verlust im engeren oder weiteren Sinne zu tun. Wenn wir uns zum Beispiel nicht so wohl fühlen, wie wir es üblicherweise tun, kann uns eine Anforderung, die uns normalerweise eher herausforderte, herauslockte, unser Bestes zu geben, uns sogar mit Freude erfüllte, durchaus zu einer Überforderung werden.

Wenn ich von bestimmten Kategorien von Krisen spreche, tue ich es vor allem deshalb, um darauf hinzuweisen, daß das auslösende Moment einer Krise, eine erhöhte Anforderung etwa, ein schwerer Verlust, noch nicht das entscheidende Lebensproblem verkörpern muß, das letztlich hinter der Krise steckt. Es geht dabei aber gerade darum, sich zu fragen, welches grundlegende Lebensproblem mit dem entsprechenden Entwicklungsanreiz auch hinter einer Krise verborgen ist.

Charakteristik der Krise

Von einer Krise sprechen wir dann, wenn ein für den »Kriselnden« belastendes Ungleichgewicht zwischen der subjektiven Bedeutung des Problems und den Bewältigungsmöglichkeiten, die ihm zur Verfügung stehen, entstanden ist. Der »Kriselnde« fühlt sich in seiner Identität, in seiner Kompetenz, das Leben einigermaßen selbständig gestalten zu können, bedroht. Da die Erfahrung, das Leben gestalten zu können, für uns einen sehr hohen Wert darstellt, der nun in Gefahr ist, reagieren wir auf Krisen mit großer – ausgedrückter oder nicht ausgedrückter – Angst. Gerade diese Angst aber lähmt uns noch zusätzlich. Die Vergeblichkeit unserer Bemühungen und die wachsende Angst bringen uns dazu, all die uns vertrauten Strategien, die wir bereits angewendet haben, irgendwann fahren zu lassen und auf einen neuen Einfall zu hoffen, auf einen Anstoß, auf eine neue Idee. Das Problem kann zum Beispiel neu formuliert werden, die Ansprüche an sich selbst können innerhalb der Problembewältigung neu bestimmt werden. Damit hätte dann übrigens bereits ein schöpferischer Prozeß stattgefunden. Man hätte die alten, in dieser Situation untauglichen Verhaltens- und Bewältigungsstrategien aufgegeben und hat einen Einfall, eine Idee gefunden, die für die Bewältigung des anstehenden Problems adäquater zu sein scheint.

Wenn nun aber das Problem trotzdem bestehenbleibt oder wenn es nicht gelingt, in diese vorübergehende Ohnmacht einzuwilligen und auf einen Einfall zu warten – was bei der großen Angst, die mit einer Krise verbunden ist, durchaus passieren kann –, dann nimmt die Angst immer noch mehr überhand, und die Panik erfaßt die ganze Persönlichkeit, die ganze Existenz. Hier muß dann wohl in der einen oder anderen Weise Krisenintervention erfolgen. Vielleicht hat nun der »Kriselnde« das durchaus vorkommende Glück,

13

daß nun der richtige Mensch am richtigen Platz das richtige Wort sagt, die richtige Geste macht oder daß ein Traum einen erlösenden neuen Weg zeigt; vielleicht aber braucht er nun auch die Hilfe eines Kriseninterventionszentrums oder eines Therapeuten.

Intervention meint also, daß ein Mensch so zwischen den »Kriselnden« und seine Krise tritt, daß der in die Krise Geratene ein wenig Abstand bekommt und daher in Kontakt mit seiner Krise treten kann, so daß die Krisensituation »aufgehalten« wird und die Möglichkeiten, die in der Krise stecken, genutzt werden können.

Grundsätzlich bedeutet »crisis«: Scheidung, Streit, Entscheidung, Urteil. Die Krise bezeichnet einen Höhepunkt, aber auch einen Wendepunkt, einen Umschlagspunkt eines Geschehens. Insofern ist der Ausdruck »Krise« ein Ausdruck für die spezielle Qualität einer Veränderung in Form einer Zuspitzung, in unserem Fall einer psychischen Veränderung. Der Ausdruck »Krise« wird für sehr viele Lebensbereiche gebraucht, so daß man annehmen darf, daß alles, was lebendig ist, in eine Krise geraten kann. Krisen werden als Dringlichkeitssituationen erlebt: Der Mensch, der so ganz und gar von der Krise ergriffen ist, fühlt sich von panischer Angst erfaßt, weiß keine Auswege mehr, ist in seinem Problem, in seinem Problemlösen außergewöhnlich eingeschränkt. Der Mensch in einer solchen Situation fühlt sich ganz und gar hilflos, hat den Eindruck, es werde sich jetzt nie mehr etwas verändern, zumindest nie mehr zum Guten hin verändern. Oft wird das Bild gebraucht: Ich fühle mich wie in einem dunklen Schlauch, ich sehe nirgends einen Ausweg. Und dieses Erleben der Krise ist von panischer Angst begleitet. Das ganze Leben gerät in die Krise, nichts bleibt davon verschont. Das ganze Leben hat sich auf den Gegenstand der Krise eingeengt, oder anders ausgedrückt: Es bleibt die Konzentration auf sich selbst.

Um uns in das Wesen der Krise einzustimmen, können wir uns selbst einmal überlegen, wie wir vielleicht in kleineren Krisen zunächst reagieren würden. Eine alltägliche Situation: Wir sollten zur richtigen Zeit an einem uns bisher unbekannten Ort sein, um einen Vortrag zu halten. Wir fahren mit dem Auto. Obwohl wir viel Zeit einberechnet haben, schmilzt diese Zeit während der Fahrt zusammen, es kommt vielleicht auch noch ein Gewitter oder ein Schneesturm dazu. Wir verfahren uns, und irgendwann läßt sich der Gedanke nicht mehr verscheuchen: Wir werden niemals zur vorgesehenen Zeit mehr ankommen können. Die Angst bemächtigt sich unser, wir werden vielleicht noch hektischer, vielleicht auch nur einfach gelähmt. Wir versuchen das Unmögliche zu ertrotzen, mit dem Erfolg, daß wir noch weniger den Ort finden, uns noch mehr verfahren. Meistens setzt dann irgendwann unsere eigene Krisenintervention ein: Wir atmen tief, halten vielleicht sogar an und sagen uns: Wenigstens lebe ich noch. Es ist zwar außerordentlich peinlich, wenn ich da zu spät ankomme, aber es ist besser, als wenn ich überhaupt nicht ankäme. Dann kann die Ruhe wieder einkehren; man kann sich überlegen, was zu tun ist, wie die Situation zu retten ist.

Die Krisenintervention in diesem Fall hat darin bestanden, daß in unserem Inneren ein Wert durch einen anderen ersetzt wurde. Nicht mehr das absolute Pünktlichsein und das Verläßlichsein als Werte werden in den Vordergrund gestellt, sondern der diesem doch wohl übergeordnete Wert des Noch-am-Leben-Seins. Gerade diese kleineren Krisen, die wir alle immer wieder haben, zeigen uns, wie sehr die Angst in Krisen eine Rolle spielt, wie sehr also Krisenintervention auch Anleitung zur Angstbewältigung sein muß.

Das Ersetzen eines weniger wichtigen Wertes durch einen höheren, umfassenderen ist eine Form der Angstbewältigung: ängstigen wir uns doch immer dann, wenn einer unserer Werte bedroht ist. – Wenn nun allerdings jeweils der höchste Wert bedroht ist, der für einen Menschen gilt, dann wird dieser kaum durch einen anderen Wert ersetzt werden können. Deshalb sind Krisen, in denen es um den Verlust des Lebens selbst geht, außerordentlich angstbetont.

Sehr viele Krisen in unserem Leben werden selbstverständlich nicht durch die Krisenintervention eines entsprechenden Zentrums oder eines Therapeuten/einer Therapeutin gelöst, sondern im Gespräch mit anderen Menschen. Taxichauffeure können davon ein Lied singen, Kellner usw. Wenn wir fühlen, daß sich eine Krise zuspitzt, sprechen wir oft mit einem anderen Menschen, der noch mehr Möglichkeiten sieht als wir selber, können uns dabei entspannen und uns wieder auf neue Perspektiven einstellen; dabei geschieht es oft, daß wir gar nicht erst auf den Höhepunkt der Krise geraten. Hier wird allerdings ein weiterer, wesentlicher Aspekt der Krise sichtbar: daß es nämlich manchen Menschen nicht mehr möglich ist, in ihrer Krise andere anzusprechen. Menschen in Krisen haben sehr oft auch eine Beziehungskrise, sei es, daß sie einem anderen Menschen nicht zumuten wollen, ihnen in ihren Problemen zumindest einmal zuzuhören, sei es, daß sie das Vertrauen verloren haben – oder es überhaupt nie hatten –, daß durch die emotionelle Öffnung zu einem Menschen hin auch die Öffnung der eigenen schwierigen Lebenssituation erfolgen kann.

Damit man von einer Krise sprechen kann, muß die schon genannte Gleichgewichtsstörung:
– schwer,
– zeitlich begrenzt,
– durch die übrigen Gegenregulationsmittel nicht zu bewältigen sein.[5]

Eine solche Krise kann Menschen treffen, die üblicherweise gut mit sich und der Umwelt zurechtkommen; sie kann auch Menschen treffen, die es mit sich und der Welt schwieriger haben.

Krisenzeiten sind Zeiten im Leben eines Menschen, die von größter beengender Intensität gekennzeichnet sind, Geburtssituationen eigentlich. Es versteht sich von selbst, daß sich solche Situationen der Intensität der Angst, des Druckes nicht über lange Zeit halten können. Eine Krise kann spontan abklingen, sich aber auch chronifizieren, Krankheiten auslösen, chronische, psychische Probleme einleiten, ohne daß diese Dringlichkeitssituation, die der Krise einerseits ihren unangenehmen Charakter gibt, andererseits eine besondere Durchbruchsmöglichkeit enthält, länger bestehen würde. Es handelt sich um eine echte Grenzsituation, ohne die keine Wandlung möglich ist.

Krise als Umschlagpunkt

»Im Gang der Entwicklung heißt Krisis der Augenblick, in dem das Ganze einem Umschlag unterliegt, aus dem der Mensch als ein Verwandelter hervorgeht, sei es mit neuem Ursprung eines Entschlusses, sei es im Verfallensein.

Die Lebensgeschichte geht nicht zeitlich ihren gleichmäßigen Gang, sondern gliedert ihre Zeit qualitativ, treibt die Entwicklung des Erlebens auf die Spitze, an der entschieden werden muß. Nur im Sträuben gegen die Entwicklung kann der Mensch den vergeblichen Versuch machen, sich auf der Spitze der Entscheidung zu halten, ohne zu entscheiden. Dann wird über ihn entschieden durch den faktischen Fortgang des Lebens.

Die Krisis hat ihre Zeit. Man kann sie nicht vorwegnehmen und sie nicht überspringen. Sie muß wie alles im Leben reif werden. Sie braucht nicht als Katastrophe zu erscheinen, sondern kann im stillen Gange äußerlich unauffällig, sich für immer entscheidend vollziehen.«[6]

In dieser Definition von Jaspers wird noch einmal sehr deutlich, daß eine Krise der letzte Durchgang zu einer Wandlung ist, das letzte Hemmnis vor der Veränderung, daß etwas im Leben des Menschen jetzt »umschlagen« kann, daß also neues Selbsterleben möglich ist, die Chance, neues Identitätserleben zu bekommen, die Möglichkeit, Probleme neu zu lösen, neue Problemlösungsstrategien zu erlernen, schöpferische Möglichkeiten; es ist aber ebenso gut möglich, daß ein Rückfall eintritt, daß der Mensch in die Ausweglosigkeit fällt, daß allenfalls eine Krise durch einen Suizidversuch »gelöst« wird. In Jaspers Definition wird deutlich, daß Krisen notwendig sind, daß sie Chancen zur Wandlung bedeuten, Chancen zur Entwicklung. Jaspers ist ein Vertreter der Existentialphilosophie. Deshalb wird bei ihm das Moment des Entscheidens so sehr wichtig. In der Existentialphilosophie wird Krisen ein hoher Wert zugeschrieben; sie werden geradezu gesucht, weil Krisen die Möglichkeit bieten, das Leben in die Hand zu nehmen und zu verändern. Auf der Spitze der Krise muß entschieden werden, da kann man sich nicht mehr aus der Entscheidung heraushalten. Gerade das aber kann der Mensch, der eine Krisenintervention sucht, nicht. Er ist von der Angst gebannt. Erst das Lösen der Angstspannung macht es möglich, daß Energien frei werden, um die notwendigen Entscheidungen zu treffen. Entscheidung heißt aber immer auch, das Risiko auf sich zu nehmen, einen Fehler zu machen. Und wenn Jaspers so sehr das Entscheiden betont, dann möchte ich dem gegenüberstellen, daß man sich mit guten Gründen zum Beispiel auch dazu entscheiden kann, erst einmal abzuwarten.

Auch haben nicht alle Krisen primär etwas mit einer Entscheidung zu tun; sie bauen sich auch nicht alle kontinuierlich auf. Typische Krisen sind doch beispielsweise auch Trauerkrisen. Da gerät ein Mensch durch den oft plötzlichen Verlust eines geliebten

Menschen in eine tiefe Identitätskrise, sein Leben nimmt auch als Ganzes einen Umschwung. Daß er nicht so schnell mit diesem Umschwung fertig werden kann, bringt ihn in eine Krise.

Es gibt Krisen, die aus einer verhinderten schöpferischen Anpassung an das Leben und dessen Erfordernisse erwachsen; es gibt aber auch Krisen, die mit einer plötzlichen bedeutsamen Veränderung zu tun haben, die wir zunächst gar nicht bewältigen können, die wir erst zu bewältigen lernen müssen.

Angst und Krise

Jede Desintegration des Gewohnten und jede Neuorganisation ist aber mit Angst verbunden.

Angst erleben wir leiblich – unser Leib bekommt Angst, ist von der Angst ergriffen. Das mag auch der Grund dafür sein, daß viele Menschen im Prozeß einer Krise krank werden; sie leiden dann an ihrer körperlichen Krankheit, nicht mehr an der eigentlichen Krise, die durch diese Krankheit zugleich auch »maskiert« wird – die auslösenden Faktoren der Krise, die Krise als solche, der Sinn und die Entwicklungsmöglichkeiten darin sind dann nur noch schwer angehbar. Eine gewisse psychische Entlastung tritt ein, aber die Einengung, die zur Krisensituation gehört, bleibt bestehen. Die Angst und die Einengung (Konzentration) auf ein Problem gibt der Krise ihre Eigengesetzlichkeit: Die Krise erfaßt den Menschen total. Das akute Problem wird zudem in Zusammenhang mit allen Problemen gebracht, die es je gab, frühere Konflikte werden wieder belebt, verbunden mit der Emotion, die diese Situation schon immer auszeichnete, und das ist im wesentlichen Panik. Deshalb will jede Krisenintervention den Menschen, der von der Krise erfaßt ist, zunächst in wirklichen inneren Kontakt bringen mit seiner Krise, ihn mit ihr in Beziehung bringen, indem in der Intervention versucht wird, den Betroffenen die verschiedenen Emotionen, die mit seiner Krise verbunden sind, wahrnehmen und akzeptieren zu lassen und ihm überhaupt wieder einen Überblick zu verschaffen. In einer Krisenintervention versucht man, eine Distanz zwischen den »Kriselnden« und seine Krise zu bringen, so daß er eine bewußte Beziehung zu seiner Krise aufnehmen kann. Dadurch wird die Panik geringer und die Lösungsmöglichkeiten für das zugrundeliegende Problem können gefunden werden, denn letztlich ist es das Ziel einer Krisenintervention, ein sehr reales Problem, das sich stellt, auch praktisch zu lösen.

Zunächst aber muß in diese Angststimmung hinein Erleichterung, Entspannung gebracht werden, und in einem zweiten Schritt geht es darum, das Hauptproblem, das sich in der Krise verbirgt und in dem auch der Sinn der Krise zu sehen ist, zu formulieren. Die eigentliche Krisenintervention besteht in diesem Öffnen der Einengung, in der der Mensch in der Krise sich befindet, in diesem Entspannen der Situation. Ein Aspekt der Entspannung besteht darin, daß sich der »Kriselnde« überhaupt einem anderen Menschen zu öffnen vermag, einem anderen Menschen sich anvertraut, auf einen anderen Menschen baut. Dieser eigentlichen Krisenintervention folgen dann meistens noch einige Gespräche, in denen das Hauptproblem noch deutlicher formuliert wird, in denen der Sinn der Krise herausgeschält wird, in denen aber auch praktische Bewältigungsstrategien geprobt werden. Eine Krisenintervention kann für sich stehen. Die »Kriselnden« haben dann das Gefühl gewonnen, die Krise sei überwunden, sie brauchten keine Hilfe mehr. Sie kann auch von einer Kurztherapie gefolgt sein oder auch von einer längeren Therapie, auch von einer Analyse. Bei einer Krisenintervention geht es einerseits um dieses Entspannen der jeweiligen Situation, andererseits aber auch darum, die psychodynamischen Zusammenhänge, die hinter typischen Krisen stehen, zu erkennen, so daß wir dem Menschen in der Krise auch Information geben können, und daß vor allem wir als Therapeuten auch wissen, worum es geht. Denn, ob wir bereit sind, eine Krisenintervention zu machen oder ob wir stattdessen sehr schnell den Eindruck bekommen, daß dieser Mensch weiterverwiesen werden muß, allenfalls in eine psychiatrische Klinik, hängt – abgesehen jetzt von Krisen mit psychotischem Hintergrund – auch davon ab, ob wir verstehen, welches Problem dieser Krise zugrunde liegt und welche Psychodynamik damit verbunden ist.

Letztlich ist die Frage, ob wir eine Krisenintervention beginnen oder nicht, von unserer Angst als Therapeuten/Therapeutinnen abhängig. Je mehr Angst eine Krise in uns auslöst, um so weniger werden wir für eine Krisenintervention bereit sein. Das ist auch richtig so, denn unsere Angst zeigt uns an, wie bedroht wir uns selbst durch eine therapeutische Situation fühlen. Wenn wir verstehen, welche Probleme mit einer Krise verbunden sind, welche psychodynamischen Zusammenhänge hinter einer Krise stecken, dann fühlen wir uns sicherer. Ich meine damit aber nicht, daß der Mut zur Angst in jedem Fall in einer Krisenintervention zu empfehlen wäre, ich meine vielmehr, daß wir empathisch unsere eigenen Ängste wahrzunehmen und uns dann zu entscheiden haben, ob der Mut zur Angst uns ein überwindbares Hindernis überwinden lassen kann, oder ob wir uns einfach zuviel zumuten.

Bei Kriseninterventionen erleben wir ein grundsätzliches Problem. Die Panik, die den Menschen, der von der Krise erfaßt ist, ergriffen hat, wird in die Situation, in der Krisenintervention erfolgen soll, hineingetragen, sie steckt an. Das gibt uns dann das Gefühl, es müsse alles sehr schnell gehen, alles müßte sofort geschehen, alles müßte man eigentlich verstanden haben und auch schon gelöst haben, bevor der »Kriselnde« überhaupt zu reden beginnt, und die Folge davon ist, daß eben gerade »nichts geht«. Die Angst hemmt, kann alle an der Krisenintervention Beteiligten hemmen. Die eigene Angst des Therapeuten setzt ein, ein Ohnmachtsgefühl, das durch das Gefühl, es müsse eine großartige Lösung gefunden werden, kompensiert wird. Dieser große Anspruch des Therapeuten an sich selbst führt oft dazu, daß er als der, der die Krisenintervention versucht, zu schnell selber Vorschläge bringt, zu viele Probleme gleichzeitig angehen will, denn obwohl man das Gefühl hat, daß eigentlich alles festgefahren ist, weiß man als Therapeut, der öfters Kriseninterventionen macht, daß die Krise letztlich eine Situation ist, die auch sehr vieles möglich macht; man weiß darum, daß Krisensituationen Wandlungssituationen sind.

Grundsätzlich erscheint aber der, der in der Krise ist, zunächst in der Haltung eines Kindes, das jetzt bei einem Helfer angelangt ist, der die ganze Sache übernehmen kann und auch übernehmen soll. Darin besteht aber gerade die erste Klippe bei der Krisenintervention. Jede Krisenintervention soll ja letztlich Hilfe zur Selbsthilfe sein: Es gilt also durchaus zu akzeptieren, daß da jemand jetzt in der Haltung eines Kindes kommt, der hofft, einen Erwachsenen zu finden, der ihm helfen kann. Ziel der Krisenintervention ist es aber, die Erwachsenenanteile in diesem Menschen während der Krisenintervention wieder freizulegen, z.B. durch ein gezieltes Gespräch diesem Menschen zur Erinnerung bringen, wie viele schwierige Situationen er schon überlebt oder gar gemeistert hat. Für den Therapeuten heißt es, wie in allen Paniksituationen, daß er zunächst einmal tief durchatmen muß, selber mit seiner Angst in Kontakt kommen, sie wahrnehmen und sich zugleich von ihr distanzieren muß. Ist zuviel Angst vorhanden, wird man Helfer beiziehen oder den »Kriselnden« weiter verweisen.

Der Therapeut oder die Therapeutin müssen sich gerade in Kriseninterventionssituationen sehr deutlich abgrenzen, das heißt, sich abgrenzen von einem panischen Alles-machen-Wollen, sie müssen sehr deutlich deklarieren, was sie zu tun bereit sind und was nicht, sie müssen sehr deutlich sagen, wieviel Zeit sie auf diese Krisenintervention verwenden wollen, wann sie angerufen werden können und wann nicht. Wenn der Fall sehr heikel ist, sollen sie sich auch klar darüber werden, wen sie sonst für die Klärung noch mit einspannen könnten. Wir müssen uns als Therapeuten/Therapeutinnen auch darüber klar sein, daß jede Krise ein besonderes Lebensthema in einer äußerst zugespitzten, sehr emotionell betonten Weise auch in uns anklingen läßt, und sollten uns bewußt machen, wie wir selbst auf dieses Lebensthema reagieren.

Wenn wir in Panik sind, haben wir wesentlich weniger gut funktionierende Abwehrmechanismen als sonst. Abwehrmechanismen haben die Aufgabe, unsere unlustvollen Gefühle, Affekte, Wahrnehmungen vom Bewußtsein fernzuhalten und uns vor Konflikten zu verschonen. Unsere Abwehrmechanismen sind eigentlich Bewältigungsmechanismen – sie helfen uns, mit der Angst umzugehen, sie dienen der Aufrechterhaltung des emotionellen Gleichgewichts. Wenn nun diese Bewältigungsmechanismen nicht mehr so gut funktionieren, wie sie es normalerweise tun, wenn wir nicht mehr wie sonst viele verschiedene Abwehrmechanismen einsetzen können, etwa projizieren, rationalisieren, delegieren, verleugnen usw., wenn wir nicht mehr über modulierte Abwehrmechanismen verfügen, sondern vielleicht nur noch einige wenige Abwehrmechanismen sich einstellen, wie es in der Krise zu sein pflegt, dann treten unsere Konflikte viel offener zutage, dann werden wir viel direkter mit unseren Komplexen, besonders aber mit dem Konflikt, der hinter der Krise steht, konfrontiert. Gerade darin liegt eine Chance der Krise: Unsere Konflikte, unsere Komplexe, aber auch die damit verbundenen Kräfte, die schöpferischen Möglichkeiten, die darin gebunden sind, treten viel offener – durch wesentlich weniger Abwehr verschleiert – zutage, als während der Zeit davor und der Zeit danach. Konflikthafte Beziehungsmuster zeigen sich oft zu Beginn eines ersten Kontaktes zwischen einem Therapeuten und einem »Kriselnden«, Konflikte im Bereich des Selbstwerts werden erfaßt: tiefe Enttäuschungen, Verärgerungen, aber auch Einstellungen, die sonst nicht so leicht zugänglich sind. Und all diese Konflikte sind in der Beziehung zwischen Therapeut/Therapeutin und dem Krisenbetroffenen spürbar, erlebbar, bearbeitbar – und sie sind oft der tiefere Grund der Krise.

Ziele der Krisenintervention

Es wird deutlich: Bei der Krisenintervention wird es zum einen wichtig sein, den Auslöser der Krise und aber auch tiefere Zusammenhänge der Krise und damit auch den tieferen Sinn der Krise herauszuarbeiten. Krisenintervention soll aber zum anderen auch einen neuen Umgang mit der Angst möglich machen. Und dann, zum dritten, hat natürlich jede Krisenintervention auch Hilfe bei äußeren Problemen zu sein. Krisenintervention besteht nicht nur aus psychotherapeutischer Hilfe, sondern auch aus instrumenteller Hilfe; da muß etwa überlegt werden, ob ein Teil des Problems nicht von irgendeiner sozialen Einrichtung bewältigt werden könnte. Ich denke da z. B. an einen Mann, der unendlich viele Schulden gemacht hatte und der im Grunde von Krise zu Krise taumelte, unter anderem deshalb, weil er aus seinem Schuldenberg nie herauskam. Eine soziale Einrichtung übernahm dann die Schuldenregulierung, ordnete das für ihn, ohne ihm die Verantwortung dafür ganz abzunehmen, und von diesem Moment an konnten wir uns auf seine Arbeitskrise konzentrieren.

Es geht bei der Krisenintervention aber auch darum, daß man sich grundsätzlich fragt, wo in diesem Falle noch Ressourcen sein könnten, wo es noch Hilfsquellen für diesen Menschen gibt. Da stellen sich Fragen, ob eventuell gewisse Lebensbereiche doch nicht zu sehr von der Krise betroffen sind; man wird sich fragen, ob es Beziehungen gibt, die tragfähig sind, aber auch, ob es Hilfen aus dem Unbewußten gibt, etwa hilfreiche Träume, die gerade in Krisensituationen sehr oft vorhanden sind und die mir außergewöhnlich wichtig erscheinen. Eine Befürchtung, die in diesem Zusammenhang oft geäußert wird, ist die, daß Menschen in Kriseninterventionen durch das Einbeziehen der Träume viel zu sehr mit dem Unbewußten konfrontiert werden könnten. Ich teile diese Befürchtung überhaupt nicht, meine vielmehr, daß es dabei wesentlich davon abhängt, wie wir in der Krisensituation mit den Träumen umgehen, ob wir sie als Hilfe aus dem Unbewußten annehmen und auf die reale Situation beziehen können oder nicht.

Die eigentliche Krisenintervention ist dann getan, wenn wir zu diesem Menschen einen Kontakt herstellen können, und dabei die Bedrohung, die er spürt, verstehen. Dann ist schon sehr viel erreicht. Sehr oft sind die Menschen, die zu einer Krisenintervention kommen, solche, die es bisher nicht gewohnt waren, von dem zu sprechen, was sie belastet, und die vielleicht auch ein erstes Mal erleben, daß das Miteinander-Sprechen sehr viel Druck wegnehmen kann. Bei dieser Kontaktaufnahme geht es auch darum, die Krise als Chance zu zeigen. Es ist dabei aber doch zu bedenken, daß wir den Betroffenen dort abholen, wo er ist, daß wir seine regressiven Tendenzen ernst nehmen, das Ausmaß der Regression beachten, ihn trösten und auch auffangen. Es ist ebenso wichtig, die praktischen Hilfen nicht außer acht zu lassen, sich gegebenenfalls auch durchaus darum zu kümmern, wo dieser Mensch die nächste Nacht verbringen kann, ihn allenfalls auch minuziös einen Plan ausarbeiten zu lassen, wie es jetzt weitergehen soll.

Es geht also darum, den Betroffenen zum Sprechen zu bringen, ihn auch dazu zu bringen, seine verschiedenen Emotionen auszudrücken. Die Funktion des Therapeuten ist dann die des Strukturierens, des Ordnens und des Verstehens einerseits, aber auch des Abklärens der Ressourcen. Vor allem aber geht es darum, daß der Therapeut/die Therapeutin empathisch auf den »Kriselnden« eingehen kann – und trotzdem auch mit der notwendigen »Hemdsärmligkeit« –, damit das Wagnis der Öffnung zu einem andern Menschen hin auch zum Tragen kommt.

Krise und schöpferischer Prozeß

Grundsätzlich bin ich der Ansicht, daß sich Kriseninvention am Modell des schöpferischen Prozesses orientieren kann. Mit Krise beschreiben wir im Grunde genommen ein sehr entscheidendes Moment im kreativen Prozeß. Der kreative Prozeß selbst kommt unter bestimmten Bedingungen zustande: Wir werden dann kreativ, wenn wir mit den uns bekannten Mitteln und Ideen ein Problem nicht mehr lösen können und wenn uns zugleich sehr daran liegt, dieses Problem zu lösen. (Ich spreche hier von der Kreativität auf der Persönlichkeitsebene, nicht von der Kreativität auf der Ebene der Kunst.)

Wenn wir uns das Problem, das uns umtreibt, bewußtgemacht haben, erfolgt die sogenannte *Vorbereitungsphase,* eine Phase, in der wir Material zum Problem sammeln, das Problem aus vielen Perspektiven zu sehen versuchen, Ideen sammeln, wie andere mit dem Problem schon umgegangen sind, ohne daß wir uns hier schon ein eigenes Konzept machen würden. Mit der Zeit haben wir auf diese Weise so viele Ideen, Vermutungen usw. zusammengetragen, daß wir verwirrt werden. Manchmal haben wir das Gefühl, etwas gefunden zu haben, dann wieder das Gefühl, überhaupt nichts zu verstehen. Diese Phase ist von der Emotion der Spannung begleitet.

Der Vorbereitungsphase folgt die *Phase der Inkubation,* während der das Problem im Unbewußten bearbeitet wird. Das ist eine unruhige, frustrierende Zeit. Problemlösungen scheinen auf, werden wieder verworfen; man gerät durch das Problem in immer größeren Druck, hat auch das Gefühl, man brüte etwas aus, fühlt sich aber ineffektiv, inkompetent und leidet an der Vergeblichkeit der Bemühungen, zweifelt letztlich an seinem Selbstwert. Das Problem beginnt einen fast völlig mit Beschlag zu belegen. Und trotz aller Vergeblichkeit hat man den Eindruck, daß sich etwas tut, daß es nur noch nicht faßbar ist. In dieser Phase muß man aufgeben, bewußt die Sache in den Griff bekommen zu wollen: In der Vorbereitungsphase hat man versucht, mit größter Bewußtheit das Problem von allen Seiten zu beleuchten. In der Phase der Inkubation geht es darum, geschehen zu lassen, darauf zu vertrauen, daß ein Einfall das Chaos ordnen wird. Diese Phase des schöpferischen Prozesses, in der im Grunde auch die schöpferische Krise anzusiedeln ist, entspricht der Krisensituation, in der ein Mensch sich befindet kann; und wenn der »Kriselnde« darauf vertraut, daß er etwas ausbrütet, daß er nur aktiv darauf warten muß, welche Zeichen ihm von seinem Körper, von seiner Seele gegeben werden, dann bleibt die Krise erträglich. In der Krisensituation aber meinen wir, getrieben von unserer Angst, wir müßten alles schnell ordnen, alles in die Hand bekommen, alles selber gestalten können, möglichst ganz allein und selbständig. Hier setzt denn auch die Krisenintervention ein. Der Therapeut bringt dadurch, daß er eine Intervention versucht, die Überzeugung von der Lösbarkeit des Problems in die Situation hinein, und der »Kriselnde« übernimmt sie gerne als die Hoffnung, daß das Stadium der Krise das Vorstadium einer Wandlung sein könnte. Der Intervenierende nimmt die Gefühle wahr, die mit der Krise verbunden sind, und hilft so, diese zu ordnen, anzunehmen und sie zu ertragen. Er wird aber auch helfen, sowohl das der Krise zugrundeliegende Problem zu erfassen und es mit seinem Wissen zu beleuchten wie auch neue Erkenntnisse, die sich bereits abzeichnen, wahrzunehmen.

Das Aufleuchten neuer Erkenntnisse gehört zur nächsten Phase des schöpferischen Prozesses, zur *Phase der Einsicht*. In ihr wird eine deutliche sinnvolle Erkenntnis gefunden. Man atmet auf, das Chaos hat sich geordnet. Diese neuen Erkenntnisse, verbunden mit neuen Einsichten, neuen Erlebnis- und Verhaltensweisen auf der Ebene der eigenen Person, das ist das eigentlich Kreative, das aus der Krise herausgeboren wird.

Im schöpferischen Prozeß schließt sich der Einsichtsphase, die mit dem Gefühl der Freude und Erleichterung verbunden ist, noch die *Phase der Verifikation* an. In dieser Phase wird das Eingesehene so lange in großer Konzentration geformt, bis es mitteilbar wird, bis es genau und prägnant ausgedrückt werden kann, bis evidentes Erlebnis und mitteilbares Ergebnis kongruent sind. Die schöpferische Einsicht kann nun anderen Menschen mitgeteilt werden.

Auf die Krise übertragen heißt es, daß wir versuchen, uns darüber klarzuwerden, was sich in uns durch das Bewältigen der Krise verändert hat. Dazu gehört auch das Bedürfnis, diese Veränderungen festzuhalten und mitzuteilen. In der Krisenintervention – zumindest in der Krisenintervention, wie man sie im Rahmen einer psychotherapeutischen Praxis durchführt – ist diese Phase eine sehr wesentliche Zeit der Aufarbeitung dessen, was im Umschlagspunkt der Krisensituation erfahrbar geworden ist. Jetzt zeigt sich, wie weit die Krisenintervention nur Spannung lindern konnte – auch das wäre schon ein sehr wesentliches, nicht zu verachtendes Moment – oder wie weit neue Erlebnisweisen, Verhaltensweisen, Beziehungsmöglichkeiten gefunden worden sind und nun gelebt

---

Phasen kreativer Prozesse

Phasen	Begleitende Emotion
1. Vorbereitungsphase • ansammeln von Wissen • viel aufnehmen – wenig katalogisieren	Spannung
2. Inkubationsphase • Problem gärt in uns – spitzt sich zu	Unruhe Frustration Zweifel an Selbstwert und Kompetenz
Krisensituation Blockierung, Angst, »Stau«	
3. Einsichtsphase • deutliche Erkenntnis, »Aha«	Freude Erleichterung
4. Verifikationsphase • Einsicht wird geformt, geprüft, getestet	Konzentration

---

26

werden können. Da die ganze Existenz des Menschen in die einmal vorhandene Krise hineingezogen wird, können umfassende Wandlungen stattfinden, und das ist ja wohl auch der Grund für die Krisenbegeisterung, die es auch gibt. So unangenehm Krisen sind, so riskant auch – es sind eben doch Situationen, in denen sich in einem schöpferischen Sprung vieles ändern kann, das sich dann allerdings in der Auseinandersetzung mit der Umwelt bewähren muß. Schon mancher Fluß hat neue Flußbette gefunden und wurde dann durch die Macht der Umstände doch wieder in die alten Läufe zurückgezwungen.

Krisenintervention verstehe ich also als ein therapeutisches Verfahren, das den betroffenen Menschen – durch Kontakt zu einem andern Menschen, durch Sich-Öffnen – in Kontakt zu seiner Krise bringt, so daß es möglich ist, den schöpferischen Umschwung wahrzunehmen und wahr zu machen, der potentiell in ihr angelegt ist. Um schöpferisch sein zu können, brauchen wir Wissen und Können, eine gewisse innere Freiheit und ein Gefühl der Geborgenheit.[7] Das alles aber hat der Mensch, der in eine Krise geraten ist, nicht, und das ist vielleicht auch der Grund, daß er selber nicht schöpferisch mit seiner Krise umgehen kann, die ihn dann so ganz und gar erfaßt. Besonders das Erfaßtsein von Angst unterscheidet den in die Krise Geratenen wesentlich von dem Schöpferischen. Deshalb ist auch bei der Krisenintervention dem Umgehen mit der Angst größte Sorgfalt zu widmen. Erst wenn er mit seiner Angst umzugehen lernt, gelingt es dem Menschen, schöpferischer zu werden. Ganz allgemein gesprochen, kann sich Krisenintervention am Modell des schöpferischen Prozesses orientieren. Es geht darum, das auslösende Problem so scharf wie möglich zu erfassen, zu wissen, wie mit diesem Problem umgegangen werden kann, auch Möglichkeiten zu finden, wie etwa von der Umwelt her Entlastungsmöglichkeiten eingesetzt werden könnten. Dann aber ist wesentlich, dem Betroffenen zu vermitteln, daß die Krise wirklich Übergang zur schöpferischen Lösung sein kann. Am wichtigsten erscheint mir dabei, daß der Therapeut/die Therapeutin selbst in der Überzeugung handelt, daß Reifung sprunghaft über Krisen hinweg geschehen kann: das heißt aber auch, daß außer dem Vertrauen auf diesen schöpferischen Umbruch – das der Therapeut stellvertretend zur Übernahme anbietet – die Wahrnehmung der Emotion, die Bannung der Angst und die Aufmerksamkeit auf die

Äußerung des Unbewußten, die in Krisen besonders präzise sind, im Mittelpunkt stehen. Das ist z. B. bei Träumen in Trauerprozessen zu sehen, die den Trauernden geradezu zu einer Krisenbewältigung anregen und die jeweils die fälligen Schritte der Krisenbewältigung intendieren. Es zeigt sich aber auch daran, daß in der Krisenberatungssituation deutlicher als sonst in Beratungssituationen z. B. der der Krise zugrundeliegende Grundkonflikt sich konstelliert und sich schon in den ersten Minuten der Beratung in der Beziehung abzeichnet.

Reifungskrisen

Auslöser und Grundproblematik

An einem kurzen Beispiel einer Krisenintervention sollen ihre wesentlichen Merkmale, die ich theoretisch zu vermitteln versuchte,
verdeutlicht werden.

Ein Pfarrer ruft mich an, er habe einen 52jährigen Mann bei sich,
der vollkommen durcheinander sei. Er meine zwar nicht, daß er
psychotisch sei, aber er mache ihm große Angst. Er bat um eine
Krisenintervention. Der Pfarrer, der bereits versucht hatte, mit
dem Mann zu sprechen und ihn zu beruhigen, brachte ihn zu mir
in die Praxis. Der Pfarrer sollte auch nach dem Willen des Betroffenen bei unserer Unterredung dabei bleiben.

Dieser »Kriselnde« wirkte eigentlich behäbig, vermittelte den
Eindruck, jemand zu sein, der nicht so schnell in eine Krise gerät,
aber er war auch außer sich vor Wut und jemand, der andere
Menschen nicht wahrnimmt. Ich jedenfalls fühlte mich nicht
wahrgenommen. Das war zunächst auch nicht notwendig, seine
Wut wirkte auf mich wie ein elementares Naturereignis, das mich
fesselte.

Er setzte sich hin und sagte:

»Ja, ich habe ja jetzt schon auf dem ganzen Weg immer über
meine Wut gesprochen. Also, ich habe das Gefühl, die Welt geht
unter, ich kann das nicht ertragen, meine Ehefrau hat einen
Freund, es ist eine Katastrophe, ich bin irrsinnig vor Wut, ich
werde den Kerl umbringen, ich bringe meine Frau um, ich zünde
die Hütte an ...«, und so ging es weiter.

Irgendwann sah er mich an, dann den Pfarrer und sagte: »Mit so
einem Problem bringst du mich zu so einer jungen Frau. Das kann
doch nichts werden.«

Der Pfarrer zuckte zusammen, ich sagte ihm: »Ich kann verstehen, daß Sie das Gefühl haben, daß mit so einer ungeheuren Wut
nur ein Mann umgehen kann. Aber lassen Sie es uns doch einmal
versuchen.«

Mit diesem Wortwechsel hatten wir miteinander Kontakt aufgenommen. Ich hörte, daß eine junge Frau mit seinem Problem nicht

umgehen könne, ich hörte dabei aber nicht in erster Linie das Thema des Jung-Seins heraus, sondern das Thema des Frau-Seins. Ich gab ihm mit meiner Antwort das Gefühl, daß ich seinen Wunsch, mit seinem Zorn unter Männern zu sein, zwar verstehe, bat ihn damit aber auch darum, uns beiden eine Chance zu geben bei der Lösung seines Problems.

Er schimpfte dann zunächst einmal weiter. Bei diesem Mann erleben wir die Angst nur indirekt über diese maßlose Wut, mit der er sie abwehrt. Diese Situation zeigt mir, daß der Mann seinen Zorn sehr wenig kontrollieren kann, daß er auch sehr viel Phantasie hat, wie er diesen Zorn materialisieren könnte, auch daß er, wenn er so zornig ist, seine Umwelt nicht wahrnimmt. Er hatte erst nach einiger Zeit wahrgenommen, daß ich in seinen Augen eine junge Frau bin, und ich stellte mir auch schon die Frage, ob er ein Mensch sei, der den Frauen nicht allzuviel zutraut – und wie es mit dem Weiblichen in ihm stehe. Auf meine Frage hin, wie er sich denn fühle, sagt er mir, er schlafe nicht mehr, er esse auch nicht mehr, abwechslungsweise sei er wütend, dann auch wieder sehr traurig und niedergeschlagen; er könne aber noch arbeiten. Es stellt sich dann heraus, daß er erst seit zwei Tagen weiß, daß seine Frau einen Freund hat. Seine Emotionen werden recht dramatisch dargestellt.

Es geht bei dieser Krisenintervention überhaupt nicht darum, an diese Emotionen mühsam heranzukommen, sondern darum, sich von ihnen nicht ganz überschwemmen zu lassen. Auch deutet er an, daß er im Arbeitsbereich – er ist ein selbständiger Unternehmer – durchaus noch »seinen Mann stellt«.

Es scheint, daß hier ein Mensch von einer Krise erfaßt ist, der nicht oft von Krisen erfaßt wird, der üblicherweise recht belastbar ist. Er ist übrigens auch bekannt dafür, daß er gelegentlich heftige Wutanfälle bekommt, die aber nicht lange andauern. Er sagt weiter zu seiner Krise, er sei ganz ratlos, verwirrt, er denke, es könne alles nicht sein; er denke, er müßte irgendwie aufwachen, und alles stimme nicht, so etwas sei doch überhaupt noch nie vorgekommen in seinem Leben. Ich frage ihn, was es denn für Folgen habe, daß die Frau einen Freund habe. Ich weiß in diesem Augenblick nicht, welcher Art dieses Freundschaftsverhältnis ist, und ich habe auch nicht danach gefragt. Für ihn subjektiv hat die Frau nun einmal einen Freund, und die Folgen dessen, so meint er, müssen sein:

»Sie verläßt mich – ich werde alt sein – niemanden mehr haben, der nach mir schaut – ich werde vertrocknen – ich habe keinen Gesprächspartner mehr.«

Er war dann selber sehr erstaunt über seine Äußerungen, über seine Phantasien. Jetzt wird deutlich, daß wir zwar einen äußeren Auslöser für die Krisenreaktion haben, daß dieser Auslöser aber, wie meistens, in einen umfassenderen Lebenskontext hineingehört. Das auslösende Moment – auch hier ein Auslöser, der von außen gekommen ist – ist, daß die Frau einen Freund hat. Diese Freundschaft fällt aber offenbar in eine Krisensituation hinein, in das verdrängte Problem, daß er alt werden wird. Und das ist vermutlich die Reifungskrise, die er abgewehrt hat. Als er sich beim Pfarrer beschwerte, daß er ihn mit so einem Problem zu einer jungen Frau gebracht habe, dürfte bereits auch die Thematik »jung – alt« als ein Grundproblem seiner Krise angesprochen worden sein. Aber nicht nur die bisher latente Krise des Alters könnte von der akuten Krise angesprochen sein, sondern auch die Krise des Verlassenwerdens. Er wurde bis jetzt noch nie von jemandem verlassen. Vater und Mutter, beide hochbetagt, leben noch. Seine Frau hat er in der Schule kennengelernt, sie war sein »Schulschatz«. Erst haben sie sich ein paar Jahre lang gehänselt, dann geliebt, und sie haben sich nie verlassen. Trennungen gab es nicht. Seine Kinder sind zwar erwachsen und selber verheiratet, wohnen aber fast alle in seinem Haus, das er zu diesem Zweck ausgebaut hat. Dieser Mann ist also jemand, der Trennung noch nie erlebt hat, und deshalb reagiert er so stark auf dieses »Trennungsangebot«, das seine Frau ihm macht, indem sie sich einem Freund zuwendet.

Als es gelang, über die Angst – über seine Trennungsangst –, die hinter der Wut steht, zu sprechen, bekam er eine Distanz zu seiner Wut, und plötzlich sagte er zu mir: »Jetzt habe ich ja ganz vergessen, daß ich wütend bin.«

Ich antwortete darauf: »Sie sollten natürlich nicht vergessen, daß Sie wütend sind, denn Sie sind ja wirklich wütend, aber es ist manchmal auch ganz gut, wenn man ein wenig Abstand von der Wut nehmen kann.«

Dann haben wir beide miteinander gelacht, und da setzte eine erste leichte Entspannung ein, für mich ein Zeichen, daß es möglich sein würde, miteinander in Kontakt zu seiner Krise zu kommen. – Für mich ist es sehr wichtig, daß ich bei einer Krisenintervention nach einiger Zeit spüre, daß der Mensch, der bei mir Hilfe sucht, sich einfach einmal dadurch, daß er mit mir zusammen ist, schon ein wenig entspannt. Aber noch war das Problem bei weitem nicht gelöst.

Eine weitere Frage, die sich bei jeder Krisenintervention stellt, ist die Frage, wo es für den Betroffenen noch Ressourcen gibt, Hilfsquellen, auch, welche seiner Lebensbereiche nicht so sehr von der Krise betroffen sind, und vor allem natürlich, ob es Beziehungen gibt, die tragfähig sind. Es kommt bei diesem Mann schon zum Ausdruck, daß das Geschäft für ihn im Grunde genommen etwas ist, was ihn trägt, eine tragfähige Beziehung hat er auch zum Pfarrer. Er hat noch einen Freund, mit dem er oft zusammenkommt, mit dem er sonst eigentlich wichtige Probleme bespricht, aber er schämt sich jetzt, über dieses akute Problem mit ihm zu sprechen.

Er drückte es so aus: »Wissen Sie, das ist für einen Mann wie mich eine verrückte Pleite, so das Gesicht zu verlieren.«

Ich antwortete darauf: »Ja, es muß sehr schwer sein für einen Menschen, der immer alle Probleme selber löst, plötzlich Hilfe annehmen zu müssen.«

Darauf sagte er: »Ach, wissen Sie, ein wenig das Gesicht zu verlieren, das kann ich ja riskieren, aber nicht gleich so, das ist für mich eine solche Schande.«

Ich bestätige ihm mit meiner Intervention, daß ich ihn für einen Menschen halte, der seine Probleme selbst löst, stelle ihm das auch als wertvoll dar, stütze also seinen Ich-Komplex, deute aber gleichzeitig an, daß es Zeiten gibt, in denen jeder Mensch Hilfe nötig hat.

Indem er sagt, ein wenig das Gesicht zu verlieren, könne er riskieren, hat er mir angedeutet, daß es für ihn doch möglich ist, etwas von dieser Schattenproblematik zu integrieren, denn in seiner Äußerung kommt noch ein weiteres Problem zum Ausdruck: Er ist nicht nur ein Mensch, der nicht alt werden kann, der eine panische Angst vor Verlassenwerden hat, er ist auch ein Mensch, der nicht gewohnt ist, das Gesicht zu verlieren, nicht gewohnt, in eine Krise hineinzukommen, auch nicht gewohnt, zu seinen Schwächen zu stehen. Er ist also ein Mann, der eine enorme Schattenproblematik hat, und damit hängt wohl auch das Problem des

Alters zusammen. Er ist offenbar jemand, der im Vollbesitz seiner Kraft sein muß, um vor sich selbst bestehen zu können, um vor seinem Ich-Ideal bestehen zu können. Da darf man nicht alt werden, nicht gebrechlich werden, sondern man muß eben immer seinen Mann stellen. Es war wohl unter anderem auch Ausdruck dieser Scham, daß er zu Beginn unseres Gesprächs meine Kompetenz in Frage stellte.

Ich formulierte, daß die Problematik mit seiner Frau nun im Vordergrund stünde: mit der Frau müßte natürlich gesprochen werden. Ich versuchte ihm verständlich zu machen, daß wir jetzt seine Angst, von seiner Frau verlassen zu werden, erleben würden: Wir müßten aber auch sehen, wie das von seiner Frau her aussehe. Dahinter wäre aber das existentielle Problem verborgen, daß er langsam älter werde, daß er gewisse Dinge loslassen müsse und daß ihm das äußerst schwer falle. Ich fragte ihn, ob er mit seiner Frau überhaupt über ihre Freundschaft mit jenem Mann gesprochen habe. Er schaute mich sehr erstaunt an und fragte, ob ich denn meinte, er könne mit ihr reden? »Selbstverständlich, warum denn nicht?« sagte ich, aber vielleicht wollte er nicht mit ihr reden?

Wieder fiel mir der Anfang unseres Gespräches ein, meine Vermutung, daß er den Frauen vielleicht doch nicht allzuviel zutraut. Auch das scheint ein Aspekt des Problems zu sein, das sich zu Beginn unseres Gesprächs konstelliert hatte. Auch meine Gefühle, daß er Menschen, außer sich selbst, wenig wahrnimmt, scheint sich zu bestätigen.

Eine Krisenintervention muß dahinein münden, daß man ein Ziel formulieren kann, das realistisch und kurzfristig erreichbar ist. Das können wir natürlich nur, wenn wir das zugrundeliegende Problem verstehen und nicht alle Probleme gleichzeitig lösen wollen. Das Problem in diesem Fall ist leicht verständlich. Der Mann steht das erste Mal im Leben bewußt vor einer Trennungssituation. Die Trennungssituation macht die latente Krise seines Alters erlebbar, aber auch seine Probleme, darunter das des Scheiterns der Beziehung und des damit verbundenen Gesicht-Verlierens.

Ziele sind hier: Ein Gespräch mit seiner Frau und, wahrscheinlich mit ihr zusammen zu ermöglichen, auch ein Gespräch über Alter, über Schwäche, eigentlich aber auch über den Schatten, also über die Seiten in ihm, die seinem Ich-Ideal nicht entsprechen. Es schien mir nicht notwendig zu sein, andere Menschen in diese

Krisenintervention miteinzubeziehen, auch brauchte es keine instrumentellen Hilfen. Indem ich ihm dieses Programm vorschlug, sagte ich ihm auch, daß seine Krise auch eine ungeheure Chance sei, Seiten an sich selbst zu entwickeln, die er bis jetzt in seinem Leben nicht habe entwickeln müssen. Er blickte mich etwas erstaunt an und sagte: »Ich will es Ihnen ja gerne glauben, aber im Moment sehe ich da überhaupt noch keine Chance.«

Dann übermannte ihn wieder sein Elend, und es brach aus ihm heraus: »Aber nicht wahr, Sie helfen mir doch, daß meine Frau wieder zurückkommt. Ich gebe Ihnen alles, was Sie haben wollen. Ich gebe Ihnen mein ganzes Geschäft, nur helfen Sie mir.«

Dieser Ausbruch hat mir schlagartig noch einmal das Ausmaß der Krise aufgedeckt. Es ließ auch etwas daran zweifeln, ob der Mann schon verstanden hatte, in welchem Zusammenhang seine Krise stand. Auf seinen Hilferuf hin gab ich ihm zu bedenken: Es würde mir zwar sehr deutlich, wie viel ihm an der Beziehung zu seiner Frau liege, ich könne aber nicht beurteilen, ob seine Frau zu ihm zurückkomme oder nicht; sicher sei, daß das Entwickeln einer neuartigen Beziehung zu seiner Frau anstehe, und dabei würde ich ihm helfen. Nachdem der Mann die Angst nicht mehr mit Wut abwehren konnte, wird er von ihr ganz und gar gepackt, gerät in die Rolle eines anklammernden Kindes, das alles wieder so haben möchte, wie es war – und alles dafür zu geben bereit ist. Sein Geschäft – so stellte es sich heraus – war für diesen Mann sein ein und alles. Ich versuche, ihm die Hilfe zu versprechen, die ich auch leisten kann. Ich verspreche ihm Hilfe, in meinem Versprechen klingt aber auch an, daß Veränderungen anstehen, daß nicht einfach der alte Zustand wieder angestrebt werden kann.

An dieser Stelle des Gesprächs fragte ich ihn dann, welcher Art denn diese Beziehung seiner Frau zu diesem Freund sei. Er schaute mich ganz erstaunt an und sagte dann, ja, er stelle sich vor, daß die nur ab und zu miteinander ins Kino gingen. Dann kam er auf meinen Hinweis zurück und sagte, es könne schon sein, daß eine neuartige Beziehung zu seiner Frau wichtig wäre. Er habe natürlich in letzter Zeit, gerade aus der Angst heraus, daß seine Frau ihn verlassen könnte – so ganz überraschend kam die Krise doch nicht –, auch immer einmal wieder sehr auf ihr herumgehackt und keinen guten Faden an ihr gelassen. Er hätte immer gedacht, das müsse so sein: Frauen würden dann gefügig, aber das wäre doch ein schlimmer Irrtum. Ich spreche ihn wiederum auf die Situation während der Krisenintervention an, in der er meinte, daß ich ihm als Frau doch nicht helfen könne, ob das eine vergleichbare Situation sei? »Ja, ja, schon«, bloß sei er mit seiner Frau viel grober.

Ich deutete ihm sein Verhalten so, daß ihm an der Beziehung zu seiner Frau wirklich sehr viel liege und daß er aus Angst um diese Beziehung oder auch aus Angst vor der Trennung – seine Frau ist etwas älter als er – so auf ihr herumgehackt und wütend geworden sei. Das wäre natürlich ein Verhalten, das letztlich nichts bringe, aber es wäre zu verstehen. Diese Intervention erleichterte ihn sichtlich, er atmete auf.

Ich deutete ihm sein aggressiv-destruktives Verhalten als Abwehr der Angst vor Trennung. Diese Angst hat man aber nur, wenn einem eine Beziehung, die in Gefahr ist, auch etwas wert ist. Ich sprach ihn darauf zuerst an, erklärte ihm sein Verhalten, und erst dann nahm ich seine Bemerkung auf, daß solches Verhalten natürlich nichts positiv verändern könne.

Ich sagte ihm dann weiter, daß er offenbar doch ein großes Bedürfnis habe, mit seiner Frau zusammen alt zu werden, daß er auch sein Problem des Alterns besser mit seiner Frau zusammen angehen könne als ohne sie. Er machte dann am Schluß der Stunde den Vorschlag, daß wir jetzt noch einige Zeit über seine Altersproblematik sprechen sollten und daß er seine Frau doch in die Gespräche miteinbeziehen möchte.

Seine Frau kam dann in die nächsten Sitzungen mit, und das Thema war in der Tat Alt-Werden, keinesfalls Untreue. Beide gestanden sich ein, daß sie sehr viel Mühe damit hatten, alt zu werden. Sie hat sich auch bewiesen, noch nicht so alt zu sein, indem sie noch einmal mit einem Mann flirtete, sich also auch bewiesen, daß sie noch attraktiv ist. Sie dachte überhaupt nicht daran, ihren Mann zu verlassen. Der Mann, der auch von ihr als Freund bezeichnet wird, geht ab und zu mit ihr aus, er bietet ihr viel geistige Anregung: Er bringt ihr interessante Bücher zum Lesen, er bringt ihr Blumen. Sie fühle sich von ihm ganz anders wahrgenommen als von ihrem Mann, der sich an ihre Anwesenheit »gewöhnt« hat. Sie fühlt sich von diesem Mann ernstgenommen und akzeptiert. Das ist es aber gerade, was ihren Mann eifersüchtig macht, denn er hat sich vieles im Leben versagt, weil er doch, wie er meinte, ganz für das Geschäft da sein mußte. Hier wurde beiden

35

deutlich, daß Veränderungen in ihrer Einstellung stattfinden müssen und auch können.

Die beiden lernten miteinander neue Verhaltensstrategien, sie lernten, daß man Konflikte nicht einfach wegschieben kann, er, indem er im Konfliktfall um so härter arbeiten geht, sie, indem sie ihn einfach überfährt, sondern daß über Konflikte wirklich gesprochen werden muß. Es war ein schönes Erlebnis, als die beiden gelernt hatten, daß man nicht einfach dem andern sagen muß, er tauge nichts, sondern, daß man sagen kann: Ich fühle mich schlecht, wenn du ...

Das war das eine, das andere war das Umgehenlernen mit Schattenaspekten der eigenen Person, das Umgehenlernen damit, daß man nicht perfekt ist, daß man nicht auf dem Höhepunkt seines Lebens bleiben kann, daß man schwächer und auch weniger attraktiv wird, bzw. auf eine neue Art lernen muß, attraktiv zu sein.

Das waren die wesentlichen Verhaltensstrategien, die hier gelehrt wurden.

Wir haben dann auch über den möglichen Tod der Eltern des Mannes gesprochen, sozusagen als präventive Krisenintervention und doch am Thema der Krise selbst; dann in aller Vorsicht auch von dem eigenen möglichen Tod des Mannes und seiner Frau. Es war eindrücklich, wie beide zwar versuchten, sich in diese Situationen hineinzuversetzen, allerdings nur bis in die Situation hinein, daß ihre Eltern sterben könnten, und auch hier mit der einschränkenden Gewißheit, daß sie das noch ganz, ganz lange nicht tun würden.

Die eigentliche Krisenintervention, meine ich, ist in der ersten und in der zweiten Stunde geschehen.

Die Voraussetzung dieser Krisenintervention war, daß sich der »Kriselnde« dem Pfarrer von sich aus geöffnet hatte. Dieser bekam Angst vor der maßlosen Wut des Mannes – ein Zeichen, daß auch mit dieser Krise durchaus eine panische Angst verbunden war – und suchte weitere Hilfe. Ich hörte dem in die Krise geratenen Mann zunächst bei seinen Wutausbrüchen einfach einmal zu, regte ihn dann aber auch dazu an, sich die Folgen der für ihn neuen Lebenssituation auszuphantasieren. Dadurch konnte er seine Angst spüren, und wir fanden die Hintergrundprobleme, die in seinem Leben dringend gelöst werden müssen, die ihn wandeln und auch seiner Beziehung neue Impulse geben könnten. Entspre-

36

chend seiner Tendenz zur Flucht nach vorn – und wohl auch meiner Natur gemäß – hatte ich ihm etwas schnell die schöpferischen Möglichkeiten seiner Situation gedeutet. Gerade das bewirkte, daß seine Angst für ihn noch einmal sehr deutlich erlebbar wurde. Vielleicht ist der Zusammenhang aber auch so zu sehen, daß er, als er einen Ausweg sah, sich überhaupt erst die Angst zugeben konnte, die ihn erfaßt hatte. Grundsätzlich habe ich ihn in meinen Interventionen zu stützen versucht, indem ich ihm Deutungen gab, die sein Selbstgefühl bestätigten, ich bin im weitesten Sinne also »abwehrzentriert« – auf seine mögliche Abwehr bezogen – vorgegangen, habe seinen Ich-Komplex gestärkt und dann jeweils in einem zweiten Schritt die Probleme angesprochen, die andrängten.

Nach dieser eigentlichen Krisenintervention haben wir noch weitere sechs Stunden miteinander gearbeitet.

Dieses Paar kam erneut zu einer Krisenintervention, drei Jahre später, als der Vater und die Mutter des Mannes kurz nacheinander gestorben waren. Mir scheint das hier wichtig, erwähnt zu werden, denn oft wird der Eindruck erweckt, daß in Kriseninterventionen in kürzester Zeit ein Problem gelöst werden könne, das zeitlich lang ausgedehnte Therapien nicht lösen. Das ist nicht so: Krisenintervention hat ihren Platz dort, wo ein Mensch in der Krise steckt, und gemäß der Krise ist es möglich, daß sprungartig neue Verhaltensmöglichkeiten entdeckt werden. Probleme werden angesprochen, und viele Menschen leben nachher mit diesen Problemen weiter, arbeiten auch an ihnen, ohne daß eine weitere Therapie erfolgt. Es kommt aber durchaus auch vor – und gar nicht selten –, daß die Menschen nach einer Krisenintervention froh sind, emotionell wieder »die alten« zu sein, ohne daß die Probleme angegangen werden. Es fällt mir da das Bild von Balint ein, der sagt: Eine Krisenintervention könne darin bestehen, daß ein Baumstamm, der in einem Fluß festgeklemmt sei, wieder in Fahrt gebracht werde; dann nehme dieser Baumstamm schon von selbst den Weg den Fluß hinunter. Es kann in diesem Sinne geschehen und die in dieser Art verlaufenden sind sicher die schönsten Kriseninterventionen. Sehr oft aber sind die Flüsse, mit denen wir es zu tun haben, schon sehr verwachsen, und die Baumstämme stellen sich immer einmal wieder quer.

Über- und Unterstimulierungskrisen

Umgang mit Emotion und Hemmung

Grundsätzlich kann man zwei Formen von Krisen unterscheiden, die von außen außerordentlich verschieden aussehen:

Der Mensch, der überstimuliert ist, ist weggetragen von seinen Emotionen, von Angst, von Wut, von Liebe, von irgendeiner Erregung, er ist überschwemmt, sein Ich-Bewußtsein kann die Emotion nicht fassen. Solche Krisen imponieren als »laute« Krisen und sind fast von jedermann als solche erkennbar. Diese Menschen müssen beruhigt werden, sie müssen ihre »Fassung« wieder finden. Das heißt, sie müssen wieder zu ihren gewohnten Abwehrmechanismen finden, jedoch ohne das neue, das sich in der überschwemmenden Emotion ausdrückt und einem konstellierten Komplex entspricht, zu verdrängen. Es ist meistens sehr einfach, die auslösende Situation für diese Krise auszumachen; die Probleme, die sich dahinter verbergen, sind etwas schwieriger zu eruieren.

Nun gibt es aber auch »leise« Krisen, die oft unbemerkt bleiben. Da sind Menschen ganz in ihrer Kontrolle erstarrt, spalten z. B. alle Emotionen von ihrem bewußten Leben ab, haben so zwar alles vermeintlich im Griff, aber ihr Leben wird immer entleerter, besonders dann, wenn auch noch Trennungs- und Verlustsituationen hinzukommen. Wenn sie auf dem Höhepunkt ihrer Krise sind, »geht einfach nichts mehr«, nichts hat mehr Sinn – und das regt sie auch nicht besonders auf. Alle Stimulation, die sonst vom Leben ausgeht, scheint zu fehlen.

Ist der überstimulierte Mensch ganz von der Emotion getragen und bestimmt, dann der unterstimulierte ganz von seiner Kontrolle.

In beiden Krisenformen kann – wenn wir die Krise mit der Krise im schöpferischen Prozeß vergleichen – die Phase der Inkubation ausgedrückt sein, einmal, indem Prozesse des Unbewußten fast unbearbeitet das Bewußtsein überschwemmen, zum andern, indem die Prozesse, die im Unbewußten ablaufen, mit äußerster Anstrengung an ihrer Wirkung auf die bewußte Einstellung gehindert werden.

Beispiel für eine Überstimulierungskrise

Eine Frau bittet um eine Krisenintervention. Sie wisse nicht mehr aus noch ein. Sie kommt etwas »zerrauft« daher, man sieht ihr an, daß sie wenig geschlafen hat. Sie ist sehr gespannt und unruhig. Sie legt sofort los:

»Ich bin ganz durcheinander, und ich brauche jemanden, um wieder Boden unter die Füße zu bekommen. Ich glaube, es ist ganz richtig, was ich jetzt durchmache, auch wenn das Ganze sehr weh tut. Ich weiß auch nicht ein noch aus. Ich weiß nicht einmal, ob ich so sprechen kann, daß Sie es verstehen. Ich habe mich in einen Mann verliebt, so intensiv wie noch nie in meinem ganzen Leben. Ich bin 39, seit 15 Jahren verheiratet; ich habe überhaupt nicht gewußt, daß es das gibt: diesen Sturm von Gefühlen, diese Offenheit, diese Leidenschaft – ich glühe richtig. Ich bin Feuer und Flamme. Ich rede wie ein Teenager. Aber es ist halt so. Ich bin verrückt vor Sehnsucht, inspiriert, und ich verbrenne daran. Das Verrückte an der ganzen Sache ist, daß dieser Mann meine Liebe nicht will, sie nicht erwidert. Das tötet aber meine Liebe nicht, es macht sie verzweiflungsvoll, sehnsüchtig. In mir ist einfach etwas Neues aufgebrochen. Ich weiß nicht, was ich tun soll und wie ich damit leben soll. Manchmal denke ich, ich bestürme diesen Mann, aber er hat mir sehr deutlich gesagt, daß er zwar freundliche Gefühle für mich habe, aber daß er die Intensität meiner Gefühle fürchte, und daß er keine ähnlichen Gefühle spüre.«

Sie beginnt zu weinen: »Das ist doch zum Verrücktwerden. Da bricht mit fast vierzig Jahren die Liebe auf und dann ausgerechnet zu einem Menschen, der von mir nichts wissen will. Ich denke nur immer an diese Liebe, ich weiß nicht, was ich mit meinem Mann machen soll. Unsere Kinder finden, ich sei bekloppt, ich vergesse alles, halte nur mit Mühe die dringendsten Termine ein. (Die Frau arbeitet teilzeitlich in einem selbständigen Beruf.) Langsam wird mir angst und bange, was aus meinem gutgeordneten Leben werden soll. Daß ich so durcheinander geraten könnte, das hätte ich nie gedacht.«

Nach diesem Erguß schaut sie mich erwartungsvoll an. Ich fühle mich überschwemmt, zugleich lebendig und interessiert. Ich hatte die Phantasie, daß da noch eine riesige Woge von Emotionen zu erwarten sei, fragte mich, was da wohl alles in Bewegung gerate.

Ich sagte mir auch: notfalls könne ich sie immer noch zum Arzt schicken, damit sie eine Beruhigungsspritze bekommt. So entschloß ich mich, mich auf diese Krisenintervention einzulassen. Ich spürte mein Interesse an dieser Krise, aber auch meine leise Frage, ob diese Überstimulierung durch unser Gespräch und unsere Beziehung hinreichend gemildert werden könne. Die Frau ist von Emotionen überschwemmt, es geht darum, diese so zu kontrollieren, daß sie ihren belebenden Effekt behalten, den Ich-Komplex aber nicht bedrohen.

Ich sage: »Es kann schon Angst auslösen, wenn man eigentlich ein sehr geordnetes Leben führt und dann solche Emotionsstürme über einen hereinbrechen.«

Sie strahlt mich kurz an: »Ja, aber ich spüre mich so intensiv wie nie zuvor. Alles an mir und alles an meinem Leben kann jetzt umbrechen. Es macht mir aber auch Angst.«

Während ich ihre Angst ansprach, ihr bestätige, daß sie offenbar und üblicherweise Konflikte und Emotionen unter Kontrolle halten könne, da sie ja sonst kaum ein so geordnetes Leben wie bisher gehabt hätte, drückte sie ihre Freude an diesen nie gekannten Emotionen aus. Das ist ein Hinweis darauf, daß sie an sich ein gut strukturiertes Ich hat, das fähig ist, diese neuen, wenn im Moment auch sehr chaotischen Emotionen ins Leben einzubeziehen. Auch ist sie fähig, die Krise gut zu beschreiben. Sie erlebt diese Krise als eine Überschwemmung durch etwas ganz Neues. Diese neuen Gefühle sind für sie etwas sehr Wichtiges; sie weiß es, sie weiß aber dennoch nicht ein und aus. Und hier sind Ängste verborgen, die sich bis jetzt noch nicht ganz enthüllt haben. Es wird jetzt schon deutlich, daß sie zwar ohne diese neuen Emotionen nicht leben will, daß diese neuen Emotionen aber große Probleme bringen werden.

Sie spricht dann länger darüber, daß sie sich einerseits freue an diesen Emotionen, über ihre Lebendigkeit, doch immer, wenn sie die Freude so richtig zulassen wolle, kämen wieder Gefühle der Angst auf. Es fällt bei diesem wörtlich wiedergegebenen Gespräch auf, daß sehr viel Wiederholungen vorkommen. Wenn wir von einer großen Emotion gepackt sind, wiederholen wir uns oft. Gerade diese Wiederholungen sind als »Struktur« zu sehen, in der die Emotion nach und nach »gefaßt« wird, so daß die Emotion allmählich nicht mehr überschwemmend wirkt. Ein nächster Abschnitt aus dem Gespräch:

Sie: »Ja, ich dachte immer, ich sei eine sehr kontrollierte Frau.«

Ich: »Es ist besonders schwer, wenn man sich auf seine Kontrolliertheit verläßt, wenn dann plötzlich solche Gefühlsstürme losbrechen.«

Sie: »Aber auch besonders schön. Insgeheim dachte ich immer, mir fehle eine Qualität des Lebens. Es ist so doppelt: Ich mag diese Leidenschaft, aber die kann mich ganz schön teuer zu stehen kommen.«

Ich: »Woran denken Sie?«

Sie: »Wenn die sich immer falsche Männer zum Ziel wählt, das zehrt am Selbstwert. Wenn ich einen treffe, der meine Gefühle erwidert, dann ist meine Familie in Gefahr.«

Ich: »Sie haben Angst, gedemütigt zu werden, und Sie haben Angst um Ihre Ehe. Sie haben Angst, diese leidenschaftlichen Gefühle wieder zu verlieren, und Sie haben auch Angst, sie in Ihrem Leben zuzulassen.«

Sie: »Wissen Sie, das ist so schmerzlich: Wenn ein Mensch eine solche Liebe auslösen kann in einem und dann einen nicht haben will. Das ist demütigend, einfach unerhört demütigend. Ich habe mir natürlich gesagt, daß er einfach ein Angsthase sei, ein Pantoffelheld, einer, der Angst hat vor Gefühlen. Aber ich finde ihn doch auch ganz toll, ich kann ihn nicht so entwerten. Also entwerte ich mich. Ich habe irgendeinen falsch programmierten Instinkt. Die Liebe wird nur noch drängender dadurch, daß er mich nicht haben will.

Wir haben miteinander an einem sozialen Projekt gearbeitet, da haben wir uns kennen- und auch schätzen gelernt. Wir sind da beide sehr engagiert. Vor einer Woche hat er mir davon erzählt, daß er so engagiert sei, weil er als Knabe so sehr unter den Problemen in seiner Familie gelitten habe, die wir in unserem Projekt zu lindern versuchen. Und da sprang der Funke. Ich habe aber vorher schon von ihm geträumt. Und als ich ihm meine Liebe gestand, da ist er irgendwie innerlich erstarrt. Er wollte mich auf keinen Fall verletzen, aber er hat mich sehr deutlich zurückgewiesen.«

Ich: »Er hat Ihre Gefühle, Ihre leidenschaftlichen Seiten geweckt, will sie aber nicht auf sich beziehen.«

Sie: »Vielleicht genügt es, daß er sie geweckt hat.«

Ich: »Können Sie das so sehen?«

Sie: »Nicht gern, aber ich kann schon, muß wohl fast.«

Hier bringt die Frau einen schöpferischen Einfall ein. Sie kommt davon ab, daß sie diesen Mann unbedingt haben oder daß sie sich gedemütigt fühlen muß. Sie kommt auf die Idee, daß es vielleicht genügt, daß dieser Mann ihre Gefühle geweckt hat. Durch das Gespräch wurde sie etwas angstfreier, und kaum hat sie etwas weniger Angst, kann sie kreativ werden. Angst blockiert unsere kreativen Prozesse.

Sie fährt dann fort: »Mir fällt halt immer ein, daß ich zu meinem Mann diese Gefühle nicht habe und daß er nie diese Gefühle in mir geweckt hat. Wir haben eine gute Beziehung miteinander. Er ist sehr zuverlässig und besonnen und liebevoll zu mir und zu den Kindern. Aber, da ist keine Ekstase des Gefühls, kein Überschwang. Er ist eigentlich immer eher wie ein Vater zu mir gewesen, und ich habe mich gut gefühlt dabei. Sonderbar, das ist mir bis jetzt nicht eingefallen, aber es ist so. In einer Beziehung zu diesem Mann, in den ich so verliebt bin, müßte ich selber viel mehr bringen als bei meinem Mann. Der würde auch viel mehr Initiative und Anregung von mir erwarten, viel mehr mittragen, aber ich phantasiere mir, daß es da auch weniger geordnet, chaotischer vielleicht sogar, zuginge. Aber wenn ich an seine Angst denke angesichts meiner Gefühle – das reime ich mir alles da bloß so zusammen.«

Ich deute ihr, daß der Sinn dieses Liebessturmes einmal dies sein könnte, daß sie sich als gefühlvoller und liebevoller, mehr als leidenschaftliche Sehnsüchtige erlebe als je zuvor, daß dieser Sturm aber auch zeige, daß in der Beziehung zu ihrem Mann von ihr aus eine Änderung eintreten müßte: in dem Sinne ihrer Phantasien zu jenem Mann, der ihre Gefühle ausgelöst habe. Ich deute ihr also ihre Krise als eine mögliche Bereicherung ihres Lebens und als Anreiz zu Entwicklungsmöglichkeiten in der Beziehung; ich spreche damit das Entwicklungsthema hinter dem Auslöser an.

Darauf fragte sie sich dann, ob diese Krise nicht eher ein Zeichen dafür sei, daß sie und ihr Mann sich ein halbes Leben lang etwas vorgemacht hätten. Ich erkläre ihr, daß das durchaus möglich sei, daß aber auch die Sehnsüchte nach dem, was in den Beziehungen gelebt werden möchte und sollte, sich im Laufe des Lebens immer einmal wieder veränderten. Diese Veränderungen seien auch eine Art von Reifungskrisen. Es sei selten, daß diese neuen Beziehungssehnsüchte bei beiden Partnern gleichzeitig aufbrächen; das bringe dann zunächst die ganze Beziehung in eine Krise, und entweder wandle sie sich, oder sie zerbreche daran.[8] Ich würde ihre Verliebt-heit, das Aufbrechen dieser stürmischen Emotionen als ein Zei-chen dafür sehen, daß sie jetzt im Laufe ihres Lebens psychisch so stark geworden sei, daß sie die jetzt aufgebrochenen Emotionen und die damit verbundenen Komplikationen auch aushalten kön-ne. Ich könnte aber auch gut verstehen, wenn sie es vorzöge, ihr Eheproblem auszuklammern und damit die Krise zu vermeiden.

Ich versuchte ihr also ihr Problem zu interpretieren, deutete Entwicklungsmöglichkeiten an, sprach sie auf die Stärke an, die sie durchaus zu haben schien, sprach aber auch davon, daß es auch möglich wäre, gleichsam die Flucht anzutreten, die Krise in der Ehe vorläufig zu vermeiden und damit indirekt auch eine begrün-dete Angst.

Darauf wendet sie ein: »Aber dann gebe ich uns überhaupt keine Chance. Warum soll sich mein Mann nicht auch wandeln können, vielleicht hat er auch andere Sehnsüchte – noch!«

Dadurch, daß ich ihr sozusagen »erlaubt« habe, die Krise auch durch Abwehr, durch Flucht zu bewältigen, konnte sie die sich in ihrer Ehe erst anbahnende Krise als eine sinnvolle ins Auge fassen, den Gedanken daran zulassen und sogar auf eine Veränderung der Beziehung hoffen.

Sie faßte zusammen: »Ich glaube, ich kann jetzt wieder schlafen. Ich werde den Mann meiner Träume nicht bestürmen, auch wenn das sehr schwer sein wird. Mit der Demütigung kann ich umgehen. Ich werde diese Gefühlswelt wahrnehmen, vielleicht aufschreiben. Meine Ehe wird in eine Krise geraten; ich werde versuchen, mei-nem Mann meine Sehnsüchte zu vermitteln, und ihn nicht mehr als Vater zu mißbrauchen. Meine Gefühle sind noch genauso chao-tisch, aber ich habe richtige Perspektiven; ich glaube, mein Leben wird sich sehr verändern durch diese Krise.« Wir verabredeten ein nächstes Gespräch drei Tage später.

In dieser Krisenintervention ist es gelungen, die Wandlungsper-spektiven der Krise ins Bewußtsein der »kriselnden« Frau zu rük-ken, ihr das von ihr selbst formulierte Gefühl zu verstärken, daß etwas Wichtiges mit ihr geschehen sei, ihr aber auch aufzuzeigen, daß ihre Angst ebenso berechtigt ist. Es geht ja darum, daß sie sich selbst mit ganz neuen Seiten annehmen muß – und das ist be-stimmt nicht einfach bei einer habituell doch sehr kontrollierten Frau; zudem kommt dazu, daß sie sich in ihrer Liebe abgewiesen weiß und daß Beziehungsprobleme zu ihrem Mann aufgedeckt werden.

Im Grunde wurde bereits hier die Phase der Einsicht erreicht, indem für die betroffene Frau deutlich wurde und ebenso für mich, daß durch diese neue Emotion auch ein Licht auf ihre bisherige Beziehungsform zu ihrem Mann fällt, die sich offenbar verändern muß. Nicht nur die Beziehungsform muß sich aber verändern, sondern auch das Selbstbild dieser so sehr kontrollierten Frau wird durch den Gefühlssturm, der sie durchfährt, verändert werden.

Drei Tage später kam die Frau gelöster, ausgeruhter als das erste Mal. Sie sagte, sie komme jetzt besser zurecht. Sie sehe diese Verliebtheit auch nicht mehr einfach als pubertäre Krise, sondern als große Bereicherung an. Die Ehekrise andererseits bahne sich bereits an. Sie habe mit ihrem Mann über ihre neuen Gefühle gesprochen, auch über ihre neuen Beziehungssehnsüchte; sie habe sich ihm nicht verständlich machen können. Er habe darauf beharrt, daß sie bis jetzt doch ein gutes Leben gehabt hätten, und er sehe nicht ein, warum er etwas Gutes ändern solle. Die Frau sagte dann, sie habe gleich die Trennung erwogen, aber nun habe sie einen Traum gehabt, der vielleicht etwas dazu sage.

In Krisensituationen pflegen Menschen oft zu träumen, und zwar solche Träume, die meist präzise aus der Perspektive des Unbewußten die Krise beleuchten, die oft auch schöpferische Wandlungen aus der Krise heraus andeuten und intendieren. Nach meiner Erfahrung sind Träume in Krisensituationen relativ leicht zu verstehen. Ich bringe die Deutlichkeit und damit die leichte Verständlichkeit dieser Träume damit in Beziehung, daß die Abwehrmechanismen der Betroffenen in Krisensituationen weniger stark organisiert sind als sonst, daß der Ich-Komplex weniger kohärent ist als üblicherweise und daß zudem die Lebensdynamik nur in eine Richtung geht, nämlich in die Richtung der Krise. Der Traum:

»Ich habe ein Kind geboren und wundere mich, weil ich mich nicht an die Schwangerschaft erinnere. Es ist ein sehr süßes Mädchen; ich liebkose es so stürmisch, wie ein Neugeborenes das eben aushält. Mein Mann kommt ins Zimmer. Ich werde verlegen, weil ich nicht weiß, ob er der Vater dieses Kindes ist. Er sagt, es werde sich dann herausstellen, ob er der Vater dieses Kindes sein könne.

Ich bin erleichtert. Mein Mann schaut aber das Kind nicht an, sondern macht sich an seinem Computer zu schaffen.«

Gefühlsmäßig, sagt die Träumerin, sei die Freude über dieses neugeborene Kind im Vordergrund gestanden. Sie versteht den Traum so, daß durch ihre Krise wirklich etwas Neues geworden ist (Geburt), die Schwierigkeiten wären aber auch nicht ausgeblendet. Der Mann interessiere sich im Moment für den Computer, nicht für das Kind. Ich weise sie darauf hin, daß er aber auch verhältnismäßig freundlich auf das Kind reagiere, das er nicht als das seine erkenne. Das wäre eine doch recht großzügige Art, die Situation zu handhaben, zudem noch, wenn er den Ausspruch tue: Es werde sich herausstellen, ob er der Vater sein könne. Er bitte eigentlich um Zeit und gehe wohl zunächst mit der Krise so um, daß er sich in seine Liebhabereien vergrabe. Darauf sagte sie, sie hätte halt gern eine schnelle Lösung; aber die war hier, so meine ich dem Traum zu entnehmen, noch nicht in Sicht.

Obwohl diese Krise die Frau in große Schwierigkeiten stürzte, das Gefühl ihrer Identität veränderte, Beziehungsphantasien aufbrachte, die zu leben mit dem langjährigen Partner schwierig waren, so hat sie doch einen ganz neuen emotionellen Erfahrungsbereich entbunden. Neue Impulse waren bereits schon länger dagewesen und hatten das gesamte Leben dieser Frau in die Krise hineinzuziehen vermocht. Sie war fähig, diese neuen Impulse aufzunehmen: Das brachte zusätzlich die Beziehung zu ihrem Mann in eine Wandlungskrise hinein. Nicht die Krise an sich ist kreativ. Das Vorhandensein von kreativen Impulsen, von Wandlungsaspekten, von neuen Verhaltensmöglichkeiten brachte hier die menschliche Existenz in die Krise, und zwar deshalb so plötzlich und dramatisch, weil diese Frau wohl diese Impulse lange Zeit abgewehrt hatte. Die Krise trat ein, als das Neue sich nicht mehr zurückdrängen ließ, die Wandlung von ihr Besitz ergriff und ihr sehr viele Schmerzen einbrachte. Kriseninterventionmeint in diesem Sinn auch, das Neue aufnehmen zu können, die Veränderungen des Lebens zu akzeptieren, das Neue ins gelebte Leben hineinzustellen versuchen, oft mit Folgekrisen im psychosozialen Bereich.

Auch wenn sich das Leben schöpferisch verändert, bedeutet das nicht, daß es einfacher zu leben ist, im Gegenteil. Es wird aber lebendiger.

Für diese Frau war es wesentlich, ihr Erlebnis mit einem Menschen zu teilen, der dieses Erlebnis – ohne zu werten – aufgenommen hat. Dadurch konnte sie die Veränderung auch annehmen, den erotischen Komplex, der sie zunächst nur überstimulierend bedrängte, in seinem Reichtum auch in ihr Leben einzubeziehen.

Beispiel für eine Unterstimulierungskrise

Ein neunundsechzigjähriger Mann wird von seinem Hausarzt bei mir »vorbeigeschickt« zu einer Krisenintervention oder einfach zu einer Konsultation. Ihm sei der Mann plötzlich unheimlich geworden, sagte der Hausarzt. Er kenne ihn schon lange, aber heute hätte er etwas Fremdes gespürt, er komme auch nicht an ihn heran. Der Mann habe verschiedene funktionelle Beschwerden – es sei immer etwa dasselbe –, und er habe ihn recht autoritär überwiesen, aus seiner Angst und seinem Unbehagen heraus.

Es kommt ein gefaßter, unauffällig gekleideter, sehr grau und verschlossen wirkender, eher kleiner Mann. Er setzt sich hin, und ich bekomme das Gefühl, ganz überflüssig zu sein. Zugleich erwartet er sichtlich, daß ich etwas sage. Ich werde innerlich ungeduldig, frage mich, was er überhaupt wolle, und warum auch der Arzt darauf bestanden habe, daß ich ihn so rasch sehe? Steckt er wirklich in einer Krise? Eindrücklich aber ist dieses Gefühl des Überflüssigseins, das ich mit Erstaunen wahrnehme. Ich bitte ihn dann um ein paar Daten aus seinem Leben; er gibt sie mir knapp. Er hatte eine leitende Funktion in einem Betrieb inne, an dessen Aufbau er maßgeblich beteiligt war, zusammen mit einem Kompagnon. Mit dreiundsechzig Jahren überließ er seinen Platz seinem Sohn. Er hat zwei Söhne und eine Tochter: Einer der Söhne und die Tochter leben in Amerika. Seine Frau ist vor zwei Jahren gestorben. Er schließt seine kargen Informationen mit dem Nachsatz: »Das hätte Ihnen alles der Arzt sagen können.«

Ich entgegne ihm, ich hätte ihn trotzdem noch einmal gefragt, um auch herauszuhören, was ihm das alles emotionell bedeute.

Er (trocken): »Ich bin damit fertig geworden.«

Ich: »Es muß schwierig gewesen sein, diese Ballung von Verlust zu ertragen.«

Er: »Sie sehen, ich habe überlebt.«

Ich: »Ja, das ist schon einmal wichtig.«

Ich frage ihn dann weiter nach seinen körperlichen Beschwerden.

Er: »Das ist Sache des Arztes.«

Ich: »Ja, richtig, aber ich muß es auch wissen, damit ich mir ein Bild machen kann.«

Er: »Das kann sowieso keiner, deshalb hat mich Doktor X auch an Sie überwiesen.«

Ich: »Sie fühlen sich sehr enttäuscht davon, daß sich keiner ein Bild von Ihrer Situation machen kann.«

Er: »Enttäuscht? Empört! – Aber, was soll das alles. Haben Sie eine Theorie?« (Er wirft diese Frage hin, so im Sinne: Hören wir auf, noch viel Zeit zu vergeuden! Ich jedenfalls hörte das heraus.)

Ich: »Haben Sie eine?«

Er: »Jetzt soll ich noch Ihre Arbeit tun?«

Ich: »Ich spüre, daß Sie sehr einsam sind. Ich habe das Gefühl, vollkommen überflüssig zu sein, außer, daß Sie an mir jemanden haben, an dem Sie Ihren Ärger auslassen können. Ich habe den Eindruck, daß ich Ihnen überhaupt nicht genügen kann, und ich schließe daraus, daß Sie das Gefühl haben, vollständig überflüssig zu sein auf dieser Welt. Und daß Sie ärgerlich darüber sind.«

Ich habe also mein Gefühl des Überflüssigseins als Gegenübertragungsgefühl – als Gefühl, Phantasie, die in mir ausgelöst werden, wenn ich auf den anderen Menschen empathisch bezogen bin – verstanden und ihm zurückgegeben als sein eigenes Gefühl, das er allerdings auf den jeweiligen Gesprächspartner projiziert. Der ist dann – als Folge dieser Projektion – eigentlich überflüssig, der kann es ihm nicht recht machen. Er hätte also seine Wertlosigkeit auf den Partner projiziert und lehnt diese gleichzeitig in der Projektion ab.

Während ich ihm diese Deutung vorschlage, geht mir zugleich das sogenannte »präsuizidale Syndrom« von Ringel[9] durch den Kopf. Ich habe den Eindruck, daß dieser Mann ein zunehmend eingeengtes Leben führt. Seine Aggression wäre dann allerdings noch durchaus als Aggression auf andere Menschen zu spüren und nicht nur – wie bei zunehmender Einengung – in der Aggressionsumkehr. Das Problem der Suizidphantasien will ich jedoch noch nicht gleich ansprechen. Auf meine Deutung kommt zunächst die

Reaktion: »Sie meinen, es ist schwierig, mit so vielen Verlusterlebnissen fertig zu werden?«

Er nimmt also eine Bestätigung seines Selbstwertes auf, die ich ihm im Gespräch wesentlich früher gegeben habe, er geht über das Gefühl der Verlassenheit und des Überflüssigseins hinweg, beginnt aber, auf mich einzugehen. Ich atme auf, ich habe den Eindruck, in seiner Einengung Platz gefunden zu haben und diese dadurch etwas zu öffnen.

Ich bestätige ihm, daß ich es fast für unmöglich halte, so viele Verlusterlebnisse in so kurzer Zeit bearbeiten zu können; ein erstes Mal huscht ein etwas entspanntes Lächeln über sein Gesicht. Da er nicht weiterspricht, sage ich ihm: »Die meisten Menschen in einer einigermaßen vergleichbaren Situation retten sich vor so viel Verlusterlebnissen halt durch Tapferkeit, die Gefühle werden dann überhaupt nicht mehr zugelassen, weil als erstes auch die Gefühle der Trauer hochkommen würden, dann weint statt dessen etwa der Bauch, dann verkrampft sich der Magen, man hat dann keine Freude mehr, keine Zukunft mehr.«

Er hört mir zu und nickt. Darauf schweige ich. Er schaut mich an und sagt: »Sie können ruhig fortfahren mit Ihrer Vorlesung.«

Und ich: »Ja, das macht einen ärgerlich auf die anderen Menschen, von denen man denkt, daß sie gesund sind.« Ich deute ihm also seinen Ärger als verständliche Reaktion.

Er zieht die Augenbrauen hoch und bestätigt: »Ja, ich bin ärgerlich, und ich bin auch sehr einsam – einsam und stolz.«

Ich: »Und Sie denken manchmal, Sie könnten auch Schluß machen?«

Er schaut mich etwas verunsichert an und nickt. Dann wird sein Gesicht wieder verschlossen, und er sagt: »Aber was reden wir darüber, das bringt doch nichts.«

Ich: »Wir bekommen Angst, wenn über so geheime Regungen plötzlich gesprochen wird. Und Sie dürfen ja auch keine Hilfe annehmen.«

Er: »Sie unterlaufen mich die ganze Zeit mit Ihren Tricks; und wenn ich mich doch umbringe?«

Ich: »Ich kann Sie nicht davon abhalten. Wenn Sie es tun wollen – letztlich ist das dann Ihr Entschluß. Es gibt dann nur kein Zurück mehr. Und da muß man schon sicher sein, daß das Experiment Leben nichts mehr hergibt.«

Er (bitter): »Experiment Leben. Sie haben gut reden. Sie haben noch Zeit. Sie haben Arbeit. Sie sind angesehen. Sie können Kontakte haben. Ich muß ohne all das leben und werde jeden Tag älter dabei.«

Das Ausmaß seines Problems wird nun deutlich sichtbar. Durch den Verlust der Arbeit fühlt er sich überflüssig, er hat seinen Selbstwert eingebüßt, fühlt sich nicht mehr angesehen, und aus diesem Grunde hat er wohl auch den Eindruck, keine Kontakte pflegen zu können. Hinter dieser Kontaktproblematik scheinen mir aber auch andere Probleme zu stecken. Dann steht er unter dem ganz realen Druck der verrinnenden Lebenszeit.

Wir haben es hier mit einer ganz anderen Form der Krise zu tun. Wirkte die Frau im Beispiel vorher überstimuliert, was man etwa in dem Bild von einem Fluß mit Hochwasser, der alles überschwemmt, ausdrücken könnte, dann dieser Mann unterstimuliert, wenn wir im Bild bleiben, wie eine ausgetrocknete Flußlandschaft, wie Erde, die schon lang kein Wasser mehr gesehen hat. Und doch hat sich, kaum daß er sich hingesetzt hat, sein Hauptproblem zwischen uns beiden konstelliert: Ich fühlte mich überflüssig und deutete ihm diese meine Gefühle als Ausdruck seiner Gefühle, die er hinter seiner abwehrenden Haltung verbarg. Als ich ihn bei seinen Gefühlen angesprochen hatte und ihn dabei auch erreichte, begann er sich zu öffnen. Auch bei diesem Mann sind wir an einem Punkt in seinem Leben, wo es nicht mehr weitergeht, wo sich etwas wandeln muß oder wo er allenfalls auch den Tod wählen könnte. Der Arzt hat das sehr deutlich wahrgenommen, weil er mit diesem Mann in eine Beziehungskrise geriet. Eine auslösende Situation für die Zuspitzung der Krise gab es nicht – zumindest konnten wir keine finden. Ich denke eher, daß hier eine schleichende Entwicklung einer Einengung zutrieb und nun plötzlich als Krise zum Ausbruch kam. Auch wenn die Entwicklung vielleicht schon länger eher krisenhaft war, als Krise erscheint sie erst jetzt. Also auch bei diesen Krisen, die nicht durch eine Fülle von Emotionen imponieren, sondern geradezu durch Emotionslosigkeit, kommt genauso der Punkt, an dem die Krise auf eine Entscheidung hindrängt. Da für mich sein wesentliches Thema das Überflüssigsein war, versuchte ich ihm jene Lebenssituation ins Bewußtsein zu rufen, in der er noch etwas hatte bewirken können. Ich hatte gemerkt, daß er sehr gut auf Deutungen ansprach, die seinen Selbstwert heben, was bei dem zentralen Thema des Überflüssigseins nicht verwundert.

Ich fragte ihn also: »Solange Sie gearbeitet haben, fühlten Sie sich angesehen, und da kamen Sie sich nicht überflüssig vor?« Darauf er: »Ja, stellen Sie sich vor, ich hatte eine Riesen-Verantwortung ...«, und dann folgte eine längere Schilderung seines Berufslebens, Berufsstolz blitzte auf, keine Spur von Überflüssigsein, im Gegenteil.

Ich: »Diese Erlebnisse kann man Ihnen wenigstens nicht mehr wegnehmen.«

Er schaut mich verdutzt an und sagt: »Ja, so kann man es auch sehen. Aber es ist natürlich nicht mehr dasselbe, ich habe die Sache meinem Sohn übergeben, weil er im besten Alter ist und mir die Sache auch über den Kopf wuchs. Ich mußte ja so vieles hintenan stellen in meinem Leben. Eigentlich wollte ich in die Oper, und ich habe mir für den Lebensabend vorgenommen, möglichst viele Opern zu hören. Aber jetzt mag ich nicht; ich mag auch nicht allein. Mein Sohn – ich hoffte, daß er meinen Rat braucht –, aber er macht es sehr gut. Ich bin wirklich überflüssig. Wir könnten manchmal über ein Projekt sprechen. Er könnte dann immer noch machen, was er will. Aber halt so ein Austausch wäre mir wichtig.«

Ich: »Sagen Sie ihm das?«

Er (entrüstet): »Nein, da muß er doch selbst drauf kommen.«

Ich: »Ich ziehe jetzt einen Vergleich: Sie können beurteilen, ob er stimmt. Ich hatte am Anfang unseres Gesprächs das Gefühl, vollkommen überflüssig zu sein. Wir haben dieses Gefühl des Überflüssigseins, das sich bei mir einstellte, so verstanden, daß Sie sich in Ihrer jetzigen Lebenssituation überflüssig vorkommen. Aber es könnte sein, daß Sie jedem Gesprächspartner aus Ihrer Angst heraus, überflüssig zu sein, das Gefühl geben, daß Ihnen am Gesprächspartner und am Gespräch gar nichts liegt. Dann ziehen sich natürlich die Gesprächspartner zurück, und letztlich haben Sie das Gefühl, überflüssig zu sein.« Ich deutete ihm also die Anfangskonstellation, die sich bei unserer Beratung eingestellt hatte, jetzt als Beziehungsproblem.

Er dachte einige Zeit nach und sagte dann sehr betroffen: »Ich glaube, ich mache es mit allen Menschen so, nicht nur mit meinem Sohn. Mit ihm aber ganz besonders. Mit meiner Frau habe ich das auch gemacht. Und ich habe das nie gemerkt.«

Ich bekam den Eindruck, daß dieses Gefühl des Überflüssigseins sich zwar konstelliert hatte, als er seine Arbeit aufgab, daß sich dahinter aber ein sehr viel tieferes Lebensproblem verbergen mußte, und ich fragte ihn, ob er denn auch schon während der Zeit, als er noch gearbeitet habe, sich manchmal überflüssig vorgekommen sei.

»Nicht bei der Arbeit«, entgegnete er, »aber sonst schon.«

Und wörtlich: »Wissen Sie, ich war ein absolut überflüssiges Kind. Ich war das elfte Kind eines armen Webers, während des Ersten Weltkrieges geboren. Ich war überflüssig. Und als ich das merkte, habe ich mich entschlossen, etwas zu werden, und das habe ich auch geschafft. Deshalb war das Zurücktreten so schwierig.«

Ich: »Ich finde es erstaunlich, daß Sie bei diesem hohen Wert, den das Geschäft für Sie verkörpert haben muß, es abgeben konnten.«

Er: »Ja, wissen Sie, mein Sohn ist sehr tüchtig, und es gibt ja auch bald Enkel, die auch mitmischen. Aber es ist schon so, es war sehr schwer, als ich von einem Tag auf den anderen Privatmann war.«

Ich: »Wie fühlten Sie sich denn da, können Sie sich noch erinnern?«

Er: »Ach ja, ganz nutzlos, ohne Ideen. Ich war apathisch, ohne Interessen, ohne Energie für irgend etwas. Dabei hätte ich doch Zeit gehabt. Da war ich sehr enttäuscht von mir.«

Ich: »Das ist der Irrtum, den viele haben, wenn sie in Pension gehen. Man verliert so viel, wenn man in Pension geht. Man verliert die schon längst gewohnte Bedeutung, die man in so einem Betrieb hat. Man verliert das Gefühl, etwas bewirken zu können, wichtig zu sein für andere Menschen, man verliert manchmal überhaupt das Gefühl, jemand zu sein. Da fängt ein ganz neuer Lebensabschnitt an. Da muß man sich innerlich umorganisieren und alle diese Gefühle der Enttäuschung, der Leere zulassen, sich ablösen, sich noch einmal ins Gedächtnis rufen, was man einem eben nicht wegnehmen kann, den neuen Lebensabschnitt ins Auge fassen, die neue Freiheit. Das geht nicht so schnell, das ist eine Zeit der großen Umorientierung.«

Er: »Das geht andern auch so? Das weiß man?«

Ich: »Man spricht von der Pensionierungsdepression.«

Er: »Ich war immer so tapfer; auch wenn es weh getan hat, habe ich die Zähne zusammengebissen. Und dann wurde sofort meine Frau krank, war schon krank. Es war keine schöne Zeit – und dann starb sie auch. Und ich zog auch noch aus dem Haus aus in eine Wohnung, noch weg von den alten Nachbarn, die mich gekannt haben.«

Dieser Mann hat eine Ballung von Trennungssituationen erlebt und sie zum Teil auch selbst vorgenommen, ohne daran zu denken, daß Trennungsprozesse schwierig zu ertragen sind. Er ist in eine Einsamkeitssituation geraten und hat sich auch zusätzlich selbst hineingebracht. Die ganze Trauer hat er weggesteckt, dafür ist er hart und bitter geworden, auch mit sich selbst. Gegen Ende der Stunde sagt er: »Der Arzt hat mich für eine Stunde überwiesen. Kann ich noch ein paarmal kommen? Ich muß jetzt das alles ordnen, vor allem die Sache mit dem Überflüssigsein und mit den Gefühlen.«

Ich frage ihn, wie er sich fühle – es ist an sich eine überflüssige Frage –, sein Gesicht ist wieder lebendiger. Diese Krisenintervention hat ihn in eine Beziehung zu mir gebracht, er muß nicht mehr seine ganzen Probleme allein lösen. Die Intervention hat zudem die Probleme seiner Vereinsamung aufgezeigt sowie das Trauerproblem und deren Zusammenhang mit seinen funktionellen Störungen. Das ist nicht nur von diagnostischem Wert. Er selber ist mit diesen Problemen in Kontakt gekommen, er selber ist plötzlich an seiner Krise interessiert, insbesondere an dem Problem des Überflüssigseins, und er hat jetzt wieder eine neue Perspektive, der er nachgehen kann. Dieser Mann ging von nun an das Problem seines Überflüssigseins und das Problem, andere Menschen als für sich selber überflüssig zu erklären, sehr zügig an. Er war nicht umsonst ein Leben lang Unternehmer gewesen. Er sprach mit seinem Sohn darüber, mit ehemaligen Bekannten und bekam die Rückmeldung, es sei so gewesen, wie er es jetzt sähe. Das sei bei diesem Kontakt aber nun anders. Er fand in der Folge Kontakte, regte an und wurde angeregt.

Störend empfand er, daß er plötzlich immer an seine verstorbene Frau denken mußte. Ich sagte ihm, er habe in seiner Tapferkeit die Trauer übergangen und damit auch die Gefühle geopfert, die ihn mit seiner Frau verbanden. Er könne jetzt nachträglich trauern um den Verlust seiner Frau. Ich leite ihn an. Der Trauerprozeß als Wandlungsprozeß erfolgt in Phasen, die den kreativen Phasen vergleichbar sind. Schöpferisch ist am Trauern, daß man das, was durch das Leben mit einem anderen Menschen in einem ausgelöst worden ist, nochmals bewußt bedenkt und nachfühlt, es ins Bewußtsein holt und es als eigene Lebensmöglichkeit erprobt: darunter besonders die Seiten, die erst dieser bestimmte Mensch durch seine Liebe in uns geweckt und aus uns herausgeliebt hat. Man wird durch Verlust nämlich nicht nur ärmer – das wird man auch –, sondern man wird auch reicher, wenn man einen Verlust verarbeitet. In dieser Erinnerungszeit werden natürlich auch Konflikte miterinnert, Verhaltenseigentümlichkeiten in Beziehungen hinterfragt. So stellte dieser Mann fest, daß seine Frau eigentlich kulturell interessiert gewesen sei, nicht er, deshalb wolle er ja jetzt auch manchmal in die Oper gehen und gehe doch nicht. Ich frage ihn, ob denn ihr Interesse nicht das seine habe wecken können; es wäre doch sonderbar, wenn dieses Interesse mit seiner Frau gestorben wäre. Das Interesse war nicht gestorben: Er organisierte schließlich sogar Seniorenreisen zur Oper nach Mailand, und auf der Fahrt diskutierten die älteren Menschen humorvoll darüber, ob sie jetzt etwa – auf Brechts Formulierung zurückgreifend – »unwürdige« Greise und Greisinnen seien.

Aus der Trauerarbeit erwuchsen diesem Mann neue Möglichkeiten, die er in seinem Beziehungsverhalten immer unverzüglich erprobte. Diese Krisenintervention mündete in eine kontinuierliche therapeutische Begleitung. Der Mann begann sich für Träume zu interessieren und fand stets einen Grund, die dreiwöchig stattfindenden Besprechungen immer weiterzuführen. (Er ist unterdessen sechsundsiebzig Jahre alt.)

In seinem Leben entsprang und entsprach die Krise einer absoluten Engführung: Er war da eigentlich an einem Nullpunkt, das Leben löste sich sozusagen in der Nichtigkeit auf, er selbst hätte sich wohl ohne Intervention des Arztes sterben lassen. Die Krisenintervention brachte ihm den ganzen Reichtum seines Gefühlslebens zurück, legte seine Energie frei und initiierte andererseits eine sehr unangenehme Auseinandersetzung mit seinen aggressiven, herrschsüchtigen Zügen, die er gar nicht zu haben meinte. In seiner Krise wurde entbunden, was seinem Leben fehlte und was von ihm bis dahin als zu vermeidende Störung angesehen wurde: Emotionen in ihrer ganzen Breite – nicht bloß die Aggression.

Bei diesem Mann ist sehr deutlich, daß die Krise den Durchgang zur Wandlung markiert, wo Gelingen und Mißlingen möglich sind; ich meine, daß es gerade in diesem Fall ebensogut hätte mißlingen können.

Auch bei Krisen, die durch eine Engführung des Lebens charakterisiert sind, gerade weil alle Emotionen verdrängt, unter Kontrolle gehalten werden, und bei denen daher ein Mangel an Stimulierung auffällt, besteht das Hauptproblem darin, daß das Verdrängte, aus dem Leben Ausgeschlossene, immer heftiger andrängt, wobei die Kontrolle immer rigoroser wird und das Leben letztlich enorm einengt. Indem die Menschen, die von Unterstimulierungskrisen betroffen sind, Kontakte zu einem helfenden Menschen suchen, können die Themen, die andrängen, ins Leben integriert werden. Aber das Sich-Öffnen ist für solche Menschen ein großes Wagnis, das Leben wird dadurch unübersichtlicher, löst mehr Angst aus als zuvor.

Menschen mit dieser Form der Kontrolle und diesem abwehrenden Beziehungsverhalten suchen nicht oft Hilfe. Wie bei dem geschilderten Mann provozieren sie oft Krisen in ihrer Umgebung, bekommen Krisen mit anderen Menschen – und erst so werden die Mitmenschen auf jene »stille«, unheimliche Form der Krise aufmerksam, die sich vor allem in einer unerträglich gewordenen Einengung zeigt.

Krisenintervention bei Suizidgefährdung

Wenn man von Krisenintervention spricht, verbinden dies viele Menschen grundsätzlich mit Suizidverhütung. Suizid gilt offenbar für viele als Ausdruck für die existentielle Krise überhaupt, wobei in diesem Falle auch der Suizid als »Bewältigung« der Krise verstanden werden kann. Der Suizidant fühlt sich von einer ganz vernichtenden Situation bedroht (nackte Angst), und um dieser antizipierten Vernichtung zuvorzukommen, macht er einen Suizidversuch. Am Beispiel der suizidalen Krise kann vieles, was die Krise ausmacht, gesehen werden, besonders die Einengung der Lebensmöglichkeiten, die Engführung der Emotionen und die Unfähigkeit, in dieser Situation aggressiv eine Entscheidung herbeizuführen, sowie die Unfähigkeit zu einer kreativen Lösung der Probleme. Kommt dann noch ein äußeres Problem dazu, meist in Form einer direkten Kränkung oder etwa in einer Anforderung, die der Mensch in dieser Situation nicht erfüllen kann, was ihn auch in seinem Selbstwerterleben kränkt, dann kann der Suizid als letzter Ausweg erlebt werden. Sehr oft habe ich das Gefühl, daß vom suizidalen Menschen bereits als große Kränkung erlebt wird, daß Krisen im Leben überhaupt vorkommen. Bei Suizidanten wird sehr deutlich, daß man entweder gewandelt aus der Krise herausgeht, mit neuen Lebensmöglichkeiten, oder eben mit überhaupt keinen Lebensmöglichkeiten mehr.

Unter den Suizidanten, die weiterleben, gibt es Menschen, die nach dem Suizidversuch extrem verändert sind. Wenn Hillman[10] die Selbsttötung unter Umständen als größte seelische Wandlung beschreibt und sagt, es gäbe Leute, die Suizid machen, um sich grundsätzlich zu wandeln, dann wird diese Aussage von diesen Menschen bestätigt: Sie haben das Gefühl, sie seien dem Leben wieder neu geschenkt, das Leben wolle sie haben; sie fühlen – vielleicht zum erstenmal in ihrem Leben – so etwas wie eine Daseinsberechtigung. Sie spüren, daß sie nicht für den Tod geschaffen sind. Sie sind dann plötzlich sehr positiv dem Leben gegenüber gestimmt und können ihre Probleme auch durchaus lösen. Das sind die Menschen, die froh sind darüber, daß man sie zurückgeholt hat. Sie erzählen manchmal, sie hätten ein transzendentes Erlebnis gehabt, ähnlich wie man es von Menschen hört, die klinisch tot waren und reanimiert worden sind. Zentral ist das Erlebnis, daß sie versucht haben, ihr Leben zu verspielen, und daß sie jetzt doch weiterleben. Sie fassen das wie ein Gottesurteil auf und spüren plötzlich sehr viele neue Lebensmöglichkeiten, weil sie ja leben dürfen.

Es gibt auch eine andere Reaktion auf den mißglückten Suizidversuch: Diese Menschen sind wenig verändert und bleiben behandlungsbedürftig. Sie sind manchmal froh, daß man sie zurückgeholt hat, manchmal aber auch nicht, und sie klagen darüber, daß sich durch den Suizidversuch nichts verändert hat, daß alle Probleme noch da seien. Suizidanten sind kurz nachdem sie aufwachen, meist sehr gut auf ihre Probleme ansprechbar. In dieser Situation ist ihre Abwehr noch sehr geschwächt. Später sind sie sehr viel weniger ansprechbar, spalten sehr leicht ihre Probleme wieder ab. So ist es sinnvoll, in dieser Situation des Aufwachens Krisenintervention vorzunehmen.

Dann gibt es eine letzte Gruppe von Suizidanten, und diese Gruppe ist sehr groß: Diese Menschen sind vom Suizidversuch her körperlich schwer geschädigt. Daß der Suizidversuch zu bleibenden körperlichen Schädigungen führen kann, die man, falls man überlebt, aushalten muß, daran denken die Menschen, die Suizid begehen, sehr selten.

Überhaupt wird Krisenintervention bei Suizidproblematik, wenn möglich, vor dem Suizidversuch gemacht, allenfalls eben beim Erwachen nach dem Suizidversuch. Für die Krisenintervention bei suizidalen Krisen sind klare Konzepte vorhanden, wie sie zu geschehen hat: viel eindeutigere als bei allen anderen Krisen. Dabei wird den öffentlichen und kirchlichen Beratungsinstitutionen wie etwa der »Dargebotenen Hand«, der Telefonseelsorge, den Kriseninterventionszentren große Bedeutung beigemessen. Die äußeren instrumentellen Hilfen sind breit gefächert und auch bekannt. Immer dort, wo die instrumentellen Hilfen breit gefächert sind, haben wir es mit einem Problem zu tun, das in seiner Bedeutung und Schwierigkeit schon länger bekannt ist, bei dem zudem therapeutisch eher eine gewisse Ratlosigkeit und ein gewisser Pessimismus vorherrscht.

In der Schweiz gab es 1985 circa eintausendsechshundert Tote durch Suizid, mehr als Verkehrstote. – Man rechnet damit, daß auf einen erfolgten Suizid zehn bis zwanzig Suizidversuche kommen. Die Dunkelziffer ist außerordentlich hoch. Der Altersgipfel beim Suizid liegt einerseits zwischen fünfzehn und dreißig und andererseits zwischen fünfundfünfzig und fünfundsechzig Jahren.[11]

Selbstwertprobleme im weitesten Sinne, Probleme mit der Einsamkeit, mit dem Finden von Kontakt, Umgang mit Aggressionen und soziale Not sind die Ursachen.

Als Risikogruppen gelten in der folgenden Reihenfolge:
- Süchtige,
- Depressive,
- Vereinsamte,
- Menschen, die bereits Suizidversuche unternommen haben,
- Angehörige helfender Berufe.[12]

Man unterscheidet zwischen Suizid als Impulshandlung und Suizid als Bilanzselbsttötung. Bilanzselbsttötung ist das, was wir häufig bei älteren Menschen finden. Da prüft ein Mensch ganz nüchtern, was das Leben noch von ihm wollen könnte und was es ihm noch bringen könnte, und kommt dann zum Schluß, daß Mühsal und Lohn sich nicht mehr die Waage halten, daß er nicht mehr leben will. Ein berühmter Vertreter der Bilanzselbsttötung ist Jean Améry. Er hat ein Buch zum Thema Freitod geschrieben,[13] in dem er sich mit dem Suizid auseinandersetzte, und hat dann an seinem sechzigsten Geburtstag Suizid begangen. Das ist nun geradezu eine klassische Bilanzselbsttötung: zuerst ein Buch zu schreiben, in dem man darlegt, warum man sich in dieser Welt ebensogut umbringen kann wie das Leben auszuhalten, und es dann hinterher auch tun. Das hat wenig mit Impulshandlung zu tun. Aber so ganz sicher kann man auch da nicht sein.

Ein Beispiel für Bilanzselbsttötungsversuch: Eine vierundachtzigjährige Frau machte einen Versuch, sich zu töten. Man fand sie. Sie wurde in die Klinik gebracht. Als sie aufwachte, war sie sehr böse auf alle, die sich um sie bemüht hatten, weil sie meinte, mit vierundachtzig habe sie doch das Recht zu entscheiden, ob sie leben wolle oder nicht. Sie trage ja auch die Verantwortung für ihre Handlung. Sie sei allein auf der Welt, sei krank, das Geld sei aufgebraucht; sie habe genug gelebt, ihr letzter Bekannter sei gestorben und die Woche zuvor auch ihr Hund. Sie versichert dann, sie werde es wieder machen, was aber nur bewirkte, daß sie in die psychiatrische Klinik gebracht wurde. In solchen Situationen bekommen die Betreuer große Probleme. Können wir akzeptieren, daß sich jemand umbringen will, müssen wir Leben retten um jeden Preis?

Daß ein Suizidversuch meistens eine Impulshandlung ist, merkt man auch daran, daß vier von fünf Suizidanten nach dem Aufwachen nicht mehr suizidal sind; die akute Krise ist vorbei. Daher ist natürlich die Krisenintervention, bevor der Suizidversuch stattfindet, sehr wichtig. Krisenintervention bei Suizidalen ist aber sehr schwierig. Wir haben jeder Krise gegenüber eine spezielle Einstellung, die von unserer Lebensgeschichte, von unseren Werthaltungen und von unseren eigenen Schwierigkeiten her geprägt ist. Unsere Haltung dem Suizid gegenüber scheint mir eine besonders schwierige zu sein.

Es gibt Therapeuten und Therapeutinnen, deren Ziel es ist, den Suizidalen von seinen Suizidabsichten um jeden Preis abzubringen. Andere sind der Ansicht, man müsse die Suizidabsichten als ein Symptom oder als ein Symbol verstehen, man müsse den Stellenwert dieses Symptoms reflektieren und die psychische Situation bearbeiten. Der Suizidimpuls wird hinterfragt. Ein klassischer Vertreter dieser These ist Hillman[14], der fordert, man müsse den Patienten in seinem Verlangen nach dem Tod begleiten. Wenn man nicht nur über Suizid spricht, sondern auch in der täglichen Arbeit damit zu tun hat, meine ich, braucht es schon eine große Losgelöstheit, um ruhig sagen zu können, man begleite den Patienten in seinem Verlangen nach dem Tod. Die meisten Therapeuten halten beide Aspekte, die ich jetzt genannt habe, im Auge. Wir möchten natürlich nicht, daß ein Patient Suizid begeht. Das ist etwas Schreckliches. Wir möchten aber auch nicht einfach sagen, daß jemand jetzt wieder ohne Suizidgedanken, ohne Suizidimpulse zu sein hat. Eine solche Forderung wäre ganz unrealistisch, ohne jedes Verständnis für den Suizidalen. Suizidale Impulse sind sehr wichtige Impulse, sind auch ein sehr wichtiges Symbol. Denn es ist etwas Besonderes, wenn jemand, bevor die Krise auf dem Gipfel ist, die Dynamik selbst so radikal durch den Tod abbrechen möchte, der Krise also im Grunde keine Chance läßt. Wenn dem Suizidalen bewußt wird, daß ihm der Therapeut/die Therapeutin die Wahl zwischen Weiterleben und Sterben offenläßt, wird er eher das Leben wählen.

Vom Therapeuten aus ist diese Situation aber äußerst schwierig, weil er immer auch vor der Entscheidung steht, ob er einen Menschen in die psychiatrische Klinik einweisen muß, da dieser im gegenwärtigen Zustand gar nicht in der Lage ist, wirklich zwischen Leben und Sterben zu wählen, und dieser Mensch wirklich vor sich selbst geschützt werden muß, oder ob in diesem Falle umgekehrt gerade die Einweisung als letzte »entscheidende« Kränkung von dem Suizidalen erlebt würde, die ihn erst recht in seinem Todeswunsch bestätigen würde. Die Möglichkeit, in dieser Situation falsch zu handeln, ist außerordentlich groß. Und da es ums Leben an sich geht – für uns einer der höchsten Werte –, ist diese Situation mit sehr großer Angst besetzt, die wir allenfalls mit Wut abwehren. Dennoch: Letztlich können wir als Therapeuten nicht darüber entscheiden, ob sich jemand umbringt oder nicht. Wenn wir meinen, wir könnten über Leben oder Tod eines anderen Menschen befinden, sind wir mit einer Allmachtsphantasie identifiziert, die wir natürlich auch vom Suizidanten delegiert bekommen. In jedem Buch über Suizid wird immer wieder betont, daß niemand Herr ist über Leben und Tod; daß das so oft betont wird, bedeutet, daß es offenbar eine Versuchung ist, sich diese Rolle anzumaßen, die abgewehrt werden muß. Es ist für die meisten Suizidanten entlastend, wenn man sie darauf anspricht, daß Suizid ein ernsthaftes Motiv im Leben ist, ein Symbol, bei dem man herausfinden müßte, was es bedeute, wie bei jedem anderen Symbol auch. Denn Suizid bedeutet ja nicht einfach nur sich umzubringen, Suizid ist in einem sehr viel weiteren Umfeld zu sehen und hat wohl überhaupt mit der Versuchung wegzulaufen, bevor etwas wirklich seinen Höhepunkt erreicht, zu tun. Suizid kann als Symbol eines verfrühten Wandlungsversuches gesehen werden. Es müßte demgegenüber die Frage gestellt werden, was denn überhaupt in eine Wandlung hineingegeben werden müßte, damit sie wirklich geschehen, wirklich vollzogen werden kann.

Das Umgehen mit dem Suizidanten hängt wesentlich von unserer eigenen Einstellung zum Suizid ab. Es geht zuerst einmal darum, daß wir unsere eigene Suizidalität abschätzen, kennenlernen und auch akzeptieren. Wir müssen uns fragen, wieviel Angst uns unsere eigene Suizidalität macht. Jeder Mensch hat eine suizidale Seite, jeder Mensch kennt den suizidalen Impuls mehr oder weniger stark. Oft als Ausweg gedacht, von dem man hofft, daß man ihn nie benutzen muß, und der, eben weil es ein Ausweg ist, einem doch ermöglicht, Krisen zu bewältigen. Es ist der Ausweg für den Notfall. Wenn wir selber als Therapeuten und Therapeutinnen die eigene suizidale Thematik zu sehr verdrängen, dann bekämpfen wir sie in der Projektion an dem Suizidanten, und dann kann der Suizidant uns mit seiner Suizidalität enorm erpressen. Sein Suizid ist dann nicht mehr nur seine Sache, sondern wir fühlen uns in unserer Identität bedroht, wenn sein Suizid gelingt. Man kann mit nichts besser erpressen als mit einer Suiziddrohung, mit einem Suizidversuch. Das ist ein ganz wesentlicher Aspekt, und es gehört auch mit zur Krisenintervention herauszufinden, an wen sich der Suizid richtet. Es wäre meines Erachtens aber ganz falsch, wenn man nur diesen Aspekt des Erpressens, der Rache im Suizid sähe und nicht die große Angst, die hinter dem Suizid steckt, die große Hilflosigkeit und Ohnmacht.

Aber nicht nur die eigene Suizidalität muß man erkennen, um mit suizidalen Krisen umgehen zu können, und die eigene Suizidalität in die Verantwortlichkeit nehmen, man muß sich auch mit dem Problem des Todes, mit dem Problem einer möglichen Sinnlosigkeit des Lebens überhaupt befassen – und damit mit dem Problem des Scheiterns. Psychotherapeuten bringen Scheitern und Suizid oft miteinander in Beziehung, und das, meine ich, gehört auch ins Umfeld der Suizidproblematik. Denn gerade der Suizidant ist ja ein Mensch, der nicht akzeptieren kann, daß er scheitert. Vielleicht haben hier Suizidale und Angehörige helfender Berufe ein Lebensproblem, das ihnen gemeinsam ist. Daß wir Scheitern und Suizid so leicht in Zusammenhang bringen, könnte darauf hindeuten, daß wir im Zusammenhang mit Suizidalen doch eben unsere Allmachtsphantasien haben, die es uns nicht gestatten, etwas scheitern zu lassen, allenfalls eben auch einen Menschen sterben zu lassen. Einerseits fordern Suizidale unsere Allmacht geradezu heraus – es geht ja schließlich ums Leben (höchster Wert); es geht um alles –, und das drücken sie auch aus in ihrer oft sehr dringenden Bitte um Hilfe, andererseits können sie uns sehr leicht entwerten, etwa indem sie einem sagen, daß man wohl auch wieder eine/r der Therapeuten/innen ist, die an ihrem Unglück bloß verdienen wollen und nichts taugen. Manchmal erfolgen auch »bloß« Haßtiraden auf Kollegen, der aggressive Angriff ist dann nur verschoben.

Sie provozieren also die Ablehnung, die sie befürchten – und testen so den Therapeuten. Sie übertragen oft ihre schlechten Erfahrungen mit Menschen, und wenn der Haß nicht spürbar ist, dann wird er oft in der Gegenübertragung erlebt. Haß als Gefühl beim Therapeuten, weil er helfen soll und nicht darf, Haß als Spiegelung des Hasses im Suizidanten, Haß als Reaktion auf die Verführung zu Allmachtsgefühlen und totale Entwertung zugleich, Wut als Reaktion auf die große Unsicherheit, die große Angst. Wenn man als Therapeut den Ausdruck von Haß, die Erwartung einer großartigen Hilfe und die Entwertungen der Person des Therapeuten erwartet, wenn man weiß, daß das die Übertragungen schlechter Erfahrungen mit Menschen auf den Therapeuten sind, daß einen der Haß also nicht persönlich betrifft, ist es etwas leichter, mit all diesen Problemen umzugehen.

Auch die Art und Weise, wie die jeweilige psychotherapeutische Richtung, die wir vertreten, den Suizid sieht, spielt in unserer Einstellung zum Suizidanten in der Krisenintervention eine Rolle.

Hierzu möchte ich zwei Stellen von Jung anführen, in denen er zum Suizid Stellung nimmt. Es sind zwei Briefe, die eigenartigerweise gerade hintereinander geschrieben sind, beides Briefe vom Juli 1946.

Aus dem ersten Brief: »Die Idee des Selbstmords, so menschlich begreiflich sie auch ist, erscheint mir nicht als empfehlenswert. Wir leben, um ein möglichst großes Maß an geistiger Entwicklung und an Bewußtwerdung zu erreichen. So lange das Leben irgendwie auch nur in geringstem Maße möglich ist, sollte man daran festhalten, um es zum Zwecke der Bewußtwerdung auszuschöpfen. Vor der Zeit das Leben zu unterbrechen, heißt, ein Experiment zum Stillstand bringen, das wir nicht angelegt haben. Wir haben uns darin vorgefunden und müssen es bis zum Äußersten durchführen. Daß es Ihnen außerordentlich schwer fällt, das ist bei einem Blutdruck von 80 durchaus begreiflich, aber ich glaube, Sie werden es nicht bedauern, wenn sie auch an einem solchen Leben bis zum Letzten festhalten.«[15]

Das hat er am 10. Juli geschrieben, und am 25. Juli schreibt er: »Es ist in der Tat eine Frage, ob ein Mensch, der von einer so schrecklichen Krankheit befallen ist (es geht um die Krankheit einer Frau, die an Krebs leidet), seinem Leben ein Ende setzen solle und dürfe. In diesen Fällen entspricht es meiner Einstellung, nichts zu beeinflussen. Unter solchen Umständen würde ich den Dingen den Lauf lassen, denn wenn es im Menschen angelegt ist, Selbstmord zu verüben, dann geht tatsächlich sein ganzes Leben in diese Richtung. Das ist meine Überzeugung. Ich habe Fälle gekannt, wo es fast kriminell gewesen wäre, den Selbstmord zu verhindern, denn alle Beweise lagen vor, daß er der Tendenz des Unbewußten entsprach und infolgedessen eine Grundgegebenheit war. So ist meiner Meinung nach nichts wirklich gewonnen, wenn ein solches Ende verhindert wird. Man muß es wohl der freien Entscheidung des Individuums überlassen. Alles, was uns falsch scheint, kann richtig sein unter gewissen Umständen, über die wir keine Gewalt haben und deren Sinn wir nicht verstehen.«[16]

In das Jungsche Anliegen der Individuation, der Forderung nach immer mehr an Bewußtwerdung, paßt ein Suizid schlecht hinein. Der Suizid bricht das Experiment Leben vorzeitig ab. Andererseits kann niemand nachweisen, ob nicht gerade auch ein Suizid Ziel eines Individuationsprozesses sein kann. Wir können uns nicht anmaßen zu sagen, ob ein Suizid falsch oder richtig ist. – Unsere Haltung dem Suizid gegenüber wird aber beeinflussen, wie wir mit Suizidanten umgehen.

Als Therapeuten haben wir oft mit Suizidalität in vielfältiger Weise zu tun. Zum einen gibt es eine Suizidthematik innerhalb der Analyse. Die Suizidthematik hängt mit der Wandlungsthematik eng zusammen, und sie tritt oft dann auf, wenn jemandem die Wandlungen zu wenig schnell erfolgen, so daß das Gefühl entsteht, man müsse jetzt radikal etwas beschleunigen. Die Suizidthematik tritt aber auch immer dann in der Analyse auf, wenn die Frage vom Sinn oder Nicht-Sinn des Lebens aktuell wird. Die Suizidthematik muß im Laufe einer längeren Analyse berührt werden. Da müssen dann aber keine speziellen Kriseninterventionsmaßnahmen ergriffen werden, es sei denn, die Suizidthematik träte eben als Krise auf.

Dann ist die Suizidthematik bei unserer Begleitung von depressiven Patienten ein wichtiger Bestandteil. Es gibt keine Depression, in der die Suizidthematik nicht eine Rolle spielen würde. Bei Depressiven scheint es mir sinnvoll zu sein, in Ruhe darüber zu sprechen, was zu tun ist, wenn die Suizidimpulse übermächtig werden. Und dabei auch klar abzusprechen, was der Therapeut oder die Therapeutin zu tun gewillt sind und was nicht; auch darüber, wann eine Klinikeinweisung erfolgen soll und auf welche Art. Das ist aber nicht eine Kriseninterventtion, sondern eine Krisenprävention: Vom Suizid wird gesprochen, diese Handlung wird als eine mögliche gesehen, die zur Bedrohung werden kann, und es werden für diesen Fall klare Abmachungen getroffen. Für viele Menschen ist das hilfreich. Wer sich unbedingt umbringen will, wird es tun, trotz dieser Absprachen, und niemand kann letztlich die Verantwortlichkeit dafür übernehmen als der Suizidant selbst.

Krisenintervention am Telefon

Krisenintervention vor Suizidversuchen wird oft von der Telefonseelsorge besorgt. Leutwiler[17] meint im Blick darauf, Telefonseelsorge sei ausgemacht geeignet dazu, Krisenintervention vor Suizid zu tätigen und zwar durch ihr spezielles »Setting«, weil man sich am Telefon nicht sehe, weil also die Kontaktschwelle nicht sehr groß sei. Man könne anonym bleiben. Zudem ist die Telefonseelsorge jederzeit erreichbar, sie ist rund um die Uhr besetzt. Auch von Notfall-Psychiatern hört man oft, daß bei einer Krisenintervention bei Suizid die Menschen gar nicht wollten, daß jemand zu ihnen komme, sondern daß es ihnen nur darauf ankäme, mit jemandem zu sprechen. Allerdings hat jemand, der telefoniert, nicht nur destruktive Impulse, sondern auch eine leichte Hoffnung, daß ihm geholfen wird.

Grundregeln dieser Telefongespräche sind: Kontakt zu halten und Zeit zu gewinnen, denn Suizid ist eine Impulshandlung, und es gilt, über den kritischen Moment hinwegzukommen. Der Suizidant kann sich gar nicht vorstellen, daß irgend etwas sich verändert, daß Zeit überhaupt noch eine Rolle spielt. Wenn man nun Zeit gewinnt, ist es durchaus denkbar, daß der Suizidant anfängt, von seinen Problemen zu sprechen und daß auch herausgefunden werden kann, welche aktuelle Kränkung etwa der Auslöser der akuten Krise ist.

Ein Beispiel, das zwar nicht aus der Telefonseelsorge, sondern aus meiner eigenen Praxis stammt:

Ein junger Mann, 28 Jahre alt, Analysand von mir, der seit etwa einem halben Jahr in Therapie ist, ruft mich ungefähr um Mitternacht an und sagt mir, er bringe sich jetzt um. Auf meine Frage, was denn jetzt schon wieder geschehen sei, erzählt er mir einiges. Mein »jetzt-schon-wieder« zeigt nicht nur meine Aggression angesichts der Suiziddrohung, sondern hat auch eine Geschichte. Der Analysand und seine Frau hatten beide schon mehrere Suizidversuche hinter sich. Beide haben Suizidversuche gemacht, um sich gegenseitig zu erpressen. Beide wußten recht gut Bescheid mit Medikamenten, sie wußten, wieviel man etwa nehmen muß, daß nichts wirklich schief geht. Da diese Szenen sich mehrmals wiederholten, war es schwierig, den Ernst der Situation im Auge zu behalten. Und das kam auch in meiner Intervention zum Ausdruck, obwohl die Regel gilt, daß gerade derjenige besonders gefährdet ist, der verschiedene Suizidversuche hinter sich hat.

Der Analysand nahm mir meine Intervention nicht übel. Er war sehr alkoholisiert und erzählte mir dann, er hätte einen scheußlichen Tag hinter sich, er habe Ärger gehabt am Arbeitsplatz, dann eine Diskussion mit der geschiedenen Frau über Geld, das er nicht habe. Hinterher habe er aus Ärger ein Tonbandgerät gekauft, das weit über seine finanziellen Möglichkeiten gehe. Er ist einer dieser Menschen, die etwas kaufen, wenn es ihnen schlecht geht, und hoffen, daß sie durch den neuen Gegenstand aufgewertet werden, und daß es ihnen dann besser geht. Sein Problem ist aber, daß er in einer ziemlich prekären Geldklemme steckt. Er hat sich auch ein unsinnig teures Tonbandgerät gekauft, etwa in der Größenordnung von 4000 Franken, also ein Gerät, das einen wirklich narzißtisch aufwertet. An sich weiß er, daß sein Kaufbedürfnis immer dann zwingend wird, wenn er nicht zu seinem Ärger steht. Wenn er jeweils sich seinen Ärger zugibt und ihn ausdrückt, dann stellt sich dieses Kaufbedürfnis gar nicht erst ein. Das hatte er schon verschiedentlich mit Erfolg erprobt. Er ärgerte sich wohl auch darüber, daß er rückfällig geworden war. Aus Ärger über all diesen Ärger hatte er dann am Abend getrunken. Als er verspätet heimkam, war seine Frau nicht mehr da; statt dessen lag ein Zettel auf dem Tisch, auf dem stand, sie sei mit einem Kollegen ausgegangen. Er ging seine Frau suchen, fand sie auch, und als er auftauchte, tanzte sie gerade Tango mit einem Kollegen. Er wurde furchtbar eifersüchtig, hatte den Eindruck, die Frau würde ihn verlassen, würde ihn mit diesem Kollegen betrügen und war entschlossen, zuerst die beiden zu töten und dann sich selbst, mit einem Revolver, den er sich allerdings erst noch hätte beschaffen müssen. Dann aber fiel ihm ein, daß er zuerst noch mich anrufen müsse, weil wir das für den Fall einer Suizidabsicht abgemacht hatten.

Wir hatten in der Tat miteinander abgesprochen, daß er, bevor er einen Suizidversuch mache, noch mit mir telefonieren solle, damit er auch sicher sei, ob er es wirklich wolle. Er rief mich also an und erzählte mir dies alles. Ich hörte zu, fragte nach, die Verständigung war schwierig, wie sie mit einem alkoholisierten Menschen zu sein pflegt. Ich bestätigte ihn, als er sagte, es wäre doch wirklich »saublöd«, daß er dieses Tonband gekauft habe, bekräftigte es noch und sagte, da könne man sich dann schon hinterher ärgern darüber. Ich fände es allerdings auch verständlich, daß er wieder mit einer alten Verhaltensweise reagiert habe, wenn er so viel Ärger gehabt hätte. Damit habe ich seinen Ärger noch herausgefordert, habe ihm aber auch das Gefühl gegeben, ihn zu verstehen, aber auch zu begreifen, in welch eine prekäre Situation er sich da gebracht hätte. Zwischendurch beschwor er mich immer wieder, ich solle ihn bloß nicht vom Suizid abhalten, er sage mir auch nicht, von wo aus er telefoniere. Ich entgegnete ihm, ich würde ihn auch nicht abhalten vom Suizid, wir würden einfach miteinander sprechen, wir müßten ja doch noch einiges klären. Ich fragte ihn dann auch, wie er sich denn umbringen wolle.

Grundsätzlich geht man in der Suizidforschung davon aus, daß die Situation gefährlicher ist, wenn jemand schon sehr genau weiß, wie er sich umbringen will, als wenn jemand zunächst nur eine vage Idee hat. Darauf sagte er mir, er habe genug Medikamente bei sich. Ich fragte ihn dann, ob er denn nicht Angst vor der Würgereaktion habe. Bei seinem letzten Suizidversuch, der etwa ein Jahr zurücklag, hatte er mir nämlich erzählt, die Medikamente hätten ihn so furchtbar gewürgt. Er erwiderte mir, er könne mir dann ja in unserer nächsten Analysestunde sagen, ob die Tabletten gewürgt hätten. Da intervenierte ich sehr entschieden: Nein, das könne er nicht, denn, wenn er diese Tabletten gegessen hätte, dann sei er ja »mausetot«. Da wäre dann nichts mehr zu besprechen. Darauf schwieg er lange, an seinem Atem hörte ich, daß er noch am Telefon war, dann fing er plötzlich an, über seine Frau zu schimpfen, über seine gewesene Frau, sprach davon, daß sie alles Geld aus ihm herauspressen wolle, daß alle Frauen ihm so übel mitspielten, alle zusammen. Ich hörte ihm zu und fragte nur je-

65

weils noch präziser, wie diese Frauen ihm denn mitspielten, unterstützte ihn auch beim Schimpfen. Plötzlich sagte er: »Vielleicht kann ich das Tonbandgerät zurückgeben oder weiterverkaufen.« Da wurde mir wohler. Und mit der Frau müsse er reden. Er vertrage solche Zettel nicht. Und er fragte mich: »Ist das eigentlich Ehrlichkeit, oder ist das Sadismus, wenn einem jemand einen solchen Zettel hinlegt?« Dann sprach er lange darüber, ob es Ehrlichkeit oder Sadismus sei oder was es eigentlich sein könnte, und plötzlich meinte er: »Ach was, jetzt bin ich müde, jetzt gehe ich schlafen.«

Selbstverständlich waren die Probleme nicht gelöst, aber der Analysand hatte eine Idee, wie er sie angehen wollte. In den nächsten Therapiestunden konnten wir auch ruhig darüber sprechen, auch über die Kränkung, die dieser hingelegte Zettel für ihn bedeutete. Dabei fanden wir heraus, daß seine Frau, von der er geschieden war, ihm einmal einen Brief auf den Tisch gelegt hatte: Das war der Beginn ihrer Trennung. Der neue Brief auf dem Tisch jetzt berührte emotionell seine von damals her gespeiste Trennungsangst und sein Trennungserleben.

Henseler[18] spricht davon, daß man bei den auslösenden Situationen zu Suizidkrisen oft einen »gemeinsamen Nenner« mit lebensgeschichtlich traumatischen Situationen findet. Wesentlich ist bei einer solchen Krisenintervention, daß die Gesamtkrise, die eigentlich schon fast keinen Namen mehr hat, in ihre einzelnen Teilkrisen aufgegliedert wird; daß es möglich wird, wie hier bei diesem Mann, die verschiedenen Ärger, die er im Laufe des Tages hatte, zu äußern und auseinanderzuhalten, daß er sich in seiner Verzweiflung auf- und angenommen fühlt und daß man die Kränkung zumindest aufnehmen kann, geklärt haben wir sie erst später. Ein Vorteil bei dieser Krisenintervention am Telefon, die ja auch besonders heikel ist, da der »Kriselnde« jederzeit die Verbindung »abbrechen« kann, war natürlich, daß ich den »Kriselnden« bereits kannte.

Bei der suizidalen Krise finden wir meistens viele aufgestockte Krisen übereinander, Krisen, die nicht gelöst wurden, und eines Tages wird einfach alles zu schwierig. Suizidanten sind häufig sozial wenig integriert, haben oft schwerste psychische Belastungen in der frühen Kindheit erlebt. Sie leben oft in einer massiven Selbstentfremdung. Dann liegt eine Aggressionsproblematik vor, im Sinne eines Aggressionsstaus oder einer Wendung der Aggression gegen sich selbst. Bei dieser Aggressionsproblematik spielt auch ein kollektiver Aspekt eine Rolle. In Ländern, in denen die Mordrate hoch ist, gibt es wenig Selbsttötung. Amerika hat eine sehr hohe Mordrate und eine verhältnismäßig kleine Suizidrate, und in Österreich verhält es sich umgekehrt. Österreich ist nach Ringel das Land mit der höchsten Suizidrate in Europa. Das wäre also eine Folge der Aggressionsumkehr, die auch als sozial geforderte Tendenz in gewissen Ländern gefördert wird.

Weiter haben Suizidanten meistens ein hochgespanntes Ich-Ideal, hohe Ansprüche an sich selbst, die von einem strengen Überich gefordert werden, das heißt, sie haben Größenphantasien und dementsprechende Minderwertigkeitsgefühle und neigen dazu, in unerträglichen Situationen zu fliehen.[18a] Medikamentenabhängige, Drogensüchtige, Alkoholabhängige sind prozentual suizidaler als der Durchschnitt der Menschen, wobei dieses Fliehen in die Droge, das Vergessenwollen anstelle des Gestaltenwollens typisch ist für den suizidalen Menschen. Das hängt sowohl mit dessen Aggressionshemmung als auch mit seinen Größenideen zusammen, die kein Scheitern vertragen. Oft sind Suizidale suggestiv ansteckbar. Es gibt das eigentümliche Phänomen, daß in Schulklassen einige Suizidversuche hintereinander gemacht werden, besonders in der Pubertät und in der Adoleszenz. Man kann unter bestimmten Voraussetzungen auch durch die Literatur angeregt werden, Suizid zu begehen. Es gibt, wie z.B. Goethes Werther, ein paar berühmte Suizidanten in der Literatur.

Das präsuizidale Syndrom

Jeder Suizidhandlung geht ein sogenanntes präsuizidales Syndrom voraus. Dieses präsuizidale Syndrom wurde von Ringel[19] formuliert, und es dient sowohl dem prognostisch und diagnostisch wichtigen Abschätzen, in welchem Grade jemand suizidal ist – was uns eine Hilfe sein kann bei der Überlegung, ob jemand vor sich selbst geschützt werden muß –, als auch der Anleitung zur Krisenintervention. Die Krisenintervention soll dieses Syndrom rückgängig zu machen versuchen.

Dieses Syndrom besteht in:
- einer zunehmenden Einengung,
- einem Aggressionsstau oder einer Aggressionsumkehr und
- zwingenden Suizidphantasien.

Unter *Einengung* versteht Ringel, daß der suizidale Mensch auf verschiedenen Ebenen seines Erlebens und Wahrnehmens, aber auch seiner sozialen Existenz immer eingeschränkter wird. Er zeigt auf, daß bei Suizidanten eine *situative* Einengung meist in der Weise stattfindet, daß viele der Lebensmöglichkeiten, die er zuvor hatte, nun nicht mehr lebbar sind. Darunter fällt etwa auch ein zunehmender Verlust der Bedeutung des Betroffenen bei Beziehungspersonen, am Arbeitsplatz, oder der Verlust der Arbeit überhaupt. Dazu kommt eine *dynamische* Einengung. Diese dynamische Einengung bedeutet, daß der Suizidale nur noch einseitig Realität wahrnimmt, einseitig Assoziationen zum alltäglichen Geschehen hat, also im wesentlichen nur noch das sieht, was ihn mindert oder was ihn einseitig idealisiert, dadurch werden seine Verhaltensmuster immer weniger zahlreich, weniger variabel; immer mehr wird sein Leben nur noch durch einen Affekt bestimmt, die Abwehrmechanismen sind nicht mehr moduliert, meistens herrschen ein oder zwei Abwehrmechanismen vor, die der Idealisierung und der Verleugnung. Dann ist meist auch eine zwischenmenschliche Einengung feststellbar: Die Menschen werden zunehmend isolierter und vereinsamen, oder sie leben in solchen Beziehungen, die sie zugleich entwerten und die ihnen daher nichts bedeuten. Dieser Aspekt der zwischenmenschlichen Einengung bleibt dann oft verborgen, wenn die Suizidanten von Beziehungspersonen sprechen und diese – um sie nicht entwerten zu müssen – in unrealistischer Weise idealisieren. Erst wenn man sich fragt, ob die Suizidanten sich durch diese Beziehungen auch »genährt« fühlen, wahrgenommen fühlen, wird ersichtlich, daß es im Grunde um zunehmend von ihnen selbst entwertete Beziehungen geht, in denen diese Menschen vereinsamen.

Dazu kommt weiter, daß auch die *Wertwelt* zunehmend eingeengt wird: Immer mehr Lebensgebiete werden uninteressant. Es gibt keine Werte mehr, für deren Erhaltung ein Einsatz sich lohnen würde.

Ringel hält Menschen dann für suizidgefährdet, wenn deutlich eine immer mehr sich zuspitzende Einengung erlebbar und feststellbar wird. Diese Einengung entspricht einer »leisen« Krise, einer Unterstimulierungskrise. Sie ist etwas, was zwar sehr deutlich den suizidalen Menschen betrifft, sie steht aber im Grunde hinter jeder Krise, ist das Merkmal jeder Krise, denn sie ist auch Merkmal einer sehr großen Angst.

Auch die Aggressionsumkehr, die Ringel als weiteres Merkmal des präsuizidalen Syndroms sieht, dieses Nicht-die-Aggression-einsetzen-Können, gehört im Grunde noch zu jeder Krise. Interessant ist nun, daß aus dieser Dynamik heraus Selbstmordphantasien entstehen, die mit der Zeit zwingend werden. Dabei steht oft der Wunsch, einmal eine »Pause« zu haben in der quälenden Lebenssituation, einmal lange schlafen zu können, um alles zu vergessen, weit mehr im Vordergrund als die Absicht, sich zu töten. Hier ist nun das, was die suizidale Krise grundsätzlich von einer anderen Krise unterscheidet.

Entwicklung zur Suizidhandlung

Die Erklärung, wie es zu diesen Suizidphantasien kommt, liefert Henseler.[20] Er beschreibt die Dynamik der Selbsttötung, die das präsuizidale Syndrom, das Ringel ausgearbeitet hat, ergänzt. Henseler beschreibt den Schritt von jener Einengung, die noch Kennzeichen jeder Krise ist, zu den Suizidphantasien selbst. Er geht davon aus, daß Suizidanten durch ihre Lebensgeschichte im Selbstwertgefühl stark verunsicherte Menschen sind, sehr labile Menschen, die sich leicht bedroht fühlen und sehr schnell das Gefühl haben, verlassen, hilflos, ohnmächtig zu sein. Ihr Leben ist dadurch eingeengt und kann durch Versagungserlebnisse zunehmend eingeschränkter werden. Um diese Labilität auszugleichen, haben sie zugleich große Machtbedürfnisse. Werden solche Menschen gekränkt – und ihre Einengung bringt es oft mit sich, daß sie Kränkungen ganz besonders stark und manchmal nur noch Kränkungen wahrnehmen –, dann versuchen sie, das Selbstgefühl durch Realitätsverleugnung aufrechtzuerhalten. Sie idealisieren dann entweder sich selbst oder die Umwelt. Sehr oft wird die Aggression vollkommen ausgeblendet. Das wird dann besonders deutlich, wenn man Suizidanten Geschichten schreiben läßt zu auf Bildern dargestellten, wenig strukturierten Szenen (z. B. ORT-Test).[21] Da fällt auf, daß in den Geschichten, die Suizidanten schreiben, die meisten Konflikte ausgeblendet werden. Wenn eine solche Realitätsverleugnung, gekoppelt mit der Idealisierung, ausreicht, um das Selbstgefühl des Betroffenen wieder zu stabilisieren, dann kann er zunächst weiterleben, bis er eine nächste Kränkung erfährt.

Wenn diese Realitätsverleugnung aber nicht mehr ausreicht, dann erfolgen Phantasien vom Rückzug in einen harmonischen Urzustand. Es geht dabei also nicht so sehr um Phantasien davon, sich töten zu wollen, sondern um die Phantasie, all das hinter sich lassen zu können, um in einen harmonischen Urzustand zu gelangen. Denn das ist es, was dem Suizidanten letztlich fehlt: eine sichere Geborgenheit, die Gewißheit, z. B. eine Wut haben zu dürfen, ohne ausgestoßen zu werden. Diese Phantasien werden in Handlung umgesetzt, wenn der Mensch befürchtet, daß ihm der ganz große Zusammenbruch bevorsteht. Der Suizid kann als letzte dem Suizidanten mögliche schöpferische Tat gesehen werden. – Diese Phantasien vom Rückzug in den harmonischen Urzustand sind meistens Phantasien von Ruhe, von Paradies, von Schönheit. Daß der Suizidant, falls er in den Urzustand zurückkehrt, nachher tot ist, daran denkt er sehr selten. Wenn man mit Suizidanten spricht, ist es immer wieder ein scheinbar überflüssiger, aber wesentlicher Punkt, ihnen klar zu machen, daß man nach dem Suizid wirklich tot ist.

Der Rückzug des Suizidanten aus dem Leben hat immer aber auch Appellcharakter: Er richtet sich immer an jemanden; mit Suizid ist immer auch eine gewisse Rache verbunden. Bei Henseler geht es bei der Krisenintervention bei Suizidanten darum, die entscheidende Kränkung, die sie erfahren haben, herauszuspüren und über diese Kränkung mit ihnen zu sprechen. Dabei hat für den Suizidalen die aktuelle Kränkung eine Beziehung zu einer traumatischen Situation aus der früheren Lebensgeschichte, die dadurch bewußtgemacht werden kann. Anders ausgedrückt: Die Kränkung trifft einen Menschen dort, wo er unter einem unbewußten Komplex leidet und daher besonders empfindlich ist.

Für Ringel geht es darum, die zunehmende Engführung des Lebens wieder rückgängig zu machen. Mir scheint, daß diese beiden Konzepte einander sehr gut ergänzen, daß es ebenso wesentlich ist, die entscheidende Kränkung zu finden als auch die Mittel, die zunehmende Einengung wieder aufzuheben. Dabei ist die auf Freud und Abraham[22] zurückgehende Idee therapeutisch recht gefährlich: daß bloß der Haß, der sich beim Suizidanten auf sich selbst statt auf den Menschen richtet, der einem die Kränkung zugefügt hat, wieder gegen den eigentlich Kränkenden gerichtet werden müßte. Stimulieren wir therapeutisch die Wut auf einen anderen Menschen, dann kann dies im Suizidalen starke Schuldgefühle auslösen. Diese wirken wiederum im Sinne einer Kränkung seines Selbstgefühls und können ihn dazu zwingen, dem narzißtischen Zusammenbruch durch Suizid zuvorzukommen.

Bei der Krisenintervention mit Suizidanten ist zu beachten, daß ihr Leben, das zwischen Ohnmacht und Allmacht sich abspielt, sich auch in der therapeutischen Situation als charakteristisch zeigt, so daß sich der Therapeut manchmal ohnmächtig vorkommt und dann wieder das Gefühl hat, er müsse allmächtig sein. Zudem werden auch die Bilder vom harmonischen Urzustand auf die therapeutische Situation übertragen. Es kommt vom Suizidanten ein großer Anspruch an Symbiose, die er aber letztlich gar nicht aushalten würde. Versucht man Menschen in dieser Situation über innere Bilder von einem harmonischen Urzustand etwas von der Geborgenheit erleben zu lassen, die die eigene Psyche uns geben kann – indem man sie etwa zum Imaginieren oder Malen anregt –, dann bekommt man unter Umständen den Vorwurf, man habe sie »abgeschoben«. Jahre später kann einem der gleich Mensch gestehen, wie wesentlich dieses Verweisen auf die inneren Bilder für ihn in dieser Situation gewesen sei.

Noch wichtiger als in jeder anderen Krisenintervention ist, daß der Helfer sich hier sehr klar abgrenzt, daß sehr klare Absprachen miteinander getroffen werden. Bei Suizidalen ist wirklich das ganze Leben von der Krise erfaßt, die Panik ist total und vermittelt sich auch dem helfenden Menschen total. Wir wehren sie dann allerdings oft sehr aggressiv ab.

Bei Krisenintervention vor oder nach einem Suizidversuch gilt, wie bei jeder Krisenintervention, sich zugleich einmal zu überlegen, wo sich instrumentelle Hilfen anbieten könnten. Viele Suizidversuche geschehen im Zusammenhang mit äußeren Problemen, die eine immer größer werdende Einengung verschärfen. So sind Suizidversuche bei alten Menschen häufig, wenn ihnen die Wohnung weggenommen wird. Es sind Menschen, die an sich noch ganz gerne leben würden, aber so mit ihrer Wohnung verwachsen sind, daß im Moment, wo sie sie nicht mehr haben, ihnen ihr Wurzelgrund weggenommen ist. Bei jüngeren Menschen werden Suizidversuche oft auch im Zusammenhang mit Arbeitslosigkeit, mit Trennungen, mit Alkohol und Drogen etc. beobachtet.

Krisenintervention bei einem Suizidanten

Der Interventionsansatz bei der Krisenintervention besteht, wie schon beschrieben, zum einen in dem Versuch, das präsuizidale Syndrom, die zunehmende Einengung, die Aggressionsumkehr und die zwingenden Suizidphantasien rückgängig zu machen; zum anderen darin, die zentrale Kränkung herauszufinden und sie mit den zugehörigen Gefühlen auf ihre Bedeutung hin auszuloten. Auch hier gilt es, zwischen dem bewußten Auslöser zur Suizidhandlung und der dahinter liegenden unbewußten Problematik eventuell auch des Entwicklungsthemas, das verfehlt wurde, zu unterscheiden.

Der Suizidant, ein 38jähriger Käser, kommt zu mir, vom Pfarrer begleitet, der ihn zufälligerweise im Wald gefunden hat, als er einen Ast im Wald ausprobierte, um sich aufzuhängen. Er sitzt mürrisch da und sagt, er habe doch gar nicht kommen wollen, es habe auch keinen Sinn, es habe alles keinen Sinn, es wäre doch auch schon spät am Abend (es war etwa zehn Uhr abends). Er wirkt abgesperrt. Ich frage ihn, was denn alles keinen Sinn habe und er sagt: »Einfach alles. Es hat auch keinen Sinn, daß ich mit Ihnen rede.«

Immer wieder versuche ich, mit ihm ein Gespräch anzuknüpfen. Er verweigert sich. Ich spüre eine große Hilflosigkeit, erwarte seine Wut – sie ist aber nicht spürbar. Er verweigert sich freundlich. – Ich spüre, daß sich meine Aggressivität in Form von »bohrenden« Fragen niederschlägt, mit denen er nichts anfangen kann. Ich höre auf, Fragen zu stellen und gebe ihm zu verstehen, daß ich mich in seine Lage versetzen kann: Wir hätten seine Absicht durchkreuzt, und es wäre wohl schwer für ihn, sich auf uns einzustellen.

Auf diese einfühlende Intervention kann er eingehen.

Er antwortet: »Ja, schon. Ich muß das nächste Mal vorsichtiger sein, aber wenn ich jetzt schon da bin und Euch beiden den Feierabend stehle, dann kann ich ja doch etwas sagen. So will ich dann doch auch wieder nicht dastehen.«

Er erzählt von einer unglücklichen Liebe; er hat offenbar ein Mädchen sehr gemocht, wurde von diesem aber abgewiesen. Er hat es indessen nicht wahrgenommen. Er scheint die Realität verleugnet und sich selbst dabei wohl noch ein Stück weit idealisiert zu haben. Ich bat ihn, das Mädchen zu beschreiben, und er erzählt, daß sie sehr schnippisch zu ihm gewesen sei, auch immer sehr abwehrend, aber sie sei halt im Grunde sehr gehemmt gewesen. Er deutet also ihre Zurückhaltung oder auch ihre deutliche Abwehr im Sinne seines Wunsches um. Ihre Zeichen der Abwehr hat er übersehen oder sie als Hemmung interpretiert, also wiederum die Realität verleugnet. Sie habe, so erzählt er weiter, auch Blumen von ihm nicht angenommen; sie hätte das aber nur nicht gemacht – so meint er –, weil er sie ihr im Beisein anderer Menschen gegeben habe; sie wäre halt »gschämig« (sehr schamhaft). Er erzählt weiter, er habe sich *nur* für dieses Mädchen interessiert, habe für keine andere mehr Augen gehabt. Es hätte da zwar auch eine Witwe gegeben, die sich für ihn interessiert habe, aber er habe halt dieses Mädchen vorgezogen. Er habe ihretwegen auch alle Kollegen aufgegeben, habe immer wieder versucht, da zu sein, wo das Mädchen auch gewesen sei. Auf die Frage, ob sie ihn dann jeweils bemerkt habe, antwortet er, »ja sicher«, sie sei auch oft wütend auf ihn geworden, aber sie sei eben nur wütend geworden, weil sie so gehemmt sei.

Aus seinen Ausführungen wird sehr deutlich, wie alle seine Beziehungen sich allmählich einengen auf die eine, mehr oder weniger phantasierte Beziehung zu diesem Mädchen.

Nun folgt ein Schweigen, und ich sage: »Ja, und jetzt, ist das Mädchen weggezogen?«

Er schaut mich ganz erstaunt an und sagt: »Nein, verlobt hat sie sich. Und das kann ich nicht ertragen. Und deshalb wollte ich mich doch erhängen.«

Die Kränkung besteht einerseits darin, daß dieses Mädchen ihm einen anderen Mann vorzieht, andererseits darin, daß mit der Verlobung des Mädchens seine Realitätsverleugnung nicht mehr mög-

73

lich ist. Er muß sich eingestehen, daß das Mädchen, das er so furchtbar gern gewollt hätte, ihn nicht mag, ihn vielleicht sogar verachtet.

Ich intervenierte nun in dem Sinne, daß ich ausdrückte, wie furchtbar schwer es sei zu akzeptieren, daß man sich in der Zuneigung bei einem Menschen wirklich geirrt habe.

Er beginnt zu weinen. Schluchzend sagt er, es habe wirklich alles keinen Sinn mehr, auch seine Arbeit sei jetzt ohne Sinn. Er sei in eine Fabrikkäserei gegangen wegen der besseren Arbeitszeit, aber da fühle er sich nicht geschätzt, und es gebe da auch keine Tiere, und die Tiere hätten ihm doch immer so viel Spaß gemacht. Er hatte vorher in einer normalen Käserei gearbeitet, mit einem angegliederten Bauernbetrieb, und da hätte er sich geschätzt und wohl gefühlt. Jetzt habe er zwar bessere Arbeitszeiten, und er sei auch besser bezahlt, aber das habe er alles auch wegen dieses Mädchens gemacht. Er habe auch einmal eine eigene Käserei aufbauen wollen, aber das gehe jetzt auch nicht mehr. Dafür brauche man ja eine Frau. Und die Frau sei ja verloren. Auf meine Frage, ob es denn keine andere gäbe, schaut er mich ganz groß an und sagt: »Nein, nein, ich weiß natürlich, daß es andere gibt, aber nicht für mich. Die ist jetzt verlobt, fertig!«

Er habe gemeint, er könne vielleicht einmal eine Käserei pachten, aber das gehe jetzt eben nicht mehr, wegen der fehlenden Frau. Das teilt er mir mit, als wollte er sagen: »Mensch, bist du begriffsstutzig!« Dann fragt er plötzlich mißtrauisch: »Sollen Sie mich eigentlich davon abbringen, mich umzubringen?«

Ich entgegne ihm, ich fände es schon sehr besonders, wenn jemand nachts im dunklen Wald, wo er sich erhängen wolle, gefunden werde. Das wäre doch eigentlich ein Zeichen dafür, daß das Leben noch etwas vor hätte mit ihm. Ich würde ihn aber nicht davon abhalten, sich umzubringen, das wäre allein seine Verantwortung. Ich möchte ihm nur helfen zu klären, ob er auch wirklich sicher sei, daß er sich umbringen wolle.

Er setzt sich befriedigt zurück und meint: »So, so, Sie finden das besonders, daß man mich gefunden hat?«

Ich bestätige es ihm, und er sagt, von dieser Seite habe er das noch gar nicht gesehen, aber es sei wahr, es sei besonders. Und als er das sagt, richtete er sich ein wenig auf, er wurde ein bißchen größer im Stuhl.

Ich frage ihn dann, wer denn über seinen Suizid erschrecken solle.

Er meint, natürlich dieses Mädchen solle erschrecken. Sie solle ein ganzes Leben lang büßen, sie solle bei jedem Stück Käse an ihn denken. Ich entgegne ihm daraufhin, ich glaube nicht, daß sie das wirklich ein Leben lang durchhalten könne, wir würden ja schnell vergessen.

Was hier zum Ausdruck kommt, ist eine der typischen Phantasien von Suizidanten: Sie phantasieren sich nicht nur in einen Ruhezustand, sie phantasieren sich sehr oft auch ihre Beerdigung aus, phantasieren die Leute, die sie beweinen, die Schuldgefühle haben, die ganze »Schleier« von Tränen weinen und nie mehr glücklich werden können, also zumindest eine großartige Reaktion beim Begräbnis. Diese Phantasie habe ich ihm zunichte gemacht, indem ich sagte, ich würde nicht daran glauben, daß das betreffende Mädchen so lange an seinen Tod denken könne. Er beharrte dann auch darauf, daß man so schnell nicht vergessen könne. Ich fragte ihn, ob er sich daran erinnere, wer das erste Mädchen gewesen sei, das ihm einen Kuß gegeben habe. Er dachte lange nach, nannte einen Namen, verwarf ihn wieder, sagte einen anderen Namen und mußte dann zugeben: »Ich weiß es nicht mehr.«

Und ich: »Sehen Sie, sogar schöne Dinge vergißt man so schnell.«

Er: »Aber einen Selbstmordversuch vergißt man nicht so schnell wie einen Kuß.« Dann besinnt er sich und sagt: »Dann hätte ja das Ganze gar keinen Sinn.«

Ich deute ihm, daß er sich vor allem an dieser Frau rächen möchte, und sage ihm, es kränke ihn, daß sie einen anderen ihm vorziehe, wo er doch so viel für diese Beziehung schon getan habe.

Den unrealistischen Aspekt der ganzen Beziehung erwähne ich im Moment nicht. Auf meine Intervention hin schaut er mich abschätzend an und sagt dann: »Sie stellen mich hin, als ob ich ein ganz rachsüchtiger Kerl wäre. So sollten Sie mir aber nicht kommen, und so sollten Sie auch nicht mit mir umgehen. Ich habe Größe im Verlieren. Von mir aus soll sie doch glücklich werden. Der andere ist sowieso nichts wert. Nach der Scheidung soll sie dann nur nicht meinen ...«

Ich bestätige ihn und sage: »Ja, damit kann sie wirklich nicht rechnen.«

Er: »Nein, wirklich nicht. Ich bin ja nicht Pestalozzi, und ich bin dann auch nicht mehr daran interessiert.« (Pestalozzi galt als ganz außergewöhnlich wohltätig.)

Da ist nun eine interessante Veränderung vor sich gegangen. Zunächst haben wir seine ganz große Einengung auf den einen Aspekt der Rache vor uns: Indem ich ihn auf sein Rachebedürfnis angesprochen habe und auf seine Kränkung, auf die er im Moment nicht eingeht, nachdem ich ihm aber auch bestätigt habe, daß er auch ein Recht hat, sich zu rächen, kann er seine großzügige Seite zeigen. Diese großzügige Seite ist aber wiederum sichtlich mit einer Idealisierung seiner selbst und einer Entwertung des erfolgreichen Rivalen verbunden. Jetzt ist es ihm wieder möglich, sich zu idealisieren und den anderen zu entwerten: Er sieht bereits die Scheidung voraus, also das Unglück dieses Mädchens ist jetzt bereits sein Glück. Denken wir an die Dynamik der Selbsttötungshandlung, wie Henseler sie aufzeigt, dann wird deutlich, daß es ihm durch die Intervention jetzt wieder möglich ist, einen Schritt zurückzugehen (von 3 auf 2, siehe Schema S. 83).

Damit ist die Krisenintervention im engeren Sinn beendet.

Möglich wurde dies ihm unter anderem auch dadurch, daß er von sich aus eine Zeitreise machte, daß er von sich aus sich überlegte, was in einiger Zeit geschehen wird. Die Einengung ist also bereits etwas aufgehoben. Die *Zeitreise* ist eine Imaginationstechnik, die bei der Krisenintervention sehr gut zu gebrauchen ist, nicht nur bei der Krisenintervention bei Suizidalen. Es geht darum, daß man Menschen dazu bringt zu überlegen, was in einem halben Jahr, in einem Jahr, in fünf Jahren sein könnte. Es ist ja das Wesen der Krise, daß man in ihr das Gefühl bekommt, daß die Realität der verfließenden Zeit überhaupt aufgehoben ist. Wenn es gelingt, den in der Krise steckenden Menschen die Dimension der Zeit wieder bewußt zu machen, dann wird die Einengung aufgehoben. Man verführt sie eigentlich zur Zukunft, die sie nicht zu haben glauben. Ohne Zukunft können wir aber keine Hoffnung aufkommen lassen. Wenn wir davon sprechen, daß in jeder Krise eine Chance verborgen ist, dann ist auch das eine Verführung zur Zukunft im Sinne des Lebens.

Nachdem der Käser sich idealisiert, den Rivalen entwertet und damit sein Selbstwertgefühl vorerst stabilisiert hatte, sagt er: »Von der will ich jetzt nicht mehr sprechen. Die interessiert mich jetzt nicht mehr. Ich muß jetzt an mich denken und meine Probleme lösen und zwar eins nach dem anderen.« Das ist typisch, daß im Moment, wo er sich wieder idealisieren und die anderen abwerten kann, er an sich denken kann und sehr erfreulich, daß er an seine Probleme denken will. Ich frage ihn, welche Probleme er denn zuerst lösen wolle.

»Ich muß meine Stelle wechseln, ich muß von zu Hause ausziehen ...« Er hatte, weil er in dieser Käsefabrik arbeitete, auch wieder zu Hause gewohnt. Und dann sagt er voll Angst, geradezu von Panik ergriffen: »Mein Gott, die zu Hause, die lassen mich ja nicht mehr aus den Augen, nachdem ich sie so erschreckt habe. Die denken, ich spinne, ich müsse in die psychiatrische Klinik.«

Er bekommt jetzt ein Verhältnis zu dem, was er getan hat, sieht es mit den Augen der anderen, die so etwas als »verrückt« bezeichnen. Angstvoll wendet er sich an mich: »Denken Sie das auch?«

Ich frage ihn, wie er denn seinen Zustand beurteile.

Und er überlegt und sagt dann: »Ja, das Gröbste ist vorbei.«

Ich bestätige ihm, daß ich es auch so sehe.

Wir einigten uns dann darauf, daß er mit den Eltern sprechen solle. Er reagierte mit sehr großer Angst und sagte: »Das kann ich nicht. Bei meinen Eltern komme ich nicht zu Wort. Da fällt mir auch nichts ein. Früher habe ich mich jeweils betrunken.« – Und zu seinem Betrinken sagt er: »Wissen Sie, ich will dann einfach vergessen. Tot wäre doch eigentlich auch Vergessen gewesen. Ich stelle mir vor, daß man dann Ruhe hat. Aber jetzt will ich mich eigentlich nicht mehr umbringen. Ich denke, *wir* können meine Probleme lösen.«

Unvermittelt sind hier nun wesentliche Probleme hinter der auslösenden Situation zur Suizidhandlung deutlich geworden: Einmal scheint er von den Eltern sehr wenig abgelöst zu sein; wenn er mit ihnen nicht sprechen kann, wenn er nicht zu Wort kommt, ist er noch in der Rolle eines kleinen Jungen. Zudem wird eine Alkoholproblematik zumindest angedeutet. Es wird deutlich, daß er ein Mensch ist, der in schwierigen Situationen eher zum Fliehen neigt als dazu, das Wort zu ergreifen. Das wird auch darin deutlich, daß er uns jetzt einbezieht in sein Problemlösen, indem er sagt: Wir werden meine Probleme lösen. Ich mache ihn darauf aufmerksam, daß der Pfarrer und ich uns bemühen werden, ihm zu helfen, seine Probleme zu lösen; es werde aber im wesentlichen an ihm liegen, ob er wirklich die Kraft habe, diese Probleme zu lösen. Ich würde ihm durchaus zutrauen, daß er die wichtigsten Probleme lösen könne. Und wir sprachen dann darüber, in welcher Reihenfolge seine Probleme gelöst werden sollten. Er fand, er wolle eine neue Stelle haben; er wolle von zu Hause ausziehen; er wolle auch die Witwe, die sich für ihn interessiere, etwas näher anschauen, auch lernen, anders mit ihr umzugehen: Er habe doch offenbar Fehler gemacht im Umgang mit ihr. Auch wolle er eine Käserei pachten, und wir sollten den Eltern alles erklären.

Es ist sehr typisch, daß er sich einen ganzen Katalog von Problemen aufgestellt hat, natürlich auch wieder hoffnungslos überrissen: Er wollte nun im Grunde alles, was er vorher nicht erledigt hatte, in kürzester Zeit bewältigen, und es war mühsam, ihn auf seine Strategie, die er selbst angeboten hatte und die ich ihm als eine sehr gute Strategie darstellte, zurückzuführen: nämlich, daß er eines nach dem andern machen wollte. Sein idealisierter Anspruch war, jetzt machen wir alles und gleich alles auf einmal.

Auch bei diesem Menschen hatten sich viele Probleme aufgestockt, in einer Krise verdichtet. Deshalb sollten nun auch alle Probleme gleichzeitig gelöst werden – in einem Rundumschlag sozusagen. Dazu darf man sich in einer Krisenintervention nicht verführen lassen: Menschen in der Krise bieten meistens viele Probleme an. Es gilt zu klären, welches Problem vordringlich ist, am meisten zu einer Lösung drängt.

Als erstes sprachen wir drei am nächsten Tag mit den Eltern. Der Mann schlief über Nacht im Pfarrhaus, die Eltern wurden noch am Abend benachrichtigt. Die Reaktion der Eltern war eindrücklich: Sie reagierten zunächst auf den Entschluß des Mannes auszuziehen, eine eigene Wohnung zu haben. Sie sagten sofort und immer wieder: »Aber du bist doch so ungeschickt im Leben, du kannst doch nicht ausziehen. Und jetzt hast du auch noch einen Suizidversuch gemacht. Jetzt mußt du doch dableiben.«

Ich sagte diesen Eltern, es käme mir jetzt fast so vor, als wenn es ihnen recht wäre, daß ihr Sohn fast einen Suizidversuch gemacht hätte; dann könnten sie ihn hier zu Hause behalten. Sie starrten mich groß an und fanden mich wohl sonderbar. Ich spürte eine große Wut auf diesen Versuch, den Sohn in eine ungeheure Unmündigkeit hineinzureden und äußerte sie auch.

Von diesen Eltern her kam eine sehr große Einengung, auch ein großes Unvermögen, auf seine Wünsche einzugehen – und es war eher realitätsgerecht, daß er sowohl den Pfarrer als auch mich gebrauchte, um den Eltern zu erklären, was mit ihm überhaupt war, und was er nun wollte. Der Sohn wurde einfach mit seinen Bedürfnissen nicht gesehen. Die Eltern waren zwar ganz auf ihn konzentriert, nahmen ihn aber nicht wahr. Darin könnte für den Käser der »gemeinsame Nenner« (Henseler)[23] zwischen früher erlebten Kränkungssituationen und der jetzigen bestehen: in diesem – nun auch vom Mädchen – Nicht-Wahrgenommen-Werden und der damit verbundenen tiefen Kränkung.

Aber nicht nur die Einengung kam von den Eltern, sondern auch eine eigentümliche Aggression und eine Aggressionsumkehr. Im Gespräch fanden sie plötzlich, es sei doch noch besser, daß er sich selber hätte umbringen wollen, als wenn er das arme Mädchen erschossen hätte. Sie hatten offenbar die aggressive Phantasie, er hätte das Mädchen auch erschießen können. Dazu sagte der Pfarrer, davon sei doch nie die Rede gewesen.

Plötzlich begannen sie zu jammern und sagten, es wäre ja ungeheuer, einen Sohn zu haben, der an Suizid denke; sie würden nun auch bald an Suizid denken, weil sie diese Schande nicht verwinden könnten. Es war ihnen sehr deutlich anzumerken, daß sie innerlich vor der Möglichkeit erzitterten, daß »diese Schande« publik werden könnte. Für diese Angst bestand kein Anlaß, es wußten ja nur der Pfarrer und ich von dem Ereignis. Diese Angst zeigte aber, daß diese Familie unter einem starren Überich stand, das vom »Urteil der andern« verkörpert wird.

Wir bestätigten der Familie, daß sie jetzt in einer sehr schwierigen Situation stünde, daß jetzt aber viele Probleme, die doch schon lange existiert hätten, angegangen werden könnten. Die Eltern hörten kaum darauf.

In seiner Dissertation hat Hefti darauf hingewiesen, daß in der Familie von Suizidanten dieselbe Form der Psychodynamik anzutreffen ist, dieselben Probleme wie bei Suizidanten selbst.[24] Das wurde hier in der Einengung, der Aggressionsumkehr und dem Bedürfnis, sich zu idealisieren, sichtbar. In diesem Zusammenhang frage ich mich auch, ob Einengung nicht auch etwas ist, das wir in unserer Kindheit gelernt haben können.

Ich sprach die Eltern darauf an, daß sich ihr Sohn dringend eine Beziehung zu einer Frau wünsche. Ich könne sehr gut verstehen, daß sie sehr traurig wären und sich auch sehr verlassen vorkämen, wenn ihr Sohn sie verlasse. Sie sollten doch versuchen, die Trauer zuzulassen und nicht ihrem Sohn Schuldgefühle zu machen. Wenn er zu starke Schuldgefühle habe, sei er nicht in der Lage, sich eine Frau zu suchen.

Da sowohl der Pfarrer als auch ich das Gefühl hatten, daß diese Familie auch als ganze dringend Betreuung brauchte, haben wir einen Sozialarbeiter gebeten, sich der Familie anzunehmen. Wir waren beide zu sehr identifiziert mit dem Käser und konnten dabei wohl auch nicht gut mit unserer Wut umgehen. Auch schien es mir sinnvoll, daß diese Familie einen Betreuer für sich allein bekam.

Die eigentliche Krisenintervention mit dem Käser erfolgte in der Sitzung bei mir und in dem Gespräch mit den Eltern, wo er ge-stützt von uns zumindest vorbringen konnte, was er in nächster Zeit zu tun beabsichtigte.

Es folgte dann eine lockere Weiterbetreuung: Ich sah ihn einen Monat lang jede Woche einmal. Darauf kam er ungefähr alle zwei Monate einmal, um Probleme zu diskutieren. Es ging um die neue Stelle und im Zusammenhang damit auch um eine eigene Woh-nung; schließlich auch um die Beziehung zu der Witwe. Immer mehr kamen Beziehungsprobleme auf, seine ganz große Ent-täuschbarkeit wurde zu einem Problem. Er hatte eine Tendenz, nicht wahrzunehmen, was der andere Mensch wirklich fühlte und ausdrückte, sondern war überzeugt davon, der andere Mensch fühle genauso, wie er es sich jeweils vorgestellt hatte. Er zeigte da im Grunde genommen ein Verhalten, das er in seiner Familie ge-lernt haben muß. Alle Probleme, die er mit dem Mädchen gehabt hatte, wiederholten sich also – und das war zu erwarten. Seine große Enttäuschbarkeit erlebte ich als sehr gefährlich, weil sie wie-derum zu einem Suizidversuch hätte führen können. Ich machte ihm diese Gefahr bewußt.

Von Suizid war nun weniger die Rede, mehr von Alkohol. Mehrmals sagte er, es wäre schon noch ein gutes Zeichen des Schicksals gewesen, daß es (das Schicksal) den Pfarrer vorbeige-schickt habe. Für ihn war wichtig zu erfahren, daß man über Pro-bleme sprechen kann und daß sich im Sprechen Probleme klären.

Am Anfang war deutlich, daß er sehr hoffte, wir würden ihm seine Probleme abnehmen. Er kam mir wie jemand vor, der end-lich Menschen gefunden hat, die bereit sind, ihm zu helfen, und denen er dann gleich alles aufzeigte, was verändert werden mußte. Er wandte sich wie ein Kind vertrauensvoll an uns. Die Ablösethematik von den Eltern, der Schritt vom Kind zum selbständigen Erwachsenen war aber überfällig.

In dieser Krisenintervention war es wirklich möglich, das präsuizidale Syndrom rückgängig zu machen. Für den Suizidalen war und blieb der Pfarrer als Stütze ganz wichtig. Er kam am Anfang immer mit dem Pfarrer, brauchte ihn. Der Pfarrer war ganz ruhig in unseren Sitzungen, er saß einfach da. Er hat kaum je interveniert, aber er stellte eine Verstärkung dar, und ich denke, daß das hier etwas Wichtiges war: eine Verstärkung des Käsers im Sinne eines Alter ego, das ihm Schutz und Stütze verspricht.

Nach einiger Zeit fielen im Gespräch auch immer wieder solche Sätze wie: »Dann habe ich mir überlegt, was Sie sagen würden, oder was der Pfarrer sagen würde.« Der Käser konnte also unsere Ratschläge, aber auch uns als Menschen in sein System integrieren. Wir waren »Übergangs-Eltern« für ihn.

Mir scheint, daß bei Krisenintervention bei Suizidalen immer wesentlich ist, auch weitere Menschen zu finden, die verläßlich sind und die wirklich mit dem Betroffenen mitgehen.

Die Allmachtsphantasien hatte er nur zu Beginn auf uns übertragen. Er war dann sehr zufrieden mit dem schrittweisen Lösen seiner Probleme, wobei er immer eher zu viel wollte und sich überforderte – als eine Folge seiner Idealisierungen –, dabei natürlich immer wieder partiell scheiterte. Dann war er enttäuscht. Dieses Zu-viel-Wollen kam zu einem Teil auch daher, daß er der Überzeugung war, andere hätten längst bewältigt, was er jetzt noch zu bewältigen habe, und deshalb sollte nun alles schnell gehen.

Es war wichtig, ihm seine Fortschritte zu bestätigen und ihm gleichzeitig deutlich zu machen, daß nicht alles gar so schnell gehen, und daß er also auch nicht so fordernd mit sich selbst umgehen müsse.

Wenn eine Krisenintervention bei Suizidanten gelingt, dann wird hinter dem Suizidimpuls die eigentliche Krise freigelegt, und die Chance, die in der Krise steckt, kann wahrgenommen werden. Viele Suizidkrisen verlaufen aber unbemerkt, still und enden mit dem Tod. Es wäre eine Allmachtsphantasie zu meinen, es wäre allen diesen Menschen mit einer Krisenintervention zu helfen. Suizidalität ist eine Realität, mit der wir zu leben haben.

Das präsuizidale Syndrom
(E. Ringel)

1. Einengung
   → Situative: Überwältigung von einer
   übermächtigen, unbeein-
   flußbaren Situation: nicht
   »ein noch aus« wissen

   → Dynamische: Emotionen, die nur noch
   in eine Richtung gehen
   (Verzweiflung, Angst,
   Hoffnungslosigkeit), ohne
   Gegenregulation

   → Zwischenmensch-   Isolierung oder entwertete
   liche: Beziehungen

   → Der Wert Welt: Entwertung von immer
   mehr Lebensgebieten, die
   uninteressant werden,
   Wertverwirklichung nicht
   mehr möglich, eigene
   Existenz wertlos

2. Gehemmte oder gegen die eigene Person gerichtete
   Aggression

3. Selbstmordphantasien
   → Wunsch, tot zu sein
   → Selbstmord
   → Vorstellung: Wie?
   → Diese Vorstellungen werden zwingend

Entwicklung zur Suizidhandlung
(Henseler)

1. Selbstgefühl stark verunsichert
   - Kränkungen
   - Enttäuschungen
     (Verlusterlebnis)

   Bei bereits bestehender
   Einengung
   (Ringel)

   Bei jemandem, der die Aggression sowieso schon gegen
   sich wendet – oder wo sie sonst gehemmt sind
   → Gefühl der *Angst:*
     bedroht, verlassen, hilflos, ohnmächtig sein

2. Einsetzen von »Bewältigungsmechanismen«:
   (Schutz des Selbstgefühls)
   - Realitätsverleugnung
   - Idealisierung der eigenen Person und/oder der
     Umgebung

3. Wenn 2 nicht ausreicht
   → Phantasien vom Rückzug in einen harmonischen
     »Urzustand«

4. Phantasien in Suizidhandlung umzusetzen bewirkt:
   → kommt der narzißtischen Krise zuvor
   → Rachebedürfnisse werden befriedigt

Krisenintervention bei einer Trauerkrise

Verluste jeder Art sind die Hauptauslöser für Krisen.[25] Der Verlust eines nahestehenden Menschen löst eine ganz besondere Krise aus: Unsere Existenz gerät von einem Augenblick zum anderen in die Krise. Durch diesen Verlust wird die eigene Identität erschüttert, man versteht sich nicht mehr in seinem Selbsterleben, man versteht aber auch die Welt nicht mehr. Im Prozeß des Trauerns müssen wir uns von einem Gemeinschafts-Selbst, das wir mit einem geliebten Menschen aufgebaut haben, wieder auf unser individuelles Selbst zurückorganisieren. Je nachdem, welche Funktion ein verstorbener Mensch im Leben der Zurückgebliebenen übernommen hat, fehlt uns auch eine bestimmte Qualität. So kann ein Partner für Sicherheit gestanden haben, für Anregung, für Ermutigung, für Bevormundung usw.

Das hat Lindemann, der sich als erster mit Krisenintervention bei Trauerprozessen beschäftigt hat, dazu bewogen, Krisentherapie im Sinne einer Substitutionstherapie zu verstehen und durchzuführen.[26] Dazu hat er versucht herauszufinden, welche Funktion im Leben des Zurückgebliebenen der Verstorbene wahrgenommen hat, und hat dann diese Funktion jeweils selber übernommen bzw. die Ärzte angewiesen, diese Funktion zu übernehmen. Das ist mit Substitutionstherapie gemeint. Sie kann in einem ersten Moment selbstverständlich das Krisenerleben mildern, ich meine aber doch, daß das Ziel einer Krisenintervention auch bei einer Trauerkrise sein muß, daß der Mensch sich letztlich mit dem Verlust abfindet und nicht einfach nur einen Ersatz für den verlorenen Menschen sucht. Lindemann weist denn auch darauf hin, daß man in einer späteren Phase die Psychodynamik dieses Menschen dahingehend verändern müsse, daß er Verluste besser ertragen könne. Das scheint mir aber doch recht vage zu sein, und ich meine, daß dann, wenn einem erst einmal so ein Substitut angeboten worden ist, es sehr schwer ist, sich davon wieder zu lösen.

Krisenintervention bei Trauerkrisen in der therapeutischen Praxis erfolgen eher selten anläßlich des Verlusts, sondern meist nach einiger Zeit, oft im Zusammenhang mit verdeckten Krisen bei Menschen, die an psychosomatischen Krankheiten leiden, bei

Menschen also, die die Verlustkrise betont auf der körperlichen Ebene erleben, allerdings mit dem Nachteil verbunden, daß nun der wirkliche Auslöser, der Verlust, verdeckt sein kann. Zusätzliche, von außen her gesehen oft minimale Belastungen lassen den Menschen dann in eine heftige Krise geraten. Die Krise hinter dieser akuten Krise, die auch die Labilität jenes Menschen verursacht, ist dann eine Verlustkrise. Sehr oft auch wird Krisenintervention dann gesucht, wenn ein zusätzliches Verlusterlebnis das mühsam erreichte psychische Gleichgewicht stört oder wenn besondere Erinnerungen an den verstorbenen Menschen hochkommen.

Auch den Trauerkrisen – wie allen andern Krisen – gegenüber haben wir eine spezielle Einstellung: Wir fürchten Verluste, wir fürchten unsere Beeinträchtigung durch sie. Trauernde werden oft gemieden – sie erinnern uns an den Tod, daran, daß Beziehungen zerbrechen können, daß wir von einem Moment auf den anderen in unserem Leben sehr unglücklich werden können. Angesichts des Verlusts fühlen wir uns auch hilflos – Trauernde gelten bald nach ihrem Verlust als anspruchlich, sie bitten unbewußt um etwas, was man ihnen nicht geben kann: Sie wollen den Verstorbenen zurückhaben. Zudem müssen sie, um ihre Krise durchzustehen, sich sehr auf sich selbst konzentrieren.

Die Reaktion auf Menschen in Trauerkrisen kann also die sein, daß wir uns einreden, da sowieso wenig ändern zu können, daß man auf die Zeit setzen müsse, die »Wunden heilt«, wir schieben die Trauernden also ab, oder wir versuchen aus der Hilflosigkeit heraus zu helfen und sind in Gefahr, diesen Menschen, die sich hilfsbedürftig, verwirrt und meistens sehr freundlich und dankbar zeigen, zu sehr helfen zu wollen, so daß sie ihre Selbständigkeit verlieren. Stellt sich dann keine »Besserung« ein, die sich unter diesen Umständen auch nicht einstellen kann, oder übertragen die Trauernden allmählich ihre Aggression – die sich in einer Phase des Trauerprozesses einstellt – auf den Behandelnden, etwa in dem Sinne, daß er schuld sei am Tod oder zumindest daran, daß ein Verlust so lange so sehr schmerzt, dann brechen wir unseren Einsatz oft enttäuscht ab.

Auch bei dieser Krise werden wir mit unseren Ohnmachtsgefühlen und unseren Ansprüchen, die Krise schnell »reparieren« zu können, einem Allmachtsanspruch, konfrontiert. Es ist aber der

Tod selbst, der uns eine Ohnmacht erleben läßt. Gegen ihn kommen wir nicht so leicht an.

Wenn wir als Behandelnde den Tod als Aspekt des Lebens akzeptieren und wissen, wie sehr uns Verluste treffen, wie sie uns fast zerstören, dann können wir die betroffenen Menschen auf ihrem langen Weg begleiten. Begleiten heißt, sie ihre Gefühle im Beisein eines anderen Menschen, der mitfühlt, ausdrücken und formulieren lassen, Erinnerungen auftauchen zu lassen und zu akzeptieren, daß der Weg ein langer sein wird.

Die Krisenintervention im engeren Sinne ist dann beendet, wenn der betroffene Mensch in der Verlustkrise das Gefühl bekommen hat, einen zuverlässigen Begleiter / eine zuverlässige Begleiterin gefunden zu haben, damit er sich seiner Krise in ihrem ganzen Ausmaß stellen kann, das heißt, wenn er wirklich Kontakt mit dem Therapeuten aufgenommen hat. Das ist wesentlich schwieriger zu realisieren, als es tönt, da Trauernde sich immer schwer auf eine neue Beziehung einlassen, und es manchmal viele Begegnungen braucht, bis sie wirklich emotionell in Kontakt treten. Zu diesen eher kollektiven Gegenübertragungsgefühlen der Trauerkrise gegenüber kommen noch unsere jeweiligen eigenen Erlebnisse mit Tod und Trauerprozessen mit uns selbst und an unseren engen Beziehungspersonen, die unsere Gefühle dieser Krise gegenüber beeinflussen. Diese Gegenübertragungsgefühle und ihre mögliche Abwehr oder Kompensation spüren wir auch dann, wenn Menschen zu uns kommen, bei denen einer aktuellen Krise eine Verlustkrise zugrundeliegt, wenn diese offenbar wird. Zudem können wir in dieser Situation spezielle Emotionen erleben, die uns anzeigen, welche Gefühle im Trauerprozeß bei uns selbst z.B. verdrängt sind.

Der Trauerprozeß ist der Prozeß, der uns von einem Menschen, den wir verloren haben, ablöst und uns wieder dazu bringt, unser Leben zu leben. Die Ablösung soll so erfolgen, daß das, was in der Beziehung zu diesem Menschen gelebt worden ist, nicht verloren geht, sondern gleichsam mit ins Leben herübergenommen werden kann. Diese Trauerprozesse ereignen sich bei Verlust eines uns nahestehenden Menschen, bei Trennung von einem Menschen, der uns etwas bedeutet, aber auch bei der altersgemäßen Ablösung der Kinder von den Eltern und der Eltern von den Kindern, bei Verlust der Arbeit usw. In den Grundzügen verläuft dieser Trauerprozeß immer wieder ähnlich, da er gleichsam als Naturprozeß anzusehen ist, der sich bei allen Menschen ereignet und der oft von Träumen begleitet wird. Wenn man diese Trauerprozesse näher ansieht, dann wird einmal deutlich, daß ein Trauerprozeß vergleichbare Phasen zum kreativen Prozeß aufweist, man kann Phasen des Trauerprozesses beschreiben. Diese Phasen gehen natürlich ineinander über, werden auch immer einmal wiederholt.

Ich will diese Phasen hier kurz beschreiben, da sie für die Krisensituation mit Menschen in der Trauerkrise bedeutsam sind:

Die erste Phase ist die Phase des Nicht-wahrhaben-Wollens: Das ist die Phase, während der man das Gefühl hat, daß man träumt, daß der Verlust gar nicht real ist, daß man bloß aufwachen sollte aus einem bösen Traum. Der ganze Schmerz wird abgespalten, man fühlt sich meistens wie versteinert. Diese Phase kann Stunden, Tage oder Wochen dauern.

Sie geht in eine zweite Phase über, die ich die »Phase der aufbrechenden Emotionen« nenne. In dieser Phase werden sehr viele verschiedenartige Emotionen durcheinander erlebt. Da ist einmal der Schmerz des Verlusts erlebbar, aber auch die Wut darüber, daß man verlassen worden ist; Angst, Zorn, Schuldgefühle brechen auf, und man sucht einen Schuldigen am Tod. Es kann sogar Freude aufkommen, daß jetzt ein neuer Lebensabschnitt beginnt. Diese Emotionen werden oft zugleich und durcheinander erlebt und, da wir in einer Gesellschaft leben, in der Emotionen zuzulassen schwierig ist, ist diese Phase auch besonders schwer zu ertragen. Die Frage, ob das denn noch normal sei, wird häufig gestellt. Menschen in dieser Phase leiden auch sehr oft unter Schlafstörungen und sind besonders anfällig für Infektionskrankheiten. Sie sind bestimmt von dem Gedanken, sich zusammennehmen zu müssen, vor allem die Gefühle der Wut über das Verlassenwerden können schlecht zugelassen werden. Aber auch dem Schmerz kann nur selten freier Lauf gelassen werden.

In einer dritten Phase, die sich anschließt, wenn die Phase der chaotischen Emotionen durchgestanden und zugelassen ist, beginnt man das Leben mit dem verlorenen Menschen in das eigene Leben zu integrieren. Ich nenne diese Phase die »Phase des Suchens, Sich-Findens und Sich-Trennens«. Menschen in dieser Phase sagen, sie könnten an nichts anderes mehr denken als an den Verstorbenen. Gerade das sollen sie auch tun. Sie sollen an das gemeinsame Leben mit dem Verstorbenen denken, sie sollen in ihrer Erinnerung das gemeinsame Leben noch einmal auferstehen lassen, in der Erinnerung durchleben; sie sollen die schönen Situationen genießen, die schwierigen Situationen auf die darin verborgenen Probleme hin ansehen, sie sollen aber auch – und das ist das wesentliche an dieser Phase – herausfinden, was der verstorbene Mensch in ihr Leben hereingebracht hat und was er in ihnen belebt hat, was er aus ihnen herausgeliebt hat.[27] Ich habe festgestellt, daß die Menschen sich leichter mit dem Verlust einverstanden erklären können, die wissen, was der Partner oder die Partnerin in ihnen belebt hat, aus ihnen herausgeliebt hat. Denn das, was belebt worden ist, was herausgeliebt worden ist, das bleibt uns, das geht nicht verloren mit dem Menschen, der von uns geht, wie immer er von uns gehen mag. Zudem ist es auch wichtig in dieser Phase, daß wir herausfinden, was wir auf den Verstorbenen projiziert haben, was wir in ihn hineingesehen haben, das eigentlich zu uns selbst gehört; auch was wir an ihn delegiert haben, was wir bei ihm abgeladen haben, das wir nun wieder in die eigene Verantwortlichkeit zurücknehmen müssen.

Wenn uns das gelingt, dann folgt die vierte Phase des Trauerprozesses; das ist die Phase, in der man sich wieder auf die Welt zu bewegt, zu anderen Menschen hin, und in der man letztlich auch den Schmerz um den Verstorbenen wieder loslassen, »opfern« muß. Es gibt Menschen, die den Schmerz anstelle des Verstorbenen behalten. Menschen, die einen Trauerprozeß durchgemacht haben, gehen in einer sehr widersprüchlichen Weise auf andere Menschen zu. Einmal wollen sie Beziehungen viel offener, viel emotioneller gestalten, um nicht etwas zu verpassen, denn sie wissen ja nun, daß ein Partner sterben oder weggehen kann. Auf der anderen Seite haben sie Angst vor zu engen Beziehungen, weil sie wissen, daß sie dann den Preis des Trauerns bezahlen müssen, wenn die Beziehung auseinandergeht. Zwischen diesem intensiv in einer Beziehung Drinstehenwollen, mit allen Kräften gegen den Tod anleben und anlieben wollen, und der Scheu, sich noch einmal ganz zu binden, werden die ersten Beziehungen wieder gepflegt, oft auch mit einem schlechten Gewissen dem verstorbenen Menschen gegenüber. Dieses schlechte Gewissen wird dann aber meist durch einen Traum besänftigt; wie es überhaupt typisch ist, daß diese Trauerphasen von Träumen begleitet sind und daß oft ein

Traum den Menschen emotionell von einer Phase in die nächste hinübergeleitet.

Man kann den Trauerprozeß mit seinen Phasen überhaupt als Modell dafür sehen, wie eine schwerwiegende Krise überwunden werden kann. Aus der Erstarrung heraus gelingt es, sich von den Emotionen wieder erfassen zu lassen; dem schließt sich eine Phase der Besinnung über all das an, was hinter einem liegt, was man verloren geben muß und was man davon in sein Leben integrieren kann. Dann kann man mit neuen Lebensmöglichkeiten, neuen Verhaltensmöglichkeiten weiterleben.

Der Trauerprozeß ist also auch ein Beispiel dafür, daß eine Krise – die Trauerkrise ist eine sehr ernsthafte Krise – eben auch eine Chance ist. Denn wenn wir diesen Prozeß durchstehen, gewinnen wir ein neues Selbstverständnis, sind meistens mehr in Kontakt mit unseren Emotionen als zuvor, haben auch neue Verhaltens- und Beziehungsmöglichkeiten, zudem auch ein Gefühl von Kompetenz im Umgehen mit Krisen. Das Bewußtsein, mit Krisen umgehen zu können, wird ein wesentlicher Aspekt des Selbstbewußtseins.

Beispiel: Ein neunzehnjähriger Gymnasiast – ich nenne ihn hier Hans – hat vor zwei Jahren seinen Vater verloren. Er ist der älteste von drei Geschwistern. Er wird mir vom Pfarrer am Gymnasium zu einer Beratung geschickt. Hans ist in der Maturaklasse, und er steht schlecht in der Schule. Er wirke zerfahren, gehetzt, man habe lange Verständnis gehabt mit ihm, auch ein Auge zugedrückt, weil sein Vater ja gestorben sei, aber jetzt sei Schluß. Er müsse sich zusammenreißen, sonst bestehe er die Matura (Abitur) nicht, und das sei lächerlich bei einem so begabten Schüler. Das waren die Vorinformationen.

Ich sollte herausfinden, ob da vielleicht doch noch eine größere Störung vorliege; unausgesprochen bekam ich aber den Auftrag, diesem jungen Mann klarzumachen, daß er jetzt keine Schonung mehr bekommen könne.

Ein sehr blasser, hochaufgeschossener junger Mann kommt, setzt sich hin, wirkt gehetzt und sagt sehr schnell: »Ich bin am Ende, aber ich kann auch nicht in Therapie kommen. Ich kann mich nicht mehr konzentrieren, ich kann nicht mehr schlafen, manchmal schlafe ich nur noch eine Stunde oder eineinhalb Stun-

den in der Nacht, und deshalb kann ich mich nicht mehr konzentrieren. Schon am Abend habe ich Angst, ich könne nicht schlafen,
und dann schlafe ich natürlich wirklich nicht. Ich kann aber nicht
in Therapie kommen, das belastet meine Mutter finanziell, das
geht nicht. Aber ich bin wirklich am Ende. Ich bin froh, daß ich zu
Ihnen kommen kann. In der Schule meinen alle, ich lernte nicht,
oder ich gäbe mir keine Mühe. Das ist nicht wahr, aber nichts geht
mehr. Zuerst dachten sie, das wäre die Trauer, aber das stimmt
nicht. Ich bin nicht traurig wegen meines Vaters. Das Problem ist,
daß ich jetzt Familienoberhaupt bin. (Er seufzt.) Ganz vieles, was
der Vater gemacht hat, muß *ich* jetzt machen. Und ich habe zu
nichts Zeit. Ich kann nicht bei Kollegen sein, kann nicht bei meiner
Freundin sein, über kurz oder lang verliere ich sie. Es geht eh alles
futsch. Und zu Ihnen darf ich nur kommen, weil es von der Schule
verordnet ist. Es darf meine Mutter nicht belasten.«

Ich sage ihm, daß ich das Gefühl habe, er stehe unter einem
unheimlichen Druck, und daß er zugleich meine, es gebe für ihn
keine Lösung.

Er sagt darauf: »Ja, genau«, so würde er sich fühlen, es wäre gut,
mit mir zu sprechen, er könne sonst ja niemandem alles sagen, er
dürfe niemanden belasten, und dann fragt er mich ängstlich: »Sie
darf ich doch belasten?«

Und ich bestätige, die ungeheure Last auf ihm zu spüren und
zugleich sein Gefühl, sie nicht teilen zu dürfen, sie bei niemandem
ein bißchen abwälzen zu dürfen. – Ich wolle gerne mit ihm tragen,
mich dürfe er belasten.

Es wird sehr deutlich, daß er unter einem ungeheuren Druck
steht, daß er diesen Druck auch loswerden will. Er hat ja gleich alle
Punkte, die ihn vordergründig belasten, genannt. Auf der anderen
Seite fragt er – allerdings, nachdem er sich entlastet hat –, ob er
mich belasten dürfe. Es ist sehr wohl möglich, daß hier eine Übertragung auf mich stattfindet. Er darf die Mutter nicht belasten und
hat daher den Eindruck, niemanden – auch mich nicht – belasten
zu dürfen.

Ich frage ihn dann, wie er den Tod seines Vaters erlebt habe, und
er erzählt mir, daß sein Vater sehr lange krank gewesen sei – an
Dickdarmkrebs gelitten habe –, und die Familie habe mit Hilfe des
Pfarrers, der ihn mir auch überwiesen hat, viel »Besorgnisarbeit«
geleistet. Die Vorwegnahme der Trauerarbeit nennt man Besorg-

nisarbeit. Es wurde z.B. miteinander darüber gesprochen, was sein würde, wenn der Vater nicht mehr lebe. Der Vater muß vom Leben intensiv Abschied genommen haben, er sei ganz friedlich gewesen in jener Zeit, sagt Hans, er habe plötzlich eine sehr gute Beziehung zu seinem Vater gehabt. Der Vater habe ihn auch gebeten, ihn ein bißchen zu vertreten nach seinem Tod. Er habe das auch gut gefunden, das hätte ihm eine Bedeutung gegeben.

Mit siebzehn hat Hans den Vater verloren, und mit siebzehn hat dieser ihm die Verantwortung für eine Familie übertragen. Er erzählt, dieses Den-Vater-Vertreten sei am Anfang auch ganz gut gegangen, aber jetzt sei es ihm ein bißchen zu viel. Mit der Mutter könne er darüber nicht sprechen. Die Mutter hätte sich angewöhnt, ihm einfach diese Dinge zu übergeben, und er wolle sie auch nicht über Gebühr belasten. Jetzt sprach er sehr vernünftig, mit einer abgeklärt gemessenen Stimme, die ganz im Gegensatz stand zu der Stimme, mit der er kurz zuvor über seinen Druck gesprochen hatte.

Als er so »abgeklärt« spricht, spüre ich eine starke Wut in mir aufkommen. Ich erkläre sie mir zunächst als Wut auf das Schicksal, das Kindern den Vater wegnimmt, Wut auf diesen Vater, Wut auf diese Mutter. Ich formuliere dann: »Ich spüre jetzt plötzlich eine sehr starke Wut. Spüren Sie auch Wut?«

Er sagt ruhig, ja, ja, er habe schon Wut, aber die sollte man eben nicht haben. Er habe Träume, da komme immer eine Sauwut auf den Vater hoch.

Jetzt war für mich das Problem klar: Hinter der akuten Schulkrise steckte eine unbearbeitete Trauerkrise, und zwar war von Hans in der Phase der aufbrechenden chaotischen Emotionen die Wut nicht zugelassen worden. Das aktuelle Problem ist klar erfaßbar: Es ist das Schulproblem und die damit zusammenhängenden Schlafstörungen. Das Schulproblem ist ganz akut, weil er nicht durch die Schlußprüfung durchfallen darf, aus vielen Gründen: Er darf einmal die Mutter nicht enttäuschen; aber er darf auch deshalb nicht durchfallen, weil er sonst noch ein Jahr länger in diese Schule gehen und damit auch noch ein Jahr länger zu Hause bleiben müßte, was seinen inneren Druck noch verstärkte. Wenn er die Matura besteht, dann wird er zum Studium in eine andere Stadt gehen. Der Leidensdruck dieses jungen Menschen ist ganz enorm. Seine Möglichkeit, mit Belastungssituationen umzugehen, scheint mir dabei grundsätzlich gut zu sein, sonst hätte er nicht zwei Jahre lang durchgehalten. Die Krise hat sich jetzt zugespitzt. Es stellt sich auch im Gespräch heraus, daß er schon vor Vaters Tod in seinen Leistungen in der Schule sehr abgebaut hatte. Das halte ich allerdings für normal; wenn man zu Hause solch einer enormen Belastungssituation ausgesetzt ist, kann man kaum in der Schule gute Leistungen bringen. Dazu müßte man seine Gefühle schon enorm abspalten können. Daß er das nicht konnte, ist eher ein Zeichen dafür, daß er nah bei seinen Emotionen ist.

Suizidal schien er mir nicht zu sein. Es stellt sich auch die Frage, wo bei Hans die Ressourcen sind. Er hat einige Lebensbereiche, die nur peripher von der Krise erfaßt sind. Das sind seine Freunde, für die er jetzt allerdings keine Zeit mehr hat, seine Freundin, für die er auch keine Zeit hat. Dieses Keine-Zeit-mehr-Haben für seine Beziehungen erscheint mir ganz real, wenn man bedenkt, daß er neben der Schule noch das Familienoberhaupt vertreten muß. Er spricht z. B. bei Ämtern vor, verhandelt mit Versicherungen, kümmert sich um Reparaturen am Haus, beaufsichtigt seine Geschwister: Er hat noch einen Bruder und eine wesentlich jüngere Schwester.

Seine Beziehungen wirken im Moment eingeengt, werden auch zunehmend eingeengter, können aber doch wohl reaktiviert werden. Eine wesentliche Hilfsquelle sind seine Träume, die er gleich erwähnt. Ich entschließe mich, auf die Träume zu setzen. Dann scheint es mir wichtig, die Mutter in die Krisenintervention miteinzubeziehen, einerseits um sie zu informieren, andererseits auch, um ihr Gelegenheit zu geben, über ihre Trauer zu sprechen. Irgendwelche instrumentellen Hilfen scheinen mir im Moment nicht notwendig zu sein.

Für mich ist in dieser Situation vollkommen klar, daß Hans nicht wirklich getrauert hatte, die ganze Familie hatte zwar Besorgnisarbeit geleistet; diese ersetzt die Trauer aber nicht, sondern kürzt sie allenfalls ab. Denn es ist immer noch ein Unterschied, ob wir uns vorstellen, daß ein Mensch sterben wird, oder ob er dann wirklich gestorben ist. Das Brutale des Verlusts erleben wir erst, wenn ein Mensch wirklich nicht mehr da ist.

Auch läßt die Bemerkung von Hans, es sei ganz friedlich gewesen in jener Zeit, er habe plötzlich eine sehr gute Beziehung zum Vater gehabt, darauf schließen, daß vorher Spannungen dagewesen waren, die in der Zeit der Krankheit verschwunden waren. Nun würde Zorn aufeinander zu äußern, natürlich auch zur Besorgnisarbeit gehören. Das ist aber äußerst schwierig in solch einer bedrohten Lage und ist hier wohl nicht geschehen.

Ich formuliere nun, ich sähe als Hauptproblem nicht so sehr die Schlafstörungen an, auch nicht die Schulkrise – das wären Folgeerscheinungen –, sondern ich sähe, daß in seinem Trauerprozeß das Ausdrücken seiner Wut bisher zu kurz gekommen sei. Ein weiteres Problem bestehe darin, daß er die Mutter nicht belasten wolle, das sei zwar sehr fürsorglich, führe aber dazu, daß er alles allein machen müsse.

Ich bringe zum Ausdruck, gerne mit ihm zusammen an seinen Träumen, in denen er so zornig sei, arbeiten zu wollen. Die Schlafstörungen würden dann, wenn der Zorn genug zum Ausdruck gekommen sei, schon verschwinden. Im übrigen sei ich der Ansicht, daß die Mutter informiert werden müsse, allenfalls auch zu mir mitkommen solle – er könne es zunächst einmal halten, wie er wolle. Ich sähe keine Therapie angezeigt, sondern eine kurze Beratung; dabei hielte ich ihn für stark genug, nachher wieder auf den eigenen Füßen weiterzuleben.

Die Bemerkung, daß er dann wieder schlafen könne, wenn der Zorn einmal ausgedrückt sei, ist natürlich sehr suggestiv. Sie beruht aber auf der Erfahrung, daß Schlafstörungen zu den Problemen der zweiten Trauerphase gehören: Wenn Menschen über diese Phase hinauskommen, verlieren sich meistens auch die Schlafstörungen wieder. Man darf diesen Zusammenhang aber nicht zwangsläufig umkehren, als stünde hinter jeder Schlafstörung verhinderte Trauer. Es gibt natürlich auch Schlafstörungen aus ganz anderen Gründen, auch ohne eine verhinderte Trauerarbeit.

Hans wirkt sehr entlastet, als ich ihm mein kurzes Konzept vorlege, und er verspricht mir, gleich alle seine Träume aufzuschreiben.

Er kam in die nächste Stunde zwei Tage später, nicht mit seiner Mutter, sondern mit seinem Bruder, der zwei Jahre jünger ist als er: Er versicherte, daß es stimme, was ich das letztemal gesagt hätte; nie hätte in seiner Familie jemand Wut über den Vater geäußert; nicht mehr, seitdem er krank geworden sei, aber auch vorher schon nicht, und schon gar nicht mehr, seit er gestorben sei. Er fand, der Bruder sei doch eigentlich in der gleichen Situation wie er; die Schwester, meinte er, sei weniger beeinflußt vom Tod des Vaters.

Nun erzählt er Zornträume, in denen sein Vater vorkommt, und er stellt diese Träume unaufgefordert mit seinem Bruder dar. Der erste Traum:

»Der Vater ist tot. Ich schüttle ihn, er soll leben. Er wird nicht lebendig. Ich bin furchtbar wütend auf ihn.«

Das war ein Traum, den er in den vergangenen zwei Jahren immer wieder hatte, ein Traum, der ihn die ganze Zeit geplagt hatte. Er zeigte mir während der Stunden an seinem Bruder, den er schüttelte, wie er den toten Vater geschüttelt hatte, und in dieser »psychodramatischen« Szene rief er seinem leblosen Vater zu: »Jetzt werde doch wieder lebendig, jetzt werde doch wieder lebendig ...« Dem Bruder wurde das irgendwann einmal zuviel, und er brüllte: »Hör doch auf, ich bin doch lebendig.«

Hans sagte, er verstehe eigentlich gar nicht, warum er den Vater zurückhaben wolle, denn eigentlich sei das Leben ohne den Vater besser, außer daß er jetzt eben so sehr von Pflichten belastet sei. Die beiden meinten dann übereinstimmend, es wäre doch sehr mies gewesen von diesem Vater, einfach so »abzuhauen« – sie haben also sein Sterben im Grunde als »Abhauen« empfunden – und sie allein zurückzulassen mit der schwierigen Lebenssituation, mit den knappen Geldmitteln, mit dem viel zu teuren Haus. Sie können jetzt schauen, wie sie alles lösten, was der Vater ihnen eingebrockt hätte. Ein nächster Traum:

»Der Vater, abgemagert, ißt ein großes Stück Fleisch. Ich frage ihn, ob er mir etwas von diesem Stück abgibt. Der Vater schüttelt lächelnd den Kopf. Ich brülle: Du Erzegoist. Er schaut mich mißbilligend an.«

Auch diesen Traum haben die beiden Brüder miteinander psychodramatisch dargestellt. Jeder von ihnen war abwechslungsweise der Vater. Es kam dabei zum Ausdruck, daß Hans sehr eifersüchtig auf den Vater war, dem man jederzeit die besten Bissen zukommen ließ und der auch fraglos darauf bestand, die besten Bissen zu bekommen. In der Rolle des kranken Vaters fühlten sich jedoch beide Buben selbst sehr traurig, weil sie da von dem Gefühl gepackt wurden, nur eben noch dieses eine Stück Fleisch vom Leben bekommen zu können.

Diese Identifikation der Söhne mit dem Vater hielt aber jeweils nur sehr kurz an. Im Vordergrund ihres Erlebens stand die Eifersucht auf den Vater, auch Eifersucht auf den Vater in Beziehung zur Mutter. Natürlich klang bei dieser Eifersucht auf den Vater auch an, daß Hans die Mutter für sich gewollt hätte, deshalb war er nach dessen Tod auch allzu bereit, die Rolle des Familienoberhauptes zu übernehmen. Damit hatte er ja die Mutter wieder für sich; sie ist sogar abhängig von ihm geworden, wie sie zuvor vom Vater abhängig gewesen war.

Eine ganze Reihe solcher Träume hatte Hans aufgeschrieben, und einer nach dem andern wurde nun mit dem Bruder zusammen dargestellt. Wir versuchten jeweils, die Gefühle, die in beiden Brüdern hochkamen, zu fassen. Immer intensiver setzten sie sich mit dem Vater auseinander, und plötzlich stand die Aussage im Raum: »Vater war schon immer ein Egoist. Er war nicht erst ein Egoist, als er krank geworden ist. Er hat immer alles für sich gewollt, und wenn es ihm nicht gepaßt hat, dann ist er immer weggegangen.«

Beide erschraken sehr, als sie das formuliert hatten, und fragten auch, ob man so etwas überhaupt sagen dürfe. Beide gerieten unter großen inneren Gewissensdruck. Ich bestätigte ihnen, daß es wichtig sei, sich mit dem Vater so auseinanderzusetzen, wie sie ihn erlebt hätten: von seinen guten Seiten, aber auch von seinen schlechten Seiten her.

Hans sagte darauf: »Ich hatte es sehr schwer mit dem Vater. Ich habe ihn nicht geliebt. Ich habe ihn gehaßt. Natürlich weiß ich, daß man das nicht tut, aber ich habe ihn trotzdem gehaßt. Und manchmal denke ich, mein Haß könnte ihn getötet haben. Und deshalb muß ich jetzt auch sühnen. Aber eigentlich kann ich doch nicht glauben, daß mein Haß so stark war, daß er den Vater hätte töten können. Ich denke nicht, daß ich stark genug gewesen wäre, ihm diese Krankheit anzuwünschen. Und überhaupt hätte ich ihm nie diese Krankheit angewünscht, wenn schon, hätte ich ihn bei einem Autounfall sterben lassen.«

Ich erklärte Hans, daß unbewußte Todeswünsche auch ein Zeichen dafür seien, daß er – der Adoleszenzphase gemäß – an die Stelle des Vaters habe treten wollen und daß es möglich sei, daß zwischen ihnen eine starke Rivalität bestanden habe, nicht nur die übliche Rivalität zwischen dem jüngeren und dem älteren Mann, sondern auch Rivalität um die Mutter. Seine Todeswünsche seien Ausdruck für die Wut auf den Vater, die er nicht zum Ausdruck bringen konnte, da man glaubt, einen kranken Menschen nicht belasten zu dürfen. Das Thema des Belastens, das er zu Beginn unseres Gesprächs angeschnitten hatte, schien ein Grundthema in seiner Problematik zu sein.

Diese Auskunft beruhigte Hans. Unvermerkt kamen wir in die dritte Phase des Trauerprozesses. Wir fragten uns, was der Vater in den beiden Söhnen belebt hatte. Das ist eine sehr schwierige Frage, wenn der Verstorbene keine geliebte, sondern eine zumindest auch gehaßte Bezugsperson war.

Hans sagte: »Vater hat mich immer kleingemacht. Bei ihm fühlte ich mich immer ungeschickt. Ich habe alles immer falsch in die Hände genommen. Er hat mich zu Wutanfällen provoziert, für die er mich dann rigoros bestrafte, mit Kellerarrest. Ich schäume heute noch vor Wut, wenn ich daran denke, wie er mich herausgefordert hat und mich dann bestraft hat. Und zu seiner Rechtfertigung sagte er dann jeweils, er wolle, daß ich lerne, mit meiner Wut umzugehen. Ich durfte nicht Fußball spielen, ich durfte nicht malen, ich durfte nicht Musik machen; ich mußte das alles immer hintenherum machen. Er wollte immer, daß ich lerne.«

Sein Bruder hatte eine etwas weniger problematische Beziehung zu Vater gehabt. Er sagte: »Vater wollte immer, daß ich schon groß sei; das war einerseits toll, weil er mich dann auch für groß nahm, andererseits hat er mich überfordert. Ich durfte auch nicht zum Fußballspielen gehen und durfte all das nicht, was Hans gesagt hat. Er wollte auch, daß ich lerne. Aber mir hat er erklärt, daß er selber zu wenig gelernt habe und daß er es jetzt deshalb so schwer habe. Er war so hart mit uns, weil wir es leichter haben sollten als er.«

Die Äußerungen des Bruders halfen Hans, seinen Vater in der Härte ihm gegenüber wenigstens ein wenig zu verstehen. Hier in der Trauerarbeit wurde gleichzeitig eine Situation, die man von der Pubertät her kennt, die Auseinandersetzung mit dem Vater, vor allem auch mit seinen negativen Aspekten, belebt. Wut auf den Vater, Ohnmachtsgefühle dem Vater gegenüber – und damit verbunden Schuldgefühle – sind ein altes Thema.

Mit der Zeit drangen die beiden aber auch zu Vaters guten Seiten vor. Sie konnten dann einander auch bestätigen, wie ungeheuer interessant der Vater hatte erzählen können, wie böse er dann wurde, wenn ihn jemand unterbrach, und das sei bei drei Kindern natürlich immer wieder einmal der Fall gewesen. Wie er dann aber, wenn man ihn darum bat, noch einmal von vorne begonnen habe und irgendwann einmal sich total verheddern konnte. Sie konnten sich beide im nachhinein über Vaters komisches Talent noch äußerst amüsieren, und beide hofften, diese Seiten von ihrem Vater geerbt zu haben.

So wurde bei diesem Nachtrauern eine längst fällige Auseinandersetzung mit dem Vater nachgeholt. Wesentlich war aber, daß immer wieder der Zorn auf den Vater hochkam und daß Hans trotzdem immer wieder behauptete, auch wenn er jetzt schon so viel Zorn ausgedrückt hatte und ihn auch erlebt hatte, dürfe man eigentlich nicht zornig sein, denn sie seien ja »vom Schicksal geschlagen«. Dieser Ausspruch erstaunte mich sehr, und ich fand es an der Zeit, die Mutter beizuziehen, denn mir kam der Gedanke, daß dieser Satz ein von der Mutter eingebrachter Satz war, dem von außen kaum beizukommen war.

Es stellte sich dann auch heraus, daß die Mutter durch die neue Entwicklung ihrer Söhne zunehmend unter Druck geraten war. Hans schlief wieder, es ging ihm sichtlich besser, aber er übernahm vieles nicht mehr, was er vorher ohne weiteres übernommen hatte. Natürlich erzählten die Jungen auch zu Hause, was sie in der Stunde bei mir unternommen hatten; all das irritierte die Mutter sehr. Daß sie nun in Druck geriet, daß sie nun eigentlich in die Krise geriet, ist nicht erstaunlich. Es ist sehr oft so, daß dann, wenn in einer Familie bei einem Menschen Krisenintervention gemacht wird, die Krise auf einmal auch bei anderen ausbricht, besonders wenn alle dasselbe Problem haben, wie hier das Betrauern eines verlorenen Menschen.

Die Mutter kam eines Tages, und bevor sie sich setzte, sagte sie schon: »Also wissen Sie, das erste, was ich Ihnen sagen muß: Über Tote redet man nichts Böses. Und wenn Sie das tun, dann fehlt Ihnen einfach der nötige Respekt.«

Ich war etwas überrumpelt, ließ sie dann einfach einmal auf mich wirken und ließ sie wissen: »Ich verstehe, daß Sie besorgt sind.«

Da fing sie an zu weinen. Da kam ihre ganze unbewältigte Trauerproblematik, und sie sagte: »Ich bin doch so bös' auf ihn, daß er mich verlassen hat.« Es folgten dann Gründe, warum er sie nicht hätte verlassen dürfen; daß sie natürlich wisse, daß er sie nicht böswillig verlassen hätte, daß er der letzte gewesen wäre, der sich so eine Krankheit gewünscht hätte usw.

Nun war sie also in der Rolle, »Böses« über den Toten sprechen zu müssen, um ihren Druck loszuwerden. Die Söhne trösteten sie und sagten ihr, sie hätten das auch durchgemacht, und sie wären noch viel wütender gewesen als sie, aber jetzt seien sie überhaupt nicht mehr wütend auf den Vater. Diese Aussage erleichterte die Mutter. Sie spürte, daß die Jungen durch das Ausdrücken des Zorns gerade nicht auf ihren Zorn auf den Vater fixiert worden waren, sondern daß sie dadurch auch zu einem gewissen Verständnis für ihren Vater gefunden hatten. – Ich stelle mir vor, daß sie sich letztlich am Prozeß ihrer Jungen orientierte und daher Sicherheit gewonnen hatte, auch ihren Zorn und ihre Wut auszudrücken.

Sie kam dann dreimal allein zu mir und stellte traurig fest, daß die Beziehung zu ihrem Mann von Anfang an eine sehr schwierige gewesen sei, daß es falsch gewesen sei, daß sie einander geheiratet hätten, sie seien beide füreinander nicht richtig gewesen. Es wurden einige Erinnerungen aus ihrem gemeinsamen Leben wach, Erinnerungen an Situationen, in denen sie von ihrem Mann sehr gekränkt worden war und in denen sie auch ihren Mann gekränkt hat. Das schlimmste war für sie, daß er ihr immer das Gefühl gab, sie sei ganz und gar lebensuntüchtig, sie könne sich nicht behaupten, sie müsse sehr froh sein, daß er für sie sorge. Und ihr Zorn wendete sich nun auch gegen sich selbst, indem sie sagte: »Und ich habe das einfach alles geglaubt, ich bin immer unselbständiger geworden, ich habe mir alles aus den Händen nehmen lassen, und jetzt stehe ich so unselbständig da. Das ist natürlich auch der Grund, warum Hans so vieles hat übernehmen müssen.«

Erst nach und nach wurden von ihr auch Erlebnisse erinnert, die den Verstorbenen auch als einen anderen Mann zeigten, einen Mann, der »das Blaue vom Himmel herunter ›lügen‹« konnte, wunderbar erzählen konnte, der strahlend herzlich sein konnte, und sie sagte: »Eben wegen dieser Seiten konnte ich ihn nie verlassen. Diese Seiten haben mich so erwärmt.«

Immer wieder fragte sie nach: »Darf man das, darf man zugeben, daß man einen Menschen kaum geliebt hat, daß man so vieles an ihm gehaßt hat?«

Einmal sagte ich dann zu ihr: »Sie müssen aufpassen, was Sie nächste Nacht träumen. Wenn jetzt Ihr Mann bitterböse ist im

Traum der nächsten Nacht, dann haben wir sicher etwas falsch gemacht. Aber ich bin dann schuld daran, weil ich gesagt habe, sie sollten es tun.«

Sie hat in der folgenden Nacht geträumt, und zwar, daß ihr Mann strahlend auf sie zukam.

Nun konnte ein praktischer Punkt dieser Krisenintervention bearbeitet werden. Die Frage stand natürlich im Raum, ob weiterhin der Sohn alle Verantwortung im Haus übernehmen müsse, ob sie gewisse Dinge nicht selbst lernen könne. Der Sohn war bereit, vieles von dem, was er im Moment tat, abzugeben und die Mutter auch in die entsprechenden Aufgaben einzuführen. Das kam die Mutter recht hart an, nicht so sehr deshalb, weil sie sich plötzlich um Dinge kümmern mußte, um die sie sich vorher auch gern gedrückt hatte, sondern vor allem deshalb, weil sie das Gefühl bekam, ihr Sohn entgleite immer mehr ihrer Kontrolle. Nun wurde also auch von der Mutter her die ödipale Problematik in den Vordergrund gerückt. Dieser Sohn hatte ihr den Mann ersetzen sollen. Sie war zwar damit einverstanden, daß er seinen Weg ging, fühlte aber doch, daß sie ihn dadurch auch verlor an seine Kollegen, an seine Freundin. Und es wurde ihr sehr deutlich, daß sie sich nun endgültig von ihrem Mann ablösen mußte und gleichzeitig auch von ihrem ältesten Sohn, zu dem sie, wie sie sagte, immer eine ganz besondere Beziehung gehabt hatte.

Ich habe die Frau dann dazu angeregt, mit anderen alleinerziehenden Müttern und Vätern Kontakt aufzunehmen, auch um ihr Beziehungsbedürfnis nicht länger nur beim Sohn abzudecken. Über diese Ablösethematik vom Sohn sprachen wir noch einmal während zwei Stunden miteinander.

Hans hatte einen letzten Traum, mit dem wir die Krisenintervention beschlossen haben, und zwar nach neun »Zornstunden« und fünf weiteren Stunden, zusammen mit der Mutter:

»Der Vater ist gestorben. Er wird wieder begraben, und ich bin erleichtert. Wir gehen alle nach Hause, es ist ein sonniger Tag, ich gehe mit Freunden weg; meine Mutter steht neben einem Mann. Ich frage mich, ob sie schon wieder einen Freund hat, es ist mir dann aber egal.«

Dieser Traum spricht für sich selbst. Jetzt wird der Vater wieder begraben, befriedet kann er endlich ruhen, in der Atmosphäre eines sonnigen Tages, und jetzt kann man nach Hause gehen. Aber natürlich kommt schon wieder Eifersucht auf den möglichen Freund der Mutter auf. Die starke ödipale Problematik ist in der Krisenintervention sicher nicht gelöst, sie ist jedoch angesprochen worden. Wenn man auf diese Problematik aufmerksam macht, sie einmal anspricht und auch auf die Schuldgefühle hinweist, die in jedem Menschen dadurch ausgelöst werden, daß man die Mutter verläßt, so kann das zunächst einmal genügen.

Die Schlafstörungen von Hans waren sehr bald behoben, ungefähr nach der fünften Stunde. In einer der »Zornstunden« hatte er übrigens noch gesagt, daß er große Angst davor hätte, auch plötzlich tot zu sein. Angst zu haben vor dem Sterben und dem Nichtschlafen-Können hat natürlich sehr miteinander zu tun. Es ist die Angst, daß man einfach sterben könnte, wenn man die Kontrolle aufgibt. Wir brachten die Angst in Verbindung zu den Schuldgefühlen dem Vater gegenüber und dem Empfinden, so nicht einfach weiterleben zu wollen. Hans bestand die Matura, er steht im Studium, für seine Freunde hat er wieder Zeit.

In einem Gespräch, zwei Jahre nach der Krisenintervention, sagt er mir, für ihn sei es ungeheuer wichtig gewesen, seine Last einmal abzulegen. Er habe gespürt, wie man im Gespräch miteinander neue Möglichkeiten finden könne, von denen man ja nicht einmal gewußt habe, daß es sie gäbe. Er habe nun das Gefühl, daß er dadurch, daß er den Tod des Vaters erlebt habe, schon sehr wesentliche Probleme im Leben durchlebt und auch halbwegs bewältigt habe. Er sei sicher, daß er eigentlich kaum mehr untergehen könne.

Von mir her gesehen war es eine Krisenintervention, in der ich im wesentlichen immer der Thematik der Träume gefolgt bin. Es war natürlich außergewöhnlich günstig, daß die beiden jungen Männer von sich aus das Bedürfnis hatten, diese Träume jeweils darzustellen, und aus ihrer Darstellung heraus den emotionellen Gehalt der Träume erspürten. Träume können bei einer Krisenintervention außerordentlich wichtige Hinweise geben.

Eine Krisenintervention mit nachfolgender Behandlung des Hauptproblems hat bei Jugendlichen auch den Vorteil, daß man ihnen die Möglichkeit gibt, schnell ihr Leben wieder in die Hand zu bekommen. Man gibt ihnen auch das Gefühl, daß nicht wieder eine neue Mutter oder ein neuer Vater ihnen die Probleme löst und ihnen dazu Vorschriften macht. Manche Therapien mit Jugendlichen scheitern meines Erachtens deshalb, weil dabei das altersgemäße

Bedürfnis nach Autonomie zu wenig gefördert wird. Krisenintervention in Drucksituationen kann unter Umständen eher angezeigt sein.

Trauerphasen

1. Phase des Nicht-wahrhaben-Wollens
   - Empfindungslosigkeit, Starre
   - Man muß weiterleben, als hätte es diesen Tod nicht gegeben.

2. Phase der aufbrechenden chaotischen Emotionen
   Schmerz, Wut, Angst, Zorn, Freude, Schuldgefühle
   → Evtl. Suche nach einem Schuldigen
   Ruhelosigkeit
   → Schlafstörungen, erhöhte Anfälligkeit für Infekte

Das »Emotions-Chaos« muß ausgehalten und ausgedrückt werden.

3. Phase des Suchens, Findens und Sich-Trennens
   »Ich kann an nichts anderes denken als an den Verstorbenen ...«
   Der Verstorbene wird gesucht: in Träumen, Phantasien, auf Fotografien, an von ihm bevorzugten Orten, in Erzählungen.
   → Wiederhergestellte, oft idealisierte Beziehung
   Zusammenstoß mit der Alltagsrealität
   (Bedürfnis nach Zärtlichkeit, Sexualität, Hilfe etc.)
   Bewirkt neue Beziehung:
   - Was hat der Verstorbene in meinem Leben übernommen, das ich selbst übernehmen kann? (Rücknahme der Delegation)
   - Was habe ich am Verstorbenen geliebt/gehaßt, das zugleich Eigenschaft von mir selbst ist? (Rücknahme der Projektion)

- Was hat der Verstorbene in mir geweckt, belebt, aus mir herausgeliebt, das bleibt und nicht mit dem Verstorbenen weggeht?

Der Verstorbene wird zu einem »inneren Begleiter«
Lebensmöglichkeiten, die durch die Beziehung möglich wurden, werden die eigenen.
In dieser Erinnerungsphase werden Probleme der Beziehung sichtbar und akzeptiert.
Die Substanz einer Beziehung wird deutlich erlebbar.

4. Phase des neuen Selbst- und Weltbezugs
Der Verlust ist akzeptiert.
Der Schmerz kann/muß geopfert werden.
Erneutes Überwältigtwerden von schmerzenden Gefühlen kann als Hinweis darauf akzeptiert werden, die Erinnerung an die Beziehung, an Probleme, an glückhafte Begegnungen wieder zuzulassen.
Neue Beziehungen werden gelebt in der Spannung zwischen dem Sich-ganz-Einlassen, um nichts zu verpassen, und Sich-nicht-Einlassen, damit der Trauerprozeß nicht noch einmal durchgestanden werden muß.

Probleme in den Trauerphasen

Probleme in der Phase des Nicht-wahrhaben-Wollens
    Weiterleben, als wäre fast nichts geschehen.
    Verlust wird abgespalten → Leere.
    Trauer muß vermieden werden.

Steckenbleiben in den nächsten Phasen
→ chronisch trauern

Probleme in der Phase der aufbrechenden Emotionen
    Nicht akzeptierte Gefühle des Emotions-Chaos werden unterdrückt → Zorn, Schuldgefühle.
    Die Emotions-Stürme werden nur zu Beginn der Trauerzeit akzeptiert.

Probleme in der Phase des Suchens – Findens – Sich-Trennens
> Das Sich-Suchen wird intensiviert,
> das Sich-Trennen vermieden.
> Der Verlust wird nicht akzeptiert.
> Der Schmerz tritt an die Stelle des Verstorbenen.

Probleme in der Phase des neuen Selbst- und Weltbezugs
> Der »Abschiedskomplex« wird zu wenig bedacht.
> Es wird zu wenig akzeptiert, daß der Trauerprozeß ein
> Prozeß ist, der immer wieder ausgelöst werden kann.

Typisch ist für mich an diesem Fall einer Krisenintervention, die ähnlich aussehen könnte, auch wenn der Betroffene nicht ein Jugendlicher wäre, daß unter einer akuten Krise die verschleppte Trauerkrise sich verbirgt. Das Nachtrauern hätte natürlich noch viel umfassender geschehen können, aber die Ablösung, das Einwilligen in die komplizierte Beziehung zum Vater und in den Verlust ist schon nach dieser relativ kurzen Zeitspanne erfüllt. Das Gefühl, mit neuer Kompetenz weiterzuleben, ist ebenfalls spürbar. Bei Trauerkrisen geraten oft ganze Familien in Krisen. Es ist nicht von ungefähr, daß Hans seinen Bruder mitbrachte, obwohl sein Bruder von der ganzen Problematik sichtlich weniger betroffen war. Hans hat wohl gespürt, daß dann, wenn die Krise bei ihm behoben werden könnte, sein Bruder der nächste wäre, dem die Last aufgebürdet werden könnte, und das wollte er wohl verhindern.

Es ist sehr typisch für Krisenintervention bei Trauerkrisen, daß immer einmal noch ein weiteres Familienmitglied mit zu den Gesprächen kommt.

In diesem Falle kam die Mutter in der neunten Stunde dazu, nach den vier Wochen, in denen ich Hans jeweils zwei Stunden gesehen hatte.

Krisenintervention bei der Diagnosestellung einer
lebensbedrohenden Krankheit

Auch der Verlust der Gesundheit ist eine Verlustkrise, die uns tief
erschüttert, uns aus dem normalen Gang unseres Lebens abrupt
herausreißt.

Aber nicht nur der Kranke, bei dem eine lebensbedrohende
Krankheit diagnostiziert wird, gerät in die Krise: Mit ihm geraten
seine Beziehungspersonen und auch die Ärzte und das Pflegeper-
sonal in eine Krise.

Auch diese Krise löst in den Hilfeleistenden selbst eine spezielle
Krise aus, die meistens dominiert ist von der Angst, selbst eine
solche Krankheit zu bekommen. Es wird uns – auch als helfenden
Menschen – in dieser Situation deutlich, daß Krankheit zum Leben
gehört, daß sie jeden Menschen treffen kann. Unsere Reaktion auf
Menschen in dieser Krise hängt davon ab, wieviel Angst wir
grundsätzlich vor Krankheiten haben, ob wir akzeptieren können,
daß Krankheit und Tod zum menschlichen Leben gehören, oder
ob wir der Ansicht sind, daß sie zu vermeiden sind. Dann stellt
sich natürlich auch die speziellere Frage, wieviel Angst wir vor
bestimmten Krankheiten haben. In einer Gruppe, in der wir über
Krisen von Ärzten und Therapeuten in solchen Fällen sprachen,
wurde deutlich, daß unsere Angst weniger groß ist, wenn es sich
um eine der Krankheiten handelt, von der wir denken, man könne
sie etwa durch eine vernünftige Lebensweise vermeiden, daß jene
Krankheiten aber, die durch den Lebensstil weniger beeinflußbar
scheinen, die mehr abrupt in das Leben eines Menschen hereinbrechen, mehr Angst auslösen.

Natürlich spielen auch die Erfahrungen, die wir selbst in unserer
Lebensgeschichte mit bestimmten Krankheiten gemacht haben,
sowohl für das Auslösen von Ängsten als auch für deren Bewältigung eine Rolle. Dabei können uns die eigenen Erlebnisse mit
einer bestimmten Krankheit gerade dazu bringen, uns mit solchen
Menschen, die eben diese Krankheiten haben, zu beschäftigen; sie
können uns aber auch dazu bringen, diese Menschen zu meiden.
Ob wir uns diesem Erlebnis immer wieder stellen oder ob wir
davor fliehen, hängt von unserer Möglichkeit der Verarbeitung ab.

Auch der Verlust der Gesundheit muß – wie jeder Verlust – betrauert werden. Wir finden bei der Verarbeitung dieses Schocks all die Phasen des Trauerns wieder – in etwas abgewandelter Form –, wie ich sie im letzten Beispiel beschrieben habe. Diesen Trauerprozeß machen nicht nur die von der Krankheit selbst betroffenen Menschen durch, sondern – etwas verändert – sowohl die Beziehungspersonen als auch die betreuenden Personen.

Der Trauerprozeß bei einer lebensbedrohenden Krankheit

Ich beschreibe den Trauerprozeß um den Verlust der Gesundheit zunächst aus der Perspektive des Kranken:

Auch hier haben wir zunächst eine Phase, in der die Krankheit nicht wahrgenommen wird; man will »es« nicht wahrhaben. Die Kranken stehen unter einem Schock. In dieser Phase willigen sie oft in bestimmte Operationen ein, in bestimmte Behandlungen, scheinbar vernünftig, ohne große Emotion. Die Emotion ist in dieser Phase abgespalten. Sehr oft wissen die Erkrankten nachher aber auch nicht mehr, was in dieser Phase besprochen worden ist; sie fühlen sich überfahren von der Situation. Betreuerinnen und Betreuer ärgern sich allenfalls darüber, daß ihre Aufklärung nicht gehört worden ist.

Wie beim Trauerprozeß folgt der Phase des Nicht-wahrhaben-Wollens auch hier die Phase der aufbrechenden chaotischen Reaktionen. Der kranke Mensch ist wütend über sein Schicksal, er protestiert, fragt sich: Warum gerade ich? Was habe ich denn falsch gemacht? Schuldgefühle werden erlebt. Der Kranke stellt sich die Frage, wofür die Krankheit eine Strafe sein könne, und quält sich dadurch noch mehr. Das Problem der Schuldgefühle scheint mir in diesem Zusammenhang zentral zu sein und immer zentraler zu werden. Ich möchte deshalb ausführliche Überlegungen dazu einbringen, auch wenn sie etwas den Rahmen sprengen.

Exkurs: Schuldgefühle

Gemäß einem neuen Paradigma zur Erklärung von Gesundheit und Krankheit, das von verschiedenen Autoren schon seit längerer Zeit vertreten wird[28] und das auch langsam von breiteren Bevölkerungsschichten als Erklärung akzeptiert wird, wirken Körper, Psyche und Umwelt zusammen, stehen in einem dynamischen Gleichgewicht, das heißt: Dieses Gleichgewicht geht immer wieder verloren und muß auch immer wieder neu gefunden werden. Dabei wird davon ausgegangen, daß jeder lebendige Organismus die Tendenz hat, sich wieder auf einen Gleichgewichtszustand zurückzuorganisieren. Gesundheit ist, so gesehen, dynamisches Gleichgewicht, Krankheit dynamisches Ungleichgewicht, Übergangsphase, Krisenzeit, an deren Ende ein vollkommen neues Gleichgewicht zustande kommen soll. Dabei beinhaltet dieses neue Gleichgewicht nicht notwendigerweise das, was wir üblicherweise unter Gesundheit verstehen: Auch das Akzeptieren einer Krankheit und des bevorstehenden Todes kann zu einem Gleichgewicht führen.

Krankheit kann also verstanden werden als Ausdruck von ungelösten körperlichen, psychischen, sozialen Problemen, die oder deren Folgen sich eben auch körperlich, psychisch oder sozial zeigen können. Umgekehrt gilt dann auch, daß psychosoziale Probleme durch eine Krankheit vorübergehend »gelöst« werden können, oder zumindest, daß die Krankheit dem betroffenen Menschen einen Rückzug ermöglicht, der ihn in die Lage bringt, seine Situation zu überdenken, sich zu pflegen, um nachher mit neuen Strategien seine Probleme angehen zu können. Die Problematik dabei ist jedoch, daß zwischenmenschliche Probleme unter Umständen dann nicht dort angesprochen werden, wo sie sich ereignen, sondern zunächst einmal von dem Betroffenen mit sich selbst in der Krankheit abgemacht oder nur auf der Krankheitsebene angesprochen werden.

Auch sind Krankheiten natürlich nicht zu idealisieren. Es ist wichtig, daß wir, wenn wir dieses neue Paradigma ernst nehmen, akzeptieren, daß auch eine körperliche Krankheit eine Möglichkeit ist, ein Ungleichgewicht, das primär psychisch bedingt ist, ins Gleichgewicht zu bringen. Das ist bekannt für die körperlichen Krankheiten, die von Entwicklungskrisen begleitet sind.

Neben einer solchen Selbstheilung durch die Krankheit ist aber natürlich auch die Selbstzerstörung zu beobachten. Leben *und* Tod bestimmen uns. Es scheint mir sehr wichtig zu sein, daß nicht nur die Selbstheilungstendenzen, sondern auch die Selbstzerstörungstendenzen des Menschen gesehen werden, damit nicht der Eindruck aufkommt, daß wir bloß richtig denken müßten, um letztlich den Tod schon besiegbar zu machen.

Die neue psychosomatische Sichtweise beginnt sich durchzusetzen in dem Sinn, daß man damit rechnet, daß Körper und Seele einander beeinflussen, daß seelischer Schmerz auch körperliche Krankheiten verursachen kann, aber auch daß Umweltfaktoren weiter mit eine Rolle spielen. In dieser Sichtweise ist nun der Körper nicht mehr einfach eine Maschine, die man bei Krankheit zum Arzt trägt. Der Körper bleibt auch in der Krankheit *mein eigener Leib,* mit dem ich in meiner Umwelt lebe, dem ich einiges zumute. In meiner Krankheit ist meine jetzige Existenz mit ausgedrückt. Über die Krankheit können wir mit uns selbst ins Gespräch kommen, mit Anteilen von uns, die uns zunächst recht fern sind. Die Krankheit ist ein Teil unserer Existenz, die existentielle Erfahrung, durch die wir mit unserer Vergänglichkeit, mit dem Tod konfrontiert werden.

Aus der tiefenpsychologischen Perspektive ist der Vorteil des neuen Paradigmas ein großer: Bei einer solchen Sicht der Krankheit wird das Kranke am Menschen, das, was ihn an seine Vergänglichkeit erinnert, nicht delegiert, sondern in eigene Verantwortlichkeit genommen. Darin könnte sich, weit über den Umgang mit der eigenen Krankheit hinaus, auch eine kollektive Tendenz abzeichnen, für das Kranke ganz allgemein Verantwortung zu übernehmen und diese Verantwortung nicht nur an einige Spezialisten zu delegieren. Es hieße also, auch mit *den* Seiten des Lebens in fürsorglichem Kontakt zu bleiben, die uns stören, die uns kränken (Schattenakzeptanz). Ganz praktisch bedeutet das, daß wir uns auch für den Heilungsprozeß zuständig fühlen, dabei mitwirken können. Das führt zu einer Veränderung in der Arzt-Patient-Beziehung – eine erste Nebenwirkung. Der Patient gibt nicht mehr sein Symptom, seinen Körper ab, bis er wieder gesund ist, er redet mit. Und da er vielleicht ab und zu nicht wirklich von dem redet, von dem er eigentlich reden müßte, redet er dem Arzt »hinein«, »pfuscht ihm ins Konzept«.

In der Tat scheint mir, daß sich hier der Paradigmenwechsel bemerkbar macht. Die Patienten haben das Gefühl, daß die Krankheit etwas mit ihnen zu tun hat und daß sie mithelfen müssen, um wieder gesund zu werden, mehr als sie bisher mitgeholfen haben, indem sie sich in etwa an die Vorschriften des Arztes gehalten hatten. Bis jetzt waren sie im Stadium von Gehorchenden, jetzt aber wollen sie gleichberechtigter mitmachen. Die Krankheit ist ja schließlich die Krankheit des Patienten. Dem Patienten gelingt es aber nur selten, das beizutragen, was er wirklich beitragen könnte, beitragen müßte; es gelingt ihm nicht, die richtigen Fragen *an sich selbst* zu stellen. Und wenn der Arzt sie ihm nicht stellt, dann kommt sein Teil eben nicht zur Sprache, statt dessen profiliert der Patient sich etwa als kleiner Mediziner. Die Verantwortlichkeit für die eigene Krankheit geht in beidseitigem Ärger und Mißtrauen unter. Die Fragen, die zu stellen wären, sind etwa: Was bedeutet diese Krankheit gerade jetzt für mich? Welche Botschaften könnte sie mir geben? Wie kann ich mich in meiner Krankheit noch so gut als möglich fühlen? Bringt sie eine notwendige Ruhepause? Wozu brauche ich die?

So positiv es ist, wenn wir Menschen unsere Krankheit auch in die Verantwortung nehmen, sie als Anruf des Lebens verstehen, um ein besseres Gleichgewicht zu schaffen, oder uns mit der Tatsache des *Sterbenmüssens* auseinanderzusetzen, des *Abschiedlich-existieren-Müssens:* Die Kehrseite der Verantwortung sind die *Schuldgefühle.* Das scheint mir eine zentrale Nebenwirkung des Paradigmenwechsels zu sein.

Mir begegnen zunehmend, einmal im Zusammenhang mit einer Balintgruppe, dann aber auch in der therapeutischen Praxis und im Alltag überhaupt, Menschen, die bewußt mit ihrem Körper leben. Sie betrachten ihren Körper nicht als Galeerensklaven, dem sie alles abverlangen, ohne etwas zu geben, sie nehmen Ausdrücke des Körpers wahr und an, versuchen auch, ihr Leben etwas weniger körperfeindlich als üblich zu gestalten. Sie versuchen aber auch, ihre psychosozialen Probleme zu lösen, sind »umweltbewußt«. Nun werden sie natürlich trotzdem ab und zu krank. Auch sie bekommen ihre Grippe, verstauchen sich einen Fuß. Bereits diese Bagatellerkrankungen läßt sie fragen, was sie denn jetzt wieder falsch gemacht hätten in ihrem Leben. Die Krankheit erscheint als Fehler, den man hätte vermeiden können, hätte man psychisch weniger Fehler gemacht. Hier stellt sich die Frage, ob das neue Paradigma nun auch wirklich beinhaltet, daß wir zum Körper, auch zu seinem Kranksein, eine neue Beziehung schaffen können, oder ob das neue Paradigma nur gebraucht wird, um Probleme des Körpers noch perfekter auszuschalten, letztlich die Angst vor Alter, Krankheit und Tod noch sicherer in den Griff zu bekommen. Die Verantwortlichkeit wird hier nicht darin gesehen, wie man mit diesen Gleichgewichtsstörungen *umgeht,* sondern darin, wie man sie überhaupt vermeidet. Gelingt dies nicht, dann kommen bereits Schuldgefühle auf. Man ist dem Anspruch, Leben auch ganz und gar optimal zu gestalten, nicht gerecht geworden.

An diesen harmlosen Beispielen läßt sich bereits zeigen, wie sehr eine Allmachtsphantasie mit diesem neuen Paradigma verbunden sein kann, eine Allmachtsphantasie dahingehend, daß Krankheit, damit aber letztlich auch Altern und Tod, vermieden werden könnten; eine Allmachtsphantasie auch in dem Sinne, daß, wenn das Psychische so wesentlich mitbeteiligt ist am Entstehen von Krankheit und am Umgehen mit Krankheit, man »psychisch« auch die Krankheit kontrollieren können müßte. Man geht wiederum von der Idee aus – und das ist ein sehr altes Paradigma –, daß der Mensch alles tun kann, was er tun will; man geht dabei von einer Willensfreiheit aus, die wir keineswegs in diesem Maße besitzen. Wir setzen dabei eine psychische Verfügbarkeit über uns voraus, die wir in keiner Weise haben, und recht bald könnten wir wieder bei der Formulierung sein: Wenn er/sie nur recht wollte, dann ginge es schon. Weil wir hier aber von einer falschen Voraussetzung ausgehen, einer Allmachtsphantasie, die sich überhaupt sehr leicht mit Ganzheitsideen verbindet, weil wir von einem Anspruch ausgehen, der nicht zu erfüllen ist, ist das Scheitern vorprogrammiert und notgedrungen mit Schuldgefühlen verbunden.

Wenn nun Menschen eine lebensbedrohende Krankheit haben, dann stellt sich ihnen die Frage nach der Schuld meistens noch viel drängender.

Sind z. B. Menschen von Krankheit betroffen, die den alten Erklärungen folgen, daß Krankheit eine von Gott geschickte Strafe ist, daß der Tod letztlich der Sünde Sold sei, so muß sich ihnen angesichts der Krankheit aufdrängen, daß es also gar nicht möglich ist, anders als schuldig zu sein. Alte Erklärungen für Tod und Krankheit werden nicht einfach dadurch außer Kraft gesetzt, daß neue Paradigmen gelten. Sie wirken aus dem Hintergrund weiter. Durch den neuen Erklärungsprozeß tritt nun zusätzlich eine Verschärfung im Bereich der Schuldgefühle ein, indem Menschen nicht mehr einfach das Gefühl haben, daß »das Schicksal« sie geschlagen habe, sondern daß dieses ganze Krankheitsgeschehen zu einem Teil zumindest auch in ihrer Verantwortlichkeit liegt. Sie werden den Gedanken des Vom-Schicksal-geschlagen-Seins nicht los, sind zudem aber auch noch selbst mitverantwortlich. *Die Schuldgefühle werden also noch vermehrt.*

Schuldgefühle spielen bei den Menschen natürlich immer eine große Rolle, und es stellt sich die Frage, ob es denn so falsch ist, wenn diese Schuldgefühle nun plötzlich so deutlich im Zentrum des Geschehens stehen; ob das nicht vielmehr ein Hinweis darauf ist, daß sie, gerade auch bei diesem neuen Paradigma, ins Zentrum gerückt werden müssen, daß es also nicht darum geht, sie zu vermeiden, sondern einen sinnvollen Umgang mit ihnen zu lernen.

Wenn immer wir von Verantwortlichkeit sprechen, dann sind die Gefühle der Schuld in irgendeiner Form auch nicht weit weg. Mit Schuld bezeichnen wir das Verfehlen einer Verantwortung. In der deutschen Sprache kann Schuldigsein auch bedeuten, daß wir die Verantwortung für die Verursachung eines Prozesses übernehmen.

In der Psychologie wird zwischen *Schuld* und *Schuldgefühlen* unterschieden und damit darauf hingewiesen, daß Gefühle der Schuld nicht einer realen Schuld entsprechen müssen. Je mehr Verantwortlichkeit wir nun fordern, um so größer ist auch die Möglichkeit der Schuld, oder anders ausgedrückt: Da wir nie alles in die Verantwortung nehmen können, weil das ja wieder voraussetzen würde, daß wir alles unter Kontrolle haben können, gehört die Schuld notwendigerweise zur Verantwortlichkeit. Auch wenn wir überzeugt davon sind, daß wir soviel wie möglich in unsere Verantwortung nehmen müssen, das heißt nämlich auch, daß wir gewissen Dingen nicht einfach ausgeliefert sind, sondern sie gestalten können, so werden wir zugeben müssen, daß wir nicht alles in unsere Verantwortung nehmen können. Auch das ist ein Gedanke, der im neuen psychosomatischen Paradigma durchaus mitenthalten ist. Wir sind ein somato-psycho-soziales System, ein System, das mit vielen anderen sich gegenseitig beeinflussenden Systemen in Interaktion steht.

Schuldgefühle, in diesem Zusammenhang gesehen, haben die

Funktion, dem Menschen jeweils deutlich zu machen, was er in seine Verantwortung nehmen soll, bzw. daß etwas Wesentliches seines Lebens nicht in Verantwortung genommen ist, oder einfacher ausgedrückt: daß er/sie sich etwas essentiell Wichtiges für das eigene Leben schuldig bleibt. So gesehen ist diese Form von Schuldgefühlen – existentielle Schuldgefühle – ein Hinweis auf wesentliche eigene Lebensmöglichkeiten.

Solche existentiellen Gefühle der Schuld werden sehr leicht in neurotische Schuldgefühle übersetzt. Es wird nicht erkannt, daß das Schuldgefühl Ausdruck dafür ist, daß etwas Neues, eine Aufforderung zu neuem Leben an uns ergeht, sondern sie werden als Ausdruck eines Versäumnisses interpretiert. Dieses Versäumnis kann dann intensiv und unproduktiv beklagt werden. Das Umdeuten eines existentiellen Schuldgefühls in ein neurotisches ist einem gleichsam statischen Lebensmodell verpflichtet, das nicht davon ausgeht, daß der Mensch sich stufenweise entwickelt, sondern daß von Anfang an alles perfekt sein und gelebt werden müßte.

Es sind dann auch oft nicht reale Verhältnisse, um die sich hier die Schuldgefühle ranken, sondern eher phantasierte Versäumnisse oder reale, die in ihrer Bedeutung weit überschätzt werden. Auch werden diese Versäumnisse nicht wie etwa beim Erleben von realer Schuld als Anlaß genommen, etwas wiedergutzumachen. Die Gedanken kreisen statt dessen in einer unproduktiven Weise um diese vermeintliche Schuld. Das psychische Leben wird dadurch blockiert: Der Mensch leidet zwar unter den Schuldgefühlen, aber den Anruf der eigenen existentiellen Möglichkeiten, die damit verbunden sind, hört er nicht mehr. So gerät er leicht in die Rolle eines Kindes, das alles falsch gemacht hat, ist zudem aber auch Autorität, die über sich richtet – oder eben über dieses Kind. Sehr oft wird natürlich die Autoritätsperson projiziert, in einem Gott gesehen, in einem Vater, in einem Schicksal, in irgendeiner fordernden Instanz. Die Aggression, die notwendig wäre, um das Leben zu verändern, die Wut, die damit verbunden ist, daß man krank geworden, vom Leben gleichsam gekränkt worden ist, die Angst, die mit der Krankheit verbunden ist, die Angst vor der zunehmenden Beeinträchtigung, letztlich auch vor dem Tod, bleibt dann in den neurotischen Schuldgefühlen gebunden. Im Hinblick auf den Umgang mit dieser neurotischen Form von Schuldgefühlen scheint mir dreierlei wichtig zu sein:

Es ist die Wut anzusprechen, die die Krankheit ausgelöst hat und die damit verbundene Angst, zudem aber auch auf die existentiellen Schuldgefühle hinzuweisen und auf ihre positive Funktion, uns unserer Existenz mehr und wesentlicher zu verbinden. Es muß deutlich werden, daß Schuldgefühle zur Verantwortlichkeit gehören.

Daß Schuldgefühle vermehrt auftreten – im Zusammenhang mit dem genannten Paradigmenwechsel –, zeigt, wie sehr *zentral* die Verantwortlichkeit des Menschen in diesem neuen Paradigma gesehen ist, so daß das Umgehen mit den damit verbundenen Schuldgefühlen deshalb auch zentral gesehen werden muß.

Gerade dieses Zentrieren auf die Verantwortlichkeit und die damit verbundenen Schuldgefühle zeigt aber auch, wie sehr in diesem Paradigmenwechsel die Forderung, sich letztlich zu entwickeln, Fortschritte zu machen, und im Hintergrund sicher auch die Phantasie, den Tod zu überwinden, in die Aufmerksamkeit einer Mehrheit von Menschen rückt. Bedenken wir die Forschungen von Beck und Overbeck und anderen,[29] dann wäre es ja auch denkbar, daß der ganz andere Aspekt der Krankheit, nämlich die in ihr auch ausgedrückte Notwendigkeit, einmal sich allen Anforderungen des Lebens entziehen zu dürfen, alle Forderungen unterbrechen zu dürfen, sich auf sich selbst zurückziehen zu dürfen, bis wieder ein Gleichgewicht entstanden ist, im Vordergrund stünde. Sich pflegen zu dürfen, verwöhnen zu dürfen, nicht nur Forderungen erfüllen zu müssen, sich wohlsein zu lassen: erst im Zusammenhang mit jenen Seiten des Lebens, meine ich, wäre wirklich ein Gleichgewicht erreicht.

Es ist für mich beeindruckend und beunruhigend, wie unser Leistungsdenken und unsere Allmachtsphantasien auch bei neuen Paradigmen, die auch andere Sichtweiten zuließen, doch wiederum die Akzente setzen.

Diesen Aspekt mitzubedenken scheint mir auch deshalb wesentlich zu sein, weil die neue psycho-somatisch-soziale Sichtweise es ja auch mit sich bringt, daß selbst bei schwersten Krankheiten der Patient oder die Patientin den Auftrag haben, mit sich selbst als schwerkranken Menschen möglichst gut umzugehen. Das wird von ihnen aber oft in der Weise mißverstanden, sich jetzt wieder alles mögliche abverlangen zu müssen (nur um irgendeiner Theorie zu genügen), damit sie gesund werden. Gelingt das nicht, bekommen sie zusätzlich Schuldgefühle: Sie haben etwa die vorgeschriebenen Übungen nicht intensiv genug gemacht usw. Gerade bei Menschen, die an Krebs erkrankt sind, findet sich diese Problematik recht häufig: Wenn sie gut mit ihrer Krankheit umgingen, dann würden sie überleben. Natürlich ist dieser Wunsch zu überleben nachvollziehbar, aber ich glaube nicht, daß dieser zusätzliche Druck, der hier vom Kranken erlebt wird, ihm hilft, die Zeit des Lebens, die ihm bleibt – und wie lange das ist, weiß niemand von uns –, optimal zu leben. *Ende des Exkurses*

Das Erleben der Schuldgefühle und das Umgehen mit den Schuldgefühlen halte ich für das zentrale Problem, das sich in der Phase der aufbrechenden chaotischen Emotionen im Trauerprozeß um den Verlust der Gesundheit stellt.

Zu dieser Phase gehört weiter, daß sich Angst vor dem Leben, aber auch Angst vor dem Tod einstellt, das führt zu einem Gefühl der Ohnmacht, der Verzweiflung, allenfalls der Resignation. Hinzu kommt, wenn der Körper durch eine Operation verstümmelt ist, die Kränkung über den verstümmelten Körper. Auch der Verlust des heilen Körpers muß betrauert werden. Einen unversehrten Körper zu haben, ist sehr wesentlich für unser Identitätserlebnis, für unser Gefühl des Ganzseins. Dieses Gefühl des Ganzseins ist nun verletzt. Es ist verständlich, daß die Umgebung dieses Gefühl des Gekränktseins mitaufnimmt. Sehr oft wird vorschnell damit getröstet, daß es wunderbare Plastiken gebe, die etwa eine Brust ersetzen können. Oder, daß man doch jetzt froh sein solle, daß das krankmachende Gewebe entfernt worden sei. Es ist gut, daß es gute Prothesen gibt, aber das ist eine Sache, und die Trauer um die Unversehrtheit des Körpers, die Angst, wie Partner auf diesen Körper reagieren, ob man ihn überhaupt noch zeigen kann, ist eine andere Sache. Auch bricht in dieser Zeit die Trauer um die verloren geglaubte Zukunft auf. Plötzlich wissen Menschen ganz genau, was sie noch alles in der Zukunft hätten erleben wollen, gestalten wollen, und dazu bleibt dann oft kaum mehr Zeit.

Wenn diese Phase möglichst emotional betont zugelassen wird – und nicht zu sehr durch Forderung nach Vernunft und Tapferkeit gestört wird, kann die nächste Phase des Trauerns erreicht werden, die Phase des Suchens, Findens und Sich-Trennens. Die Menschen beginnen sich an das zu erinnern, was bis jetzt in ihrem Leben war.

Diese Erinnerungsarbeit ist einerseits auf das eigene Leben, damit aber auch auf das Leben mit den nächsten Beziehungspersonen zentriert. Was bis jetzt war, bekommt angesichts eines möglichen nahen Todes eine neue Bedeutsamkeit. Gerade das Gefühl, daß auch schon das, was war, wesentlich war, läßt die Betroffenen offen werden für die Zukunft: für den Tod oder für das Leben.

Das ist dann im wesentlichen die Charakteristik der letzten Phase, die ich in Anlehnung an die Trauerphasen die »Phase des neuen Selbst- und Weltbezugs« nenne. Die Menschen lernen, was »abschiedlich leben« bedeutet, nämlich so zu leben, als müßte man immer damit rechnen, daß man auch Abschied nehmen muß von diesem Leben, und gerade angesichts dieser Abschiedlichkeit so intensiv wie immer möglich zu leben. Nun müßten wir Menschen natürlich immer abschiedlich leben, aber bei Menschen, die durch eine Krankheit bedroht sind, ist dieser Aspekt präsenter im Bewußtsein als bei anderen Menschen. Hier wird dann auch die Frage nach dem Sinn der Krankheit gestellt.

Diese Phasen, die der Erkrankte durchmacht, machen im Prinzip auch die Helfer durch, zumindest die ersten beiden Phasen. Bei den Helfern beansprucht der Trauerprozeß wesentlich weniger Zeit als beim Erkrankten, ist aber notwendig, um den Schock, den die lebensbedrohende Erkrankung auch in ihnen auslöst, zu verarbeiten und sie in die Lage zu versetzen, mit diesem Menschen zu arbeiten.

Auch Helfer, Ärzte, Therapeuten, haben zunächst einen Schock, wollen die bedrohliche Krankheit ihrer Klienten nicht wahrhaben, bagatellisieren sie. Psychotherapeuten und Psychotherapeutinnen können sich in dieser Situation etwa sehr betont vom körperlichen Befund ihres Analysanden distanzieren, denn sie sind ja für die Seele zuständig. Es ist wesentlich zu akzeptieren, daß wir eine solche Krankheit nicht wahrhaben wollen, weil wir durch sie auch unser Leben als bedroht erleben, zwar nicht aktuell, aber als eine Möglichkeit, die uns jetzt besonders drastisch ins Bewußtsein gerufen wird.

Dann erfolgt auch beim Therapeuten die Phase der aufbrechenden chaotischen Reaktionen: Er kann seine Angst mit Wut abwehren, Wut auf ein Schicksal, das solche Krankheiten zuläßt, er kann auch die Gefühle der Ohnmacht zulassen. Wenn er diese Gefühle der Verzweiflung und Ohnmacht nicht abwehren muß, kann er mit dem Erkrankten in dessen verschiedene emotionale Befindlichkeiten miteinstimmen, ohne daß er den Überblick über das

Geschehen ganz verliert. Der Erkrankte fühlt sich dann verstanden und auch aufgehoben.

Sehr bald wird dem helfenden Menschen in dieser Situation auch bewußt, und das registriert er meistens mit Glücksgefühlen, daß er selbst ja noch lebt, daß er eine Zukunft hat, daß er vorläufig nicht bedroht ist. Für einige Zeit wird auch für ihn das Thema des abschiedlichen Lebens wichtig, er lernt an dieser für den Erkrankten existentiell so wichtigen Situation, wie kostbar Leben ist, angesichts des Todes. Vor allem wird er für das Leben kämpfen und manchmal zu Unrecht den Tod aus den Augen verlieren.

Diese Phasen des Trauerns um den Verlust der Gesundheit können im Verlauf einer Erkrankung durchlebt werden, sie können aber auch, bevor z. B. eine Operation gemacht wird, nach dem Vernehmen einer Diagnose, in einem Menschen Gestalt annehmen.

Als Beispiel füge ich den sehr eindrücklichen Bericht einer Frau an, den sie mir freundlicherweise zur Verfügung gestellt hat.

Einer zweiunddreißigjährigen verheirateten Frau, Mutter von zwei Kindern, wurde anläßlich einer ärztlichen Kontrolluntersuchung eröffnet, daß eine Unterleibsoperation zwar nicht unmittelbar dringend, aber doch unerläßlich sei. Ihre Reaktion darauf und den Ablauf der nächsten Wochen schildert sie wie folgt:

»Da wir keine weiteren Kinder haben wollten, war ich von der Eröffnung des Arztes nicht besonders geschockt. Ich befragte ihn sachlich über die medizinischen Aspekte des Eingriffs, entschloß mich noch in der gleichen Sitzung, lieber nicht länger zuzuwarten, und wir vereinbarten einen Termin. Noch am selben Tag rief ich einen befreundeten Arzt an, der mich in meinem Entschluß bestätigte. So organisierte ich eine Haushaltshilfe und Aufsicht für die Kinder und sah weiter keine größeren Probleme.

Am nächsten Morgen erwachte ich in tiefster Verzweiflung. Der Eingriff bekam nun für mich die Bedeutung einer körperlichen Verstümmelung, eines Angriffs auf mein Frausein. Ich würde mich nie mehr als ›richtige‹ Frau fühlen können. Die folgenden Tage und Nächte waren grauenvoll, ich weinte und schrie und weinte. Dann rief ich den Arzt an und verschob den Operationstermin. Ich war mit dem Problem nicht fertig, konnte das Unvermeidliche nicht akzeptieren.

Die kleinste Hausarbeit wurde zur großen Anstrengung, und

doch versuchte ich, mich dazu zu zwingen – ich fürchtete, sonst verrückt zu werden.

Eines Nachts waren die Angst und die Trauer nicht mehr auszuhalten. Ich war jenseits einer Grenze, jenseits des Erträglichen. Ich hatte das Gefühl zu zerbrechen, war irgendwo ›drüben‹, konnte nichts mehr tun. Ich wollte um Hilfe rufen und brachte keinen Ton mehr heraus, ich versuchte aufzustehen und konnte mich nicht mehr bewegen.

Dann – ganz plötzlich – war ich ruhig. Meine Seele hatte es überstanden, hatte tiefen Frieden.

Aber nun ging es in meinem Körper los. Um meinen Verstand hatte ich keine Angst mehr, aber ich erlebte das, was nun kam, als nackten Kampf ums physische Überleben. Mein Herz machte nicht mehr mit. Ich kämpfte, redete ihm zu, unterstützte es beim Schlagen.

Dann mußte ich eingeschlafen oder ohnmächtig geworden sein. Am nächsten Morgen war der ganze Spuk vorbei. Ich war ›über dem Berg‹, ich hatte Glück gehabt.

In jener Nacht hatte ich geträumt:

›Ich sitze in einem Auto, fahre aber nicht selber. Wir müssen über den Gotthard. Bei der Verladestation fährt der Fahrer vorbei, er will über den Paß fahren, ich verstehe das nicht. Die Fahrt ist grauenvoll. Wir haben nur Sommerpneus, und die Straße ist völlig vereist, dazu Schneegestöber und stockdichter Nebel. In jeder Kurve drohen wir abzustürzen. Ich habe wahnsinnige Angst. Dann sind wir bereits drüben. Die Sonne scheint, wir fahren schon wieder bergab. Der Gipfel hinter uns ist von Wolken verhüllt, dort tobt der Schneesturm. Wir aber sind schon im Tessin. Ich staune – das ging ja schnell!‹

Ich wußte, daß die Krise vorbei war und machte einen neuen Termin aus für die Operation. Es ging alles glatt, und für mich hat sich daraus nie mehr ein Problem ergeben.«

In diesem Bericht wird eindringlich geschildert, in welche Krise ein Mensch durch das Eröffnen der Diagnose einer bedrohlichen Erkrankung, die hier zudem noch gar nicht als absolut bedrohlich geschildert wird, stürzen kann.

Zunächst reagiert sie sehr sachlich; die Emotionen, die mit dem Problem verbunden sind, sind abgespalten. Sie ist in der Phase des Nicht-wahrhaben-Wollens.

Am nächsten Morgen nun – und in den folgenden Tagen – sind alle Emotionen, die abgespalten waren, vorhanden und bestimmen ihr Bewußtsein bis hin zur Angst, »verrückt« zu werden, wenn sie sich nicht an die gewohnte Hausarbeit halte, die ihr in der Phase der aufbrechenden chaotischen Emotionen die einzig verläßliche Struktur zu geben scheint. Diese Phase wird intensiv erlebt und

---

Trauerphasen bei der Diagnose einer lebensbedrohenden Krankheit

1. Phase des Nicht-wahrhaben-Wollens
   Schock

2. Phase der aufbrechenden chaotischen Emotionen
   Wut, Protest: Warum gerade ich?
   Schuldgefühle
   Angst vor dem Leben, Angst vor dem Sterben
   Ohnmacht, Verzweiflung,
   allenfalls Resignation
   Kränkung über den verstümmelten Körper
   Trauer um die verlorene Zukunft

3. Phase des Suchens, Findens und Sich-Trennens
   Besinnung auf das, was bis jetzt war –
   und in den Verlust einwilligen

   auf sich selbst bezogen   auf die Beziehungs-
                                    personen bezogen

4. Neuer Selbst- und Weltbezug
   »Abschiedlich leben«
   Sinn der Krankheit

mündet in das Erlebnis der Ruhe, begleitet von einem Traum. Hier wird wiederum der schöpferische Sprung sehr deutlich geschildert, der sich ereignen kann, wenn die Krise auf dem Höhepunkt ist; dieser schöpferische Sprung markiert aber auch den Übergang von der Phase der chaotischen Emotionen zur Phase des Suchens, Findens und Sich-Trennens, die hier im Traumerleben verdichtet ist, sagt der Traum doch, das es sich um einen äußerst gefährlichen Übergang handelt, der offenbar nicht zu vermeiden ist, der aber ins Tessin und in die Sonne führt. Dieses Traumbild dürfte die Erkrankte sehr getröstet und ihr auch das Gefühl vermittelt haben, daß die Lebensbedrohung wieder weichen wird.

Diese Krise und der schöpferische Sprung aus der Krise erfolgte ohne Krisenintervention. – Wenn Menschen nach der Diagnose einer lebensbedrohenden Krankheit eine Krisenintervention brauchen, dann deshalb, weil sie diese Krise so sehr ängstigt, daß sie nicht mit ihr umgehen können.

Beispiel einer Krisenintervention

Ein Onkologe rief mich an, er habe eine Frau bei sich, die sichtlich in einer schweren Krise stecke. Sie sei an einer Brust operiert worden – Mammakarzinom (Brustkrebs). Medizinisch sei alles ganz normal verlaufen; die Operation liege drei Wochen zurück. Sie habe sich eigentlich sehr gut erholt, körperlich sei alles in bester Ordnung. Jetzt sei sie nach Hause gegangen, dort kapsle sie sich ab und wolle nicht mehr mit der Familie zusammensein. Dann wieder habe sie geradezu Anfälle von Nähebedürfnis, lasse die Kinder nicht einmal mehr in die Schule gehen. Sie mache den Eindruck eines verstörten Menschen, der weder ein noch aus wisse. Er habe ihr vorgeschlagen, zur Psychotherapie zu gehen. Sie habe gesagt: »Wenn ich jetzt auch noch Psychotherapie brauche, dann verliere ich den letzten Rest meiner Selbstachtung.«

Das war für mich ein sehr wichtiger Satz. Er, der Arzt, habe ihr dann gesagt, sie habe wohl keine längere Psychotherapie nötig, sondern sie brauche jetzt einfach Hilfe. Wir machten miteinander einen Termin für den nächsten Tag ab, der der Patientin paßte.

Die Frau kommt, und das erste, was sie ausspricht, ist: »Ich brauche Sie ganz dringend, aber wenn ich jetzt auch noch Psychotherapie brauche, dann verliere ich den letzten Rest meiner Selbstachtung.«

Das ist der erste Satz, den sie äußert, und dann schreit sie mich an: »Warum haben Sie denn nicht Krebs? Sie könnten doch den verdammten Krebs haben. Weshalb sitzen Sie einfach da und haben keinen Krebs, und ich habe Krebs ...«

Ich habe mich angesichts dieses Ausbruchs sehr hilflos gefühlt, ich war nicht auf einen derartigen Ausbruch gefaßt, aber ich konnte die Frau auch verstehen und dachte bei mir: Wenn ich in ihrer Situation wäre, würde ich vielleicht auch so schreien. Aber ich fühlte mich sehr hilflos, verzweifelt, traurig und mit Sympathie für diese Frau erfüllt.

Ich habe sie dann einfach schreien lassen, und nach einiger Zeit fragt sie: »Warum schreien Sie eigentlich nicht zurück?« Ich: »Mir ist nicht nach Schreien zumute. Ich bin ratlos, ich kann Ihren Ausbruch verstehen, ich weiß ja auch nicht, weshalb ich keinen Krebs habe und Sie haben Krebs.«

Die ganze Trauer, die ganze Verzweiflung, die ganze Angst wird von dieser Frau in Anschuldigungen gegen die Welt umgemünzt und gegen sie geschleudert, und die Welt war im Moment ich.

Ich sage: »Ich spüre Ihre Angst, Ihre Ohnmacht, Ihre Verzweiflung, Ihre Trauer, und ich bin froh, daß Sie Ihre Wut ausdrücken können, daß Sie protestieren können.«

Ich habe also meine Gefühle, die ich während ihres Ausbruchs empfand, zugleich als ihre Gefühle, die durch den Auftritt verdeckt wurden, gedeutet. Natürlich sind es auch meine eigenen Gefühle dieser Krankheit gegenüber. Sie schien meine Deutung nicht zu hören. Sie stellt die Frage: »Warum gerade ich, was habe ich denn falsch gemacht, wofür werde ich bestraft ...?« Und ohne daß ich hätte intervenieren können, fährt sie fort: »Könnten Sie sich mit einer tödlichen Krankheit abfinden?«

Ich: »Mich würde es bestimmt auch umschmeißen, wenn ich einen solchen Befund hätte, da bin ich ganz sicher. Aber ich glaube, wenn ich Krebs hätte, ich würde mich noch an die halten, die trotzdem überleben. Ja, ich würde auch eine Krise durchmachen, aber ich würde mich an die halten, die überleben.«

Sie schaut mich ganz erstaunt an und sagt: »Machen Sie einen Witz?«

Und ich sage: »Nein, es gibt doch immerhin einige Prozente von Menschen, die überleben.«

Sie schaut mich wieder an und meint: »Ja, das stimmt ja eigentlich. Sie haben recht. Aber deshalb habe trotzdem *ich* Krebs.«

Die Frau – ich nenne sie Dora – bringt diese Erkrankung mit irgendeinem Fehlverhalten von sich selbst in Beziehung und mit einer strafenden Instanz; diesen Aspekt streift sie hier zunächst nur. Indem sie mich fragt, ob ich mich mit einer tödlichen Krankheit abfinden könnte, zeigt sie das Bedürfnis einer gewissen Solidarisierung; ich soll mich *auch* ganz ernsthaft mit dieser Frage auseinandersetzen; sie rivalisiert nicht mehr mit mir – vorläufig. Vielleicht möchte sie ja auch an mir lernen. Ich gebe ihr eine ganz ehrliche Antwort, aus meiner Einfühlung heraus. In dieser Antwort ist, ohne daß ich das bewußt beabsichtigte, auch die Perspektive, daß Krebs nicht nur tödlich verlaufen muß, sondern auch überlebt werden kann, mit ausgedrückt. Diese Botschaft hört sie, beharrt aber darauf, daß sie schließlich Krebs hat. Darauf bestätige ich ihr noch einmal, daß es für sie sicher eine ungeheuer bedrükkende Realität sei.

Da fragt sie unvermittelt, ob ich ihr eigentlich übelnähme, daß sie so geplatzt sei. Ich erkläre ihr noch einmal, daß ich ihr Platzen als Ausdruck ihrer Trauer, ihrer Verzweiflung sähe und auch als Ausdruck dafür, daß sie mit ihrer Krankheit einfach noch nichts anfangen könne und daß das auch vollkommen einfühlbar sei.

Sie entspannt sich etwas, setzt sich zurück im Stuhl, fragt mich, wieviel Zeit ich für sie heute hätte; ich sage, ich hätte eineinhalb Stunden für sie reserviert. Dann sagt sie ganz leise: »Ich habe sehr viel Angst vor dieser Krankheit.«

Jetzt begannen wir miteinander zu sprechen, und ich denke, daß das Entscheidende in dieser Krisenintervention bereits geschehen war. Das Entscheidende war einerseits, daß sie hatte schreien können, daß sie hatte ausdrücken können, wie ungerecht, wie empörend ungerecht sie das Schicksal fand. Ebenso wichtig war andererseits, daß sie aus der Rivalität mir gegenüber zur Solidarität gefunden hatte und dadurch auch ein emotioneller Kontakt zustande gekommen war. Überraschend war für sie, das drückte sie dann auch aus, daß ihr bis jetzt noch nie der Gedanke gekommen war, daß man mit Krebs auch überleben könne. Das gab ihr Hoffnung, auf die sie aber noch nicht zu setzen wagte.

Dieses Wissen um die Überlebbarkeit einer Krebserkrankung macht es vielen Krebskranken zunächst fast noch schwieriger, mit ihrer Krankheit umzugehen, mit einer Krankheit, bei der man eigentlich nie weiß, ob man sich auf das Leben oder auf den Tod einrichten soll, bei der man sich also auf beides einrichten muß. Nun müßten wir das als sterbliche Menschen natürlich sowieso und immer, wir tun es aber nicht, wir verhalten uns im allgemeinen so, als wäre Leben das einzig Mögliche.

Nach unserem stürmischen Eingangsdialog hat Dora mir dann erzählt – und jetzt sprach sie ganz »normal« –, sie sei eigentlich nach jener ärztlichen Untersuchung erst zu Hause wieder zu sich gekommen. Die ganzen Untersuchungen habe sie wie in Trance über sich ergehen lassen, und sie sei viel zu schnell operiert worden, sie sei gar nicht mitgekommen; sie habe sich sozusagen operiert vorgefunden, sie habe sich vorgefunden mit einer Brust weniger. Sie habe überhaupt keine Gelegenheit gehabt, mit zu überlegen, auch nicht die Gelegenheit zu entscheiden, ob sie die Behandlung überhaupt wolle oder nicht.

In ihrer subjektiven Wahrnehmung war alles ganz schnell gegangen. Zwischen der ersten Untersuchung und der Operation lagen immerhin sechs Wochen, aber es geht hier nicht um objektive Zeit, sondern um die subjektiv erlebte Zeit.

Sie sagt: »Zu Hause habe ich dann immer gedacht, daß das einfach alles nicht stimmt, daß ich eines Tages wieder erwachen werde und alles ganz normal sein wird. Dieser Krebs: nur ein böser Traum, aus dem man aufwacht. Aber jetzt merke ich, ich erwache, und ich habe eine Narbe. Und mit dieser Narbe muß ich leben. Ich finde das eine ungeheure Kränkung. Ich bin einfach nicht mehr schön. Ich bin verstümmelt. Ich habe mich zurückgezogen, bin aus dem Eheschlafzimmer ausgezogen. Ich ziehe mich von meinen Kindern zurück. Ich habe einfach das Gefühl, verseucht zu sein. Ich kann keinen Kontakt mit den anderen mehr aufnehmen. Ich habe auch das Gefühl, daß die mich nicht mehr verstehen. Ich bin nicht mehr ich, alle haben sich verändert. Ich habe grauenhafte Angst zu sterben. Ich mache Bilanz über mein Leben: Was war denn schon eigentlich mein Leben? Ich möchte die Kinder um mich haben, dann denke ich aber auch wieder: Ich möchte die Kinder überhaupt nicht mehr um mich haben. Ich überlege, ob es nicht besser wäre, Suizid zu machen, als so langsam dahinzusiechen. Die ganze Familie ist verzweifelt. Ich fange an aufzuräumen, ich fange an, meine Kleider wegzuschenken.«

Auf diesen Satz vom Kleider-Wegschenken hin muß ich sie doch etwas betroffen angeschaut haben, sie erklärt: »Auf dieses Kleider-Wegschenken reagiert mein Mann sehr böse. Er macht mir Szenen und sagt, du kannst doch die Kleider, die ich dir geschenkt habe, nicht wegschenken.«

Das ist eine sehr verständliche Reaktion von seiten ihres Mannes; das Kleider-Wegschenken weckt seine Verlustängste noch mehr, als die Krankheit es ohnehin schon tut.

Die Frau ist zweiundvierzig, verheiratet und hat drei Kinder: ein sechsjähriges und ein vierzehnjähriges Mädchen und einen zwölf-jährigen Sohn.

Dora wirkt wie jemand, den man lange zurückgehalten hat: Wie ein Stau entlädt sich ihre Problematik. Sie war sehr lange in der Phase des Nicht-wahrhaben-Wollens geblieben. Man könnte auch sagen, daß sie lange die Krise verdrängen konnte und dann, als sie mit dem Alltag konfrontiert wurde, in die Phase der aufbrechenden chaotischen Emotionen geriet, wobei die Wut und Rebellion im Vordergrund standen. Sehr deutlich formuliert sie das krisenhafte Selbsterleben: »Ich bin nicht mehr ich«, und folgert daraus, daß die anderen sie nicht mehr verstehen. Sie macht die Flucht nach vorn: Sie schwankt zwischen der totalen Einvernahme der Kinder und der totalen Ablehnung, bricht die Beziehung zu ihrem Mann ab und verschenkt ihre Kleider. Dieses Impulshafte, was auch in ihrem Ausbruch zum Ausdruck kam, zeigt sich ebenso im Alltag.

Ich überlege mir, welche Art der Begleitung ich ihr anbieten könnte. Bei einer solchen Krankheit ist eine Begleitung durch einen Psychotherapeuten bzw. eine Psychotherapeutin sinnvoll. Bei körperlichen Krankheiten gilt es aber immer daran zu denken, daß wir allein durch die Tatsache, diese Krankheit bekommen zu haben, schon sehr gekränkt sind. Wir können im allgemeinen nur schlecht mit Krankheiten leben. Wir sind so bestimmt vom Ideal des Gesundseins, daß fast schon jeder Schnupfen wie eine Krän-kung wirkt. Wie gekränkt sind wir erst dann, wenn es um wirkli-che Krankheiten geht!

Dora sagt zudem, daß man ihr Psychotherapie nicht anbieten dürfe, weil sie dadurch, daß sie sich als therapiebedürftig ansehen müsse, noch den letzten Rest Selbstachtung verliere.

Ich hielt eine erweiterte Krisenintervention für sinnvoll, stellte ihr also entsprechende Fragen, durch die ich die nötigen Informationen darüber bekommen konnte, ob meine Idee durchführbar sei. Ich fragte sie, wie sie denn sonst mit Spannungen umgegangen sei.

Darauf meinte sie, es habe in ihrem Leben keine Spannungen gegeben, es gab einfach keine Spannungen bisher. Sie scheint Spannungen übersehen zu haben. Diese Affektdurchbrüche, die sie innerhalb der Krise zeigt, könnten also Affektdurchbrüche bei einem an sich sehr kontrollierten Menschen sein, der sehr viel an Spannungen und an Aggressionen verdrängt hat. Ich werte diese Affektdurchbrüche als durchaus positiv. Wenn jemand, der sonst Spannungen verdrängt und infolgedessen auch keine Konflikte austrägt, plötzlich anfängt, so loszulegen wie diese Frau zu Beginn unserer Begegnung, dann ist das doch zumindest eine neue Verhaltensweise, und das bedeutet dann auch, daß jetzt der Konflikt zugelassen werden muß, daß der Konflikt, die Krise nicht länger verdrängt werden kann.

Es stellt sich auch die Frage nach den Hilfsquellen, die während dieser Krisenintervention der Frau sonst noch zur Verfügung stehen. Sie sagt: »Ich bin nicht mehr ich, alle haben sich verändert.« So, wie sie wirkt und wie sie spricht, sind alle Lebensbereiche von der Krise in Mitleidenschaft gezogen. Sie ist durch die Krankheit so zentral betroffen, daß wirklich alle Lebensbereiche mitbetroffen sind. Ich frage sie dann, wie ihr Mann auf die Krankheit reagiert habe, und sie meint, der Mann habe sehr gut reagiert: Er sei jeden Tag ins Krankenhaus gekommen, er habe ihr auch immer alle Informationen, die er bekommen habe, weitergegeben und mit ihr darüber gesprochen, welche Behandlungsmethoden vorgesehen waren. Er habe von sich aus das Problem angesprochen, daß sich durch diese Krankheit in ihrem gegenseitigen Zusammenleben zwar Schwierigkeiten ergeben könnten, daß sich aber nichts Grundsätzliches für ihn verändern würde.

Sie hatte ihn also als mitfühlend und als sehr hilfreich in dieser Situation empfunden, aber sie ist skeptisch: »Aber daß sich nichts ändert, darauf kann ich nicht vertrauen. Der sagt das nur. Er sagt zwar, meine Narbe störe ihn nicht, das stört ihn aber sicher ganz ungeheuer.« Diese Beziehung, die an sich tragfähig zu sein scheint, wird von ihr also in Frage gestellt.

Auf die Frage, wie die Kinder auf die Krankheit reagierten, sagt sie, die Kinder wären eigentlich sehr liebevoll, sie würden auch gerne die Narbe sehen; das könne sie aber nicht zulassen. Sie wiederholt das Nähe-Distanz-Problem, das sie im Moment zu den Kindern erlebt.

Es scheinen bei dieser Patientin tragfähige Beziehungen zu existieren; es sind Menschen da, die sie tragen, die sie ertragen und die liebevoll zu ihr stehen.

Ich frage sie nach Träumen, und sie wehrt die Existenz von Träumen sehr energisch ab.

Als instrumentelle Hilfe, allenfalls in einem späteren Stadium, käme Information über die Krankheit und das Umgehen damit in einer Selbsthilfe-Gruppe von betroffenen Frauen in Frage. Diesen Vorschlag hatte ihr der Onkologe bereits gemacht; er stieß damit auf Ablehnung.

Ich habe ihr angeboten, daß wir eine Krisenintervention miteinander machen könnten mit dem Ziel, in ein Verhältnis zu dieser Krankheit zu kommen. Ich hätte das Gefühl, diese Krankheit sei wie eine Lawine über sie gekommen, und sie müsse zu dieser Situation eine neue Beziehung finden, in der sie sowohl den Tod als auch das Weiterleben in Betracht ziehen könne.

Ich stelle mir auch vor, daß die Wut und die Kränkung über den verstümmelten Körper bearbeitet werden müßte und daß wir die Angst vor dem Leben mit dieser Krankheit und die Angst vor dem Tode zulassen müßten. Auch ginge es um die Frage, was die Krankheit für sie bedeute. Nicht zuletzt sei wichtig, daß die Beziehung zu ihrem Mann und ihren Kindern sich wieder normalisiere.

Ich sage ihr, sie solle mich am nächsten Tag anrufen, wenn sie diese Krisenintervention wolle. Ich benutze absichtlich das Wort Krisenintervention und schlage ihr für die Bearbeitung der genannten Probleme etwa zwölf Stunden vor.

Darauf sagt sie: »Ja, eine Krise habe ich wirklich, aber eine Krise ist doch etwas Normales, nicht?«

Darauf unterstreiche ich, daß es nicht normal wäre, wenn sie jetzt keine Krise hätte.

Am andern Morgen ruft sie mich an und sagt kurz: Sie habe von mir geträumt, ich hätte in ihrer Küche gekocht. Sie nähme jetzt das Angebot zur Krisenintervention sehr gern an. Sie wünsche sich eine Stunde in drei Tagen.

In diese Stunde kam sie und begann gleich damit, daß sie Schuldgefühle wegen ihres Ausbruchs, den sie das letztemal gehabt habe, bekommen hätte. Ich sei ganz blaß gewesen, und sie hätte Erbarmen gehabt mit mir.

Ich entlastete sie, indem ich ihr sagte, daß ich es für sinnvoll gehalten hätte, wie sie ihre Irritation hinausgeschrien habe, auch wenn ich dabei blaß geworden sei. Sie fügt dann an, sie sei schon immer sehr neidisch gewesen, aber jetzt ganz besonders: Sie würde jeden Menschen auf der Straße um seine Gesundheit beneiden; aber kürzlich sei ihr eingefallen, es wäre ja möglich, daß die noch kränker seien als sie selber.

Sie spricht das Problem des Neides an und bringt mir dann den Traum, den sie am Telefon erwähnt hatte:

»Meine Psychotherapeutin ist in meiner Küche. Zuerst durchfährt mich ein Schreck: Habe ich auch aufgeräumt? Dann denke ich, daß es jetzt darauf auch nicht mehr ankomme. Sie steht ganz selbstverständlich am Herd und kocht mit vielen Zutaten und großer Geschicklichkeit. Ich denke: Wer stellt nachher alles wieder an seinen Platz, was sie herausgezerrt hat? Es riecht sehr gut, und ich freue mich, daß jemand für mich kocht.«

Das ist also der Traum nach unserer doch sehr stürmischen Initialsitzung, ein Initialtraum sozusagen. Sie assoziiert dazu und sagt, sie schäme sich sehr, daß sie die Psychotherapeutin so angeschrien habe – also sie objektiviert mich geradezu –, und dann sagt sie, sie ließe sich gern verwöhnen, aber sie habe auch Angst dabei, denn die im Traum brauche dazu so viele Zutaten und nähme alles so selbstverständlich aus den Schränken ohne zu fragen. Sie selbst koche statt dessen wirklich sparsam; sie würde sich nicht getrauen, dabei so eine Unordnung zu machen.

Ich fasse diesen Traum als eine Reaktion auf unsere Begegnung in der Stunde der Krisenintervention auf. Der Traum zeigt einerseits sehr viel von der Träumerin auf: Aufräumen ist ihr wichtig; alles muß in bester Ordnung sein, selbst in einer Krisensituation. Unter dieser Voraussetzung mache ich ihr als Psychotherapeutin große Angst, weil ich die Dinge zu sehr herauszerren könnte. Ihre Vorstellung hängt vermutlich damit zusammen, daß ich, um zu sehen, ob ich Krisenintervention machen könne, natürlich verschiedene Bereiche angesprochen hatte. Das entspräche dem »Herauszerren« verschiedener Schubladen. Andererseits braucht sie offenbar mütterliche Zuwendung und bekommt die auch von mir.

Die Psychotherapie findet in einem zentralen Bereich statt: in dem der Küche, in dem es um Kochen geht, um Zuwendung zum Körper und um Versorgtwerden. Die Küche ist auch ein recht intimer Bereich: Da läßt man nicht so ohne weiteres jemand anderen wirtschaften. Offenbar soll die Psychotherapeutin hier mütterlich nährend sein, andererseits soll ich in objektivem Abstand bleiben; spricht sie doch von mir als »der Psychotherapeutin«; das ist eine Distanzierung, ich darf nicht zu persönlich werden, ich darf auch nicht zu nah an sie herankommen. Aufgrund dieses Traumes habe ich mir gesagt, daß es einerseits ganz wichtig sein wird, zu ihr mütterlich zu sein, daß es auch darum geht, daß sie selbst eine mütterliche Beziehung zu ihrem Körper herstellen kann, daß ich ihr aber nicht zu nah auf den Leib rücke, sondern wirklich »die Psychotherapeutin« bleibe. Diese Scheu vor Nähe scheint zur Persönlichkeit dieser Frau zu gehören. Sie darf ja auch nicht die Selbstachtung verlieren, sie muß – ihrem Maßstab gemäß – kontrolliert bleiben und auch ein bißchen sparsam leben. Und da könnte sie durch eine zu nahe Beziehung, ein zu forsches Öffnen ihrer Schränke mit ihren Geheimnissen geängstigt werden.

Ich habe ihr diesen Traum etwa in diesem Sinne interpretiert, doch sie hat dabei wiederholt: »Wissen Sie, es ist einfach mies von mir. Sie kochen mir nachts im Traum, und das finde ich ganz toll, und ich schreie Sie am Tag an.«

Ich mache sie darauf aufmerksam, daß ich im Traum doch gekocht hätte, nachdem sie mich am Tag zuvor angeschrien habe, daß der Traum gerade zeige, daß ich das gut aushalten könne. Ich hatte den Eindruck, daß sie hier an einem Konflikt haftenblieb, der schon formuliert war, um statt dessen nicht davon sprechen zu müssen, wo ich sie nun wirklich ängstigte. Ich sprach sie darauf an, und sie meinte, ich würde ihr überhaupt keine Angst machen.

Ich gehe dann auf die Neidproblematik ein, die sie mir angeboten hatte, und errötend sagt sie an dieser Stelle, ja, sie beneide mich, weil ich lange leben könne, weil ich einen unverstümmelten Körper hätte, weil ich einen Bikini tragen könne, weil ich mich am Leben freuen könne, weil ich alles selbstverständlich zu mir nehmen könne und nicht immer an Medikamente denken müsse, weil ich jeden Mann haben könne, den ich wolle, weil ich unbegrenzte Kräfte habe, weil ich keine Angst haben müsse ..., und sie fing immer wieder von vorne an. Diese Neidmotive hatten mit mir als realer Frau wenig zu tun. Sie zeigten vielmehr, was das Lebensideal der Frau war, von dem sie jetzt das Gefühl hatte, sie habe es verloren, wohl bevor sie es sich eingestanden hatte. Die Kränkung über den verstümmelten Körper wurde angesprochen. Dann war aber auch die Sehnsucht nach Lebensfreude in diesem Neid ausgedrückt, eine Sehnsucht, die offenbar in ihrem Leben bisher nicht sehr ausgeprägt gewesen war. All das projizierte sie jetzt auf mich.

Wir sprachen in der Folge über jeden Aspekt ihres Neides. Angesichts der unbegrenzten Kräfte, die sie mir zuschrieb, mußte sie plötzlich selbst lachen und sagte: »Ich beneide Sie um etwas, das Sie auch nicht haben, aber ich hätte das alles gern.«

Ich interpretiere ihr ihren Neid als Gesundungswunsch, als Sehnsucht nach einem Ideal von Leben, das noch unerfüllt sei, aber auch als Trauer um das verlorengeglaubte Leben (in dieser Reihenfolge). Das, was sie hier neidet, ist eine Illusion, und auch wenn sie nicht krebskrank wäre, müßte sie eines Tages Abschied nehmen von diesen Illusionen. Ich versuchte ihr nahezubringen, daß eine Krankheit es erzwinge, Abschied zu nehmen, und daß es wichtig sei, über die Möglichkeiten, die sie jetzt nicht mehr habe, zu trauern; daß dieses Abschiednehmen von den Illusionen auch gekommen wäre, wenn sie nicht diese Krankheit hätte, es sei jetzt nur alles sehr viel dringlicher geworden.

Sie reagiert betroffen und bestätigt, daß es furchtbar schwer sei, von Illusionen Abschied zu nehmen. Dann weint sie ein wenig, doch im nächsten Moment reißt sie sich zusammen und sagt: »Aber das muß ja jeder machen.« Sie ist also sogleich wieder sehr tapfer geworden.

Meine Bemerkung darauf, nicht jeder müsse es in dieser Radikalität tun, ließ sie aufmerken. Ich erkläre ihr, es sei doch ein großer Unterschied, ob man im Laufe des Lebens merke, daß man von ein paar Illusionen Abschied nehmen müsse, oder ob man durch eine Krankheit so radikal dazu gezwungen werde.

Meine Absicht war, sie bei ihrem Gefühl zu halten und ihr dabei die Flucht nach vorn in eine verfrühte Tapferkeit hinein abzuschneiden. Ich wollte ihr auch den Sinn für das Besondere, das in ihrer Krankheit liegt, das Große, das auch darin liegen kann, zu vermitteln versuchen.

Ihre Reaktion war: »Ich habe sehr viel Angst, daß ich das alles nicht schaffe.«

Damit war auch diese Stunde zu Ende. Jede Begegnung bis jetzt hatte damit geendet, daß sie zu ihrer Angst gefunden hatte und dazu stehen konnte.

In der nächsten Stunde bat ich sie, mir aus ihrem Leben zu erzählen: Sie war das dritte Kind aus einer Beamtenfamilie. Zu Hause waren geordnete Verhältnisse gewesen, alles war sauber, aber eher ärmlich, obwohl Geld dagewesen wäre. Aus der Armut war irgendwie ein Kult gemacht worden. Der Vater hatte einen enormen Leistungsdruck aufgesetzt; Leistung war alles. Dora war brav, gescheit gewesen, hatte keine Probleme gemacht, hatte sich nicht anspruchlich verhalten. Es gelang ihr alles sehr gut, im Gegensatz zur älteren Schwester. Dadurch war sie der Star der Familie geworden, und sie hatte (das ist ihr Ausdruck) »einen Sperrplatz beim Vater«. Sie war offenbar sehr auf den Vater bezogen gewesen – die Mutter kam in der Erzählung überhaupt nicht vor. Später sagte sie mir dann, die Mutter wäre genauso ordentlich, zuverlässig, fleißig und ängstlich gewesen wie er, sie hätte aber eigentlich keine Rolle gespielt.

Dora hat dann eine Ausbildung gemacht, als Lehrerin: »Und dann war ich auch eine brave, kontrollierte, zuverlässige, fleißige Lehrerin.« Sie bekam Schuldgefühle, wenn eine Arbeit nicht ganz perfekt war, und hatte überhaupt in der Schule ständig Schuldgefühle, weil sie das Gefühl hatte, man könne mit Kindern nicht perfekt umgehen. Nun kann man mit Kindern wirklich nicht perfekt umgehen, und wer perfekt mit Kindern umgehen will, bekommt eben Schuldgefühle.

Sie scheint eine eher zwanghafte Frau zu sein, der es wichtig ist, die Ansprüche zu erfüllen, die an sie gestellt werden. Ihr Vater wird ihr die Werte von Pflichtbewußtsein und Kontrolliertheit lieb gemacht haben.

Zu ihren Beziehungen erwähnt sie, sie habe einmal eine Schulfreundin gehabt, sie aber aus den Augen verloren. An ihrer ersten Stelle habe sie dann ihren Mann kennengelernt, mit zwanzig. Von ihm sagt sie, er könne besser leben als sie, das heißt, er könne sich etwas gönnen, sei weniger kontrolliert als sie, eigentlich zu wenig kontrolliert, sie müsse ihn immer bremsen. Sie habe lange nicht geheiratet, aus der Vorstellung heraus, vielleicht komme noch ein Besserer. Das war ihrem künftigen Mann offenbar auch bekannt. Es kam kein Besserer, und sie haben schließlich geheiratet: Sie sagt, sie genieße es, mit ihrem Mann durch die Natur zu schweifen, mit ihm Sport zu treiben, in die Berge zu gehen. Er tanze auch gern, sie allerdings nicht. Sie sei eher philosophisch interessiert. Ich schaue sie fragend an, und sie sagt, sie interessiere sich dafür, wie die Dinge zusammenhängen, wie Leben überhaupt möglich sei, was Gott sei. Sie liest Kant.

Dann frage ich sie danach, ob in letzter Zeit Belastungen in der Beziehung vorhanden gewesen seien, und da sagt sie, sie habe eigentlich immer Angst, daß ihr Mann eines Tages eine andere, wärmere Frau nehmen könne, die ihn weniger erziehen würde. Sehr leise sagt sie dann, ihr Mann mache immer Schulden, und das quäle sie unheimlich.

Ich spreche sie auch auf die Sexualität an, obwohl ich vom Traum her ja weiß, daß ich nicht alle Schubladen herausreißen sollte, und sie sagt, Sexualität sei für sie unwichtig, jetzt noch unwichtiger als früher; für ihren Mann sei sie viel wichtiger als für sie, aber sie hätten einen ganz guten Kompromiß gefunden. Nachdenklich formuliert sie: »Äußerlich war es ein gutes Leben mit ihm, aber es war nicht lebendig.«

Dann erschrickt sie und sagt: »Jetzt habe ich das erste Mal Angst und Wut wegen dieser Beziehung und wegen dem vertanen Leben, und ich bin verzweifelt.« Sie fängt an zu jammern, nimmt sich aber sofort wieder zurück und sagt: »Ja, ich kann nicht jammern, sonst verliere ich alle Selbstachtung, und Sie verlieren auch die Achtung vor mir.«

Sie verliert also sehr leicht ihre Achtung vor sich selbst, und sie verliert ihre Achtung vor sich selbst, wenn sie sich zu einem Gefühl des Scheiterns bekennt, vielleicht überhaupt zu ihren Gefühlen. Dieses Verlieren der Achtung vor sich selbst projiziert sie auf mich. Es ist offenbar für sie sehr belastend, wenn ihre Emotionen durchbrechen. Und Selbstachtung hat diese Frau nur dann, wenn sie ihre Emotionen kontrollieren kann. Vergegenwärtigt man sich ihre Lebensgeschichte, dann ist das auch gut verstehbar: Sie mußte ja ordentlich sein, sie mußte ja kontrolliert sein, und jetzt brechen immer wieder Emotionen aus ihr hervor. Indem ich diese Emotionen sogar noch schüre, bringe ich die Frau in eine zusätzliche Spannung.

Ich versuche ihr ihre Verfassung zu interpretieren: Es sei schwierig für einen so kontrollierten Menschen wie sie zu entdek-

129

ken, wie viele verschiedene Gefühle in ihr da seien. Es sei auch schwierig, plötzlich zu sehen, daß eine Beziehung, von der man gemeint habe, sie sei hinreichend gut, doch nicht alle Wünsche abgedeckt habe. Aber therapeutisch gesehen sei es sehr wichtig, daß sie all diese Gefühle zulasse. Ich sei mir allerdings sehr klar darüber, daß ich dadurch, daß ich sie so zu den Gefühlen ermutigte, noch in eine zusätzliche Spannung hineinbringe.

Darauf sagt sie mir, sie übe zu Hause. Das war immer wieder etwas sehr Eindrückliches an ihr: Sie hatte jeweils alles, was in der Stunde gesprochen wurde, minutiös aufgenommen und dann zu Hause im Beisein ihrer Familie z. B. das Zulassen von Gefühlen geübt. Die Familie allerdings wurde dadurch zunehmend irritiert.

Ich hatte das Gefühl, daß Dora ein Mensch sei, der nicht wirklich in seinem Körper zu Hause war. Ich frage sie dann, welche Beziehung sie eigentlich früher zu ihrem Körper gehabt habe.

»Eine ganz normale«, sagt sie, der Körper habe einfach zu funktionieren gehabt, und sie habe ihn saubergehalten. Er habe auch nur ganz selten gestreikt. Sie gibt damit ein Beispiel für die häufig vorkommende Vorstellung, der Körper sei ein »Galeerensklave«, der einfach zu gehorchen habe.[30] Diese »ganz normale« Beziehung zu ihrem Körper bedeutet eigentlich nur, daß sie keine hatte. Sie sagt dann, sie sei froh, daß ich wieder auf den Körper zu sprechen komme. Sie komme mit seiner Verstümmelung einfach nicht zurecht.

An dieser schwierigen Stelle versuchte ich mit der Methode der Imagination (einer Vorstellungsübung mit Hilfe der Phantasie), sie sich ihrem Körper annähern zu lassen. Ich ließ sie sich entspannen und bat sie, mit ihrem Körper Kontakt aufzunehmen, indem ich sie fragte, wie sie jetzt ihren Körper spüre. Sie spüre das Ziehen der Narbe. Ich bat sie dann, sich ihren Körper vorzustellen.

Auf meine Aufforderung hin sagt sie: »Ich sehe mich in der Stadt an einem Schaufenster stehen, ich trage ein elegantes Kostüm. Man sieht nichts, es ist alles in Ordnung.«

Das ist ihr erstes Bild von sich selbst: sie in der Stadt am Schaufenster, in einem eleganten Kostüm, man sieht »nichts«, alles ist in Ordnung. Ein Versuch, den Verlust ungeschehen zu machen. Dora ist übrigens eine sehr elegante Frau. Die Imagination paßt zu ihr.

Für mich ist das Wort »Man sieht nichts« ein Schlüsselwort, und ich bitte sie, sich ein Bild vorzustellen, bei dem man etwas sieht.

Ihr Bild: »Ich sehe mich im Krankenbett, ich stehe unter der Türe. Ich schaue von dort auf das Krankenbett: alles ist ekelhaft weiß. Ich bin unter der Decke, unter der weißen Decke, man sieht nichts, ich bin zugedeckt.«

Sie sieht sich doppelt. Sie sieht sich im Krankenbett und sieht sich selber gleichsam von der Türe her zu. Alles ist ekelhaft weiß – und man sieht wieder nichts. Für mich ist der Schlüsselsatz, daß alles ekelhaft weiß ist. Der Ekel! Auf den Ekel angesprochen, spricht sie über ihren Ekel vor ihrem Körper, jetzt und überhaupt, über ihren Ekel vor Krankheit.

Plötzlich sagt sie zu mir: »Über Ekel spricht man doch nicht.«

Ich schaue sie ganz erstaunt an und sage: »Doch, wenn man gesund werden will, muß man über alles sprechen«, und da haben wir dann über den Ekel weitergesprochen.

In dieser Ekeldiskussion war ganz klar herauszuhören: Krankheit ist Versagen, Krankheit ist irgend etwas Ekelhaftes; wenn ein Mensch krank ist, dann ekeln sich die anderen vor ihm, dann kann man nicht mehr normal mit ihm umgehen. Dann nehmen alle diese menschlichen Dinge überhand, da schwitzt man, da riecht man schlecht; alles, was am Menschen so richtig kreatürlich ist und was uns natürlich auch daran erinnert, daß wir einmal sterben werden, all das war für sie mit Ekel verbunden.

Und dann sagt sie plötzlich: »Ich will jetzt noch einmal ein Bild haben, ich muß doch fähig sein, in der Phantasie die Narbe anzusehen.«

Es ist sehr eindrücklich, wie Dora die Folgsamkeit ihrer Kindheit noch behalten hat und wie wunderbar diese Leistungsbereitschaft nun wirkt. Ich sage ihr, sie solle Vorstellungen haben, und sie hat sie. Sie hatte ja erwähnt, daß sie von ihrem Vater her unter einem massiven Leistungsdruck stand. Diesen Leistungsdruck hat sie verinnerlicht, und er wird jetzt von ihr angewandt, um doch noch die Narbe anzusehen. Alles, was wir einmal in der Kindheit mitbekommen haben, hat eine negative und eine positive Seite!

Ihr Bild: »Ich sehe mich jetzt selber im Bett, es ist kein Krankenhausbett mehr. Ich versuche, das Leintuch etwas zurückzuschieben. Mein Herz klopft wie verrückt.«

Ich merke, indem ich empathisch in der Imagination mitgehe, daß sie stehenbleibt, und ich sagte: »Versuchen Sie doch einmal, die Narbe mit der Hand zu spüren und sie noch nicht anzusehen.«

Ich hatte das Bedürfnis, ihr den Leistungsdruck zu relativieren. Entspannt sagt sie: »Ja, das kann ich.«

Und sie berührt sich in der Realität und weint. Dann sagt sie: »Ich habe meine Brust verloren, bevor ich überhaupt gemerkt habe, was eine Brust ist.«

Ich fordere sie auf, Kontakt aufzunehmen mit ihrer anderen Brust.

Und sie: »Ich habe Mühe, irgendwie kommt mir das unanständig vor.«

Ich: »Dürfen Sie keine Freude an Ihrem Körper haben?«

Sie: »Ich durfte nie Freude haben an meinem Körper. Das war alles eklig. Aber jetzt, wenn ich sterbe, doch, dann darf ich Freude haben an meinem Körper. Ich kann jetzt auch meine Narbe ansehen. Das tut weh, das ist eine Wunde, das tut sehr weh.«

Sie weint, sieht dann die andere Brust an und sagt: »Ich habe ein wenig liebevolle Gefühle für die andere Brust, die gesunde. Darf man das?«

Ich: »Sicher, das kann ja nur gut tun.«

Sie: »Ich spüre mich jetzt mit einer fehlenden und einer geliebten Brust. Ich möchte weinen, und ich möchte lachen, und ich möchte mich freuen, und ich finde es ganz grauenhaft.«

Das war also der Versuch, mit diesem verstümmelten Körper in Kontakt zu kommen. Ich hätte natürlich gewollt, daß sie auch für die Narbe liebevolle Gefühle aufbrächte, aber das war vielleicht doch ein bißchen zuviel verlangt. Ich habe mich jedenfalls zurückgehalten.

In der fünften Stunde kam sie sehr aufgeräumt und sagte, sie habe zu Hause zu ihrem Körper Kontakt aufgenommen; sie habe das jetzt mit allen Teilen ihres Körpers gemacht, sie habe gar nichts ausgespart, wirklich gar nichts. Und das sei ein ganz tolles Erlebnis gewesen, das sei phantastisch. Jetzt sei sie froh, daß sie so viel Zeit habe, da habe sie auch die Zeit, sich mit sich selbst zu beschäftigen. Ich habe sie natürlich dafür bewundert, daß sie mit dem ganzen Körper Kontakt aufgenommen hatte. Ich finde es erstaunlich, daß ein Mensch, für den der Körper vierzig Jahre lang nur zu funktionieren hatte, jetzt unter dem Schock der Krankheit Beziehung zu ihm aufnehmen kann.

Dann sagt sie, aber sonst sei es zu Hause gar nicht gut. Hier bei mir würde mit ihr ja etwas passieren, aber zu Hause seien alle so verklemmt, keiner spräche mehr von Krebs, und niemand spräche überhaupt Probleme an. Sie schlafe jetzt wieder im Eheschlafzimmer. Sie habe sich auch der Familie wieder normal angeschlossen. Ihr Rückzug sei wirklich aus der Situation der Krise erfolgt. Aber alle nähmen jetzt so sonderbar Rücksicht auf sie, alle täten jetzt so, als wenn sie überhaupt kein Brot mehr in die Hand nehmen könnte, und das sei doch einfach lächerlich. Sie würde jetzt am liebsten die ganze Familie mit zu mir bringen.

Wir haben uns zunächst überlegt, was dieser Wunsch für ihre Beziehung zu mir bedeuten könnte. Ich war zu diesem Zeitpunkt noch immer »die Psychotherapeutin«. Wir hatten im Grunde einen sehr freundlichen Kontakt, aber eben auf der Basis, daß ich »meine Psychotherapeutin« für sie darstellte. Für sie war deutlich geworden, daß jetzt die ganze Familie miteinander sprechen müßte, und das, fand sie, konnte die Familie nur bei mir. Auf eine mögliche Eifersucht ihrerseits angesprochen, wenn sie mich mit ihrer Familie teilen müsse – das Thema »Neid« war mir noch im Bewußtsein –, sagte sie, darauf könne sie jetzt keine Rücksicht nehmen, die Eifersucht hätte sie dann halt.

Wenn man Krisenintervention mit sehr kranken Menschen macht, kann es sehr wichtig sein, die Familie miteinzubeziehen, weil diese ja wirklich auch mitbetroffen ist.

In die sechste Stunde kommt die Familie, eine sehr lebendige Familie: die Kinder voll Interesse für das, was kommen würde, der Mann etwas verlegen, aber dankbar.

Dora legt gleich los: »Ihr benehmt euch alle verklemmt zu Hause, ihr tut so sonderbar, ihr ›infantilisiert‹ mich (sie gebrauchte dieses Wort, was von den Kindern nicht verstanden wurde), ihr macht mich einfach zu einem Kind, und das kann ich nicht ertragen. Ich habe Angst, ich bin trotzig, und ich habe eine Wut, und ich weiß nicht, wie ich mit euch umgehen soll. Ich habe Angst, daß ihr mich verlaßt, aber auch Angst, daß ich euch verlasse ...«

Das brach alles aus ihr heraus. Plötzlich nimmt sie sich wieder zurück und sagt: »Mein Gott, jetzt habe ich die Haltung verloren.« Aber bevor das wirklich aus ihr herausgekommen war, hat bereits der Rest der Familie die Haltung verloren: Alle weinen und reden durcheinander, sagen, es wäre doch bei ihnen genauso, nehmen sie in die Arme und trösten sie und sagen, sie wüßten ja auch nicht, wie sie mit ihr umgehen sollen, sie würden es ihr doch so gerne recht machen, aber was wäre ihr denn recht?

Es war ein richtiges emotionelles Chaos. Statt daß sie für ihren Ausbruch verachtet wird, wie sie befürchtet hatte, bekommt sie viel Mitgefühl, und alle beteuern ihr, sie könnten ja viel besser mit ihr umgehen, wenn sie ihnen sage, wie sie sich fühle.

So verlief die sechste Stunde, alle brachten dann zum Ausdruck, wiederkommen zu wollen: Sie wollten sich noch einmal alle so schön nah sein. Sie erlebten das Chaos demnach als ein Gefühl besonderer Nähe.

In die siebte Stunde kamen sie wieder alle miteinander. Man merkte, das Eis war gebrochen, und sie bestätigten, jetzt viel besser miteinander leben zu können. »Die Mutter sagt uns, wenn wir sie zu sehr bemuttern, sie sagt aber auch, wenn wir sie zu sehr überfordern, wir reden jetzt miteinander.«

Das sechsjährige Mädchen platzt gleich los und sagt: »Wir dürfen immer noch nicht die Narbe anschauen. Können Sie denn nicht endlich der Mutti sagen, daß wir die Narbe anschauen wollen.«

Die Mutter erwidert darauf, sie müsse sich erst selber noch ein wenig an die Narbe gewöhnen, dann könne sie sie ihr zeigen.

Dann will jedoch das sechsjährige Mädchen plötzlich wissen, wo es denn bleibe, wenn die Mutter sterbe. Darüber wird ernsthaft gesprochen: Wie sehen das die Geschwister, wie fühlt sich der Mann. Ich gebe zu bedenken, daß es nicht nur darum ginge, sich zu überlegen, was geschehe, wenn die Mutter stürbe, sondern auch darum, Ideen für das Weiterleben mit ihr zu entwickeln. Sie schauen mich alle ganz erstaunt an. Es scheint in dieser Familie wirklich ausgemacht zu sein, daß die Mutter sterben würde.

Der zwölfjährige Sohn meint, das sei für ihn sehr schwierig, er könne sich vielleicht schon denken, daß er eines Tages keine Mutter mehr habe, aber wenn er denken müsse, er habe keine Mutter mehr, und gleichzeitig denken müsse, daß die Mutter ihm auch bleibe, das sei für ihn sehr, sehr schwierig.

Das sechsjährige Mädchen kann immer ganz deutlich seine Gefühle äußern. So sagt sie z. B.: »Ja, wenn du stirbst, dann wollen wir dich wenigstens noch liebhaben, bis du stirbst. Wenn du dann weiterlebst, ist das auch gut.« Von ihr her kam etwas ganz Warmes, ganz Spontanes.

Die älteste Tochter wirkt sehr kontrolliert, sehr nachdenklich;

sie befürchtet, sie muß dann die Rolle der Mutter übernehmen, sie will aber Mathematik studieren.

Am Schluß der Stunde äußert der Ehemann die Bitte, einmal allein mit seiner Frau zu mir kommen zu können. Die Kinder geben sich großzügig einverstanden.

In die achte Stunde kommt also das Paar, und bald wirft die Frau ihm vor: »Wenn du nicht so ein Verschwender wärst, hätte ich dich nicht immer so kontrollieren müssen; wenn du nicht immer ausgeufert wärst, hätte ich dich nicht immer erziehen müssen, wenn du nicht immer alles mögliche im Kopf gehabt hättest, hätte ich dich nicht immer bremsen müssen.« Und er verteidigt sich: »Ja, aber wenn du mich immer bremst, dann muß mir doch irgendwann einmal wieder etwas Verrücktes einfallen, sonst ist ja alles so langweilig. Da kann ich nicht leben, da kann ich nicht atmen.«

Wir haben eine klassische Kollusion vor uns. Er, der Verschwender, sie, die Sparsame; er, ein Mann, der zu leben versteht, oft wohl auch ohne Rücksicht auf Verluste, sie, die dann alles immer wieder einengt, im Sinne von: das darf nicht sein, das ist zu viel des Guten, da bist du wieder übers Ziel hinausgeschossen. Er hatte oft Schulden gemacht, und sie erzählt, sie habe dann immer wieder schauen müssen, daß diese bezahlt würden. Sie macht ihm viele Vorwürfe.

Ich deute ihnen ihre Paardynamik in dem Sinne, daß er nur so großzügig sein könne, weil sie ihn kontrolliere; sie nur so ordentlich, weil er immer genug »Ausschweifendes« auf Lager habe. Ich denke im Grunde, daß diese Dynamik auch etwas war, was die beiden aneinander gebunden hat. Sie hat in ihm wohl den gesehen, der leben konnte, er in ihr die, die dafür sorgte, daß er nicht »ausfranste« – ein Audruck, der von ihm selbst stammt –, und er sagt dann auch, es wäre seine ganz große Angst, daß er wieder außer Rand und Band geraten könnte, wenn seine Frau sterbe, weil er dann niemanden mehr habe, der ihn kontrolliere. Darauf schaut sie ihn sehr böse an und sagt: »Du glaubst doch nicht, daß ich die letzten Jahre meines Lebens dazu verwende, dich zu kontrollieren. Das ist jetzt einfach aus, und das kannst du selber übernehmen. Auch deine Schulden sind von heute an deine Sache.«

Der Mann atmet tief und sagt, er akzeptiere diesen Entschluß. Er habe große Ängste, verlassen zu werden, und aus dieser Angst heraus benehme er sich sehr eigentümlich. Manchmal habe er ein

Bedürfnis nach Nähe zu seiner Frau, dann habe er aber auch wieder das Bedürfnis nach Getrenntsein, auch weil er denke, er müsse schon lernen, ohne sie zu leben. Wenn er sich aber zurückziehe, empfinde sie das als Lieblosigkeit.

Das ist eine Paardynamik, die man sehr oft bei Partnern, bei denen der eine todkrank ist, sieht. Beide haben große Mühe, ihre Wünsche nach großer Nähe und das Wissen darum, daß sie sich letztlich trennen müssen, miteinander zu vereinen. Und so kommen sie sich oft schon nicht mehr nahe, wenn sie sich noch nahe sein könnten. Die einzige Möglichkeit, damit umzugehen, ist auch hier die, miteinander zu sprechen, sich zu sagen, weshalb man sich gerade jetzt zurückzieht, daß man z.B. jetzt wieder von der Angst erfaßt ist, einmal allein sein zu müssen.

Für die Frau war bei diesem Gespräch wichtig zu erleben, daß ihr Mann auch Probleme mit der Situation hat; bis jetzt hatte er sich immer als der gegeben, der die schwierige Situation locker bewältigt. Jetzt aber spürt sie seine Angst und seine Ohnmacht und fühlt sich ihm wieder nah.

Schließlich kam auch das sexuelle Problem der beiden zur Sprache. Der Mann hatte ja seiner Frau gesagt, er könne mit ihrer Narbe leben. Natürlich sei es früher schöner gewesen, natürlich sei es schöner, wenn eine Frau zwei Brüste habe, aber er könne mit dieser Narbe leben. Sie empfindet diese Aussage als eine Mitleidsgeste und hat das Gefühl, sie entspreche nicht seinen wirklichen Gefühlen. Er beharrt aber darauf.

Ich sage, es sei oft schwer, so eine Narbe zu akzeptieren, nicht nur aus ästhetischen Gründen, sondern weil sie ja auch immer an die Krankheit erinnere, an den möglichen Tod, dabei könne sie aber doch auch Ausdruck dafür sein, daß die Krankheit gebändigt sei. Es sei auch schwierig, das alles der Partnerin mitzuteilen, die ja auch schon unter der Narbe leide.

Darauf sagt er leise: »Ich kann sie nicht anfassen. Das erinnert mich an Tod. Aber es stimmt trotzdem, ich kann trotzdem mit dieser Narbe leben. Ich will auch lernen, sie anzufassen.«

Am Schluß dieser Stunde kündigt Dora an, sie wolle jetzt wieder allein kommen, sie habe schließlich nur noch vier Stunden. (Wir hatten zwölf Stunden abgemacht.)

In dieser neunten Stunde wirkt sie nun sehr depressiv auf mich, sagt aber selber von sich: »Ich bin jetzt in einer ganz aggressiven

Phase. Sie haben keine Ahnung, wie aggressiv ich bin. Ich sage jedem, daß ich Krebs habe; die sollen nur erschrecken.«

Und ich frage zurück: »Erschrecken sie wirklich?«

Sie: »Ja, ja, sie erschrecken alle.«

Sie wiederholt, daß Krebs doch eine schreckliche Krankheit sei, damit könne man die Leute wirklich erschrecken. Sie spricht weiter darüber, und ich habe trotzdem den Eindruck, diese Aggressivität sei gar nicht ihr vorherrschendes Gefühl, und sage: »Ich denke einfach, daß es Ihnen heute sehr, sehr schwer fällt, Ihre Krankheit zu akzeptieren.«

Darauf sie: »Ja, es ist schwer, es ist vieles in meinem Leben durch diese Krankheit in Gang gekommen, ich habe mich in der Familie noch nie so wohl gefühlt, aber das ist ja nur ein Teil; ich habe ja trotzdem Krebs.«

Vor lauter Veränderung schien sie das fast vergessen zu haben. Und dieses Gefühl des Bedrohtseins hat sie jetzt wieder überfallen. Es war wohl notwendig, daß sie wieder depressiv wurde, mit dem Gefühl konfrontiert wurde, ihre Krankheit könnte auch eine Krankheit zum Tode sein. So deute ich ihre Depression und umgehe ihre aggressive Reaktionsbildung. Es ist natürlich durchaus denkbar, daß das Ende der Krisenintervention, das nun absehbar war, bei diesem Stimmungsumschwung mit eine Rolle spielte. Denn hier zeichnet sich bereits wieder ein Verlust ab.

Es ist aber mitzubedenken, daß das Thema des Ekels vor der Krankheit nicht mehr angesprochen wurde, ein Thema, das doch sehr wichtig ist.

In die nächste Stunde kommt sie und sagt, sie wolle auf keinen Fall die zwölf Stunden überziehen, wolle aber trotzdem in Zukunft ab und zu einmal zu mir kommen, um weiter bestehende Probleme zu besprechen; ob das für mich möglich sei?

Wir haben uns darauf geeinigt, daß wir noch zwei Stunden miteinander arbeiten wollten, und dann sollte sie immer dann, wenn sie das Bedürfnis habe, ein Problem zu besprechen, zu mir kommen. (Wir hatten bis zu diesem Zeitpunkt in den ersten zwei Wochen der Krisenintervention je zweimal eineinhalb Stunden gearbeitet, dann uns während acht Wochen einmal gesehen.) Sie ist anschließend zu den ihr noch verbleibenden Sitzungen in Abständen von sechs bis acht Wochen zu einem Gespräch gekommen, etwa zwei Jahre lang, meist mit einem Traum, über den sie spre-

137

chen wollte. Themen waren: Sie als gewandte, sichere, vernünftige Frau, die eine hilflose Kindseite hat, das Kind in ihr, das ungeliebt ist, resigniert. In diesem Zusammenhang stand das Thema, auch mit sich selbst mütterlich umgehen zu lernen. Sie ließ sich von mir bestätigen, daß sie nicht nur mütterlich zu sich selbst sein dürfe, sondern es sogar sein müsse. Ich wurde für sie mehr und mehr zu einem Menschen, an dessen Ansichten sie die vom Vater übernommenen Forderungen prüfte und in Frage stellte. Auch ging es darum, ihre Schweter, die sie so sehr verachtete, und die sie ab und zu mit mir in Beziehung brachte, als diejenige sehen zu lernen, die Doras eigene Schattenseiten lebte, Seiten, die auch zu ihr selbst gehörten, und die sie langsam auch als die ihren erkannte.

Wir sehen uns jetzt noch etwa in halbjährigen Abständen. Die Frau ist übrigens seit etwa sechs Jahren ohne Rückfall, sie sieht gut aus, geht ihrer Arbeit nach und hat sich sehr verändert.

In dieser zehnten Stunde rechnet sie mir vor, was wir von dem, das wir in der ersten Stunde formuliert hatten, nun erreicht hätten und was nicht. Sie müsse jetzt unbedingt wissen, was diese Krankheit für sie bedeute, darüber wolle sie jetzt sprechen, und dann sagt sie: »Es kann doch nicht einfach ein Fehler sein, wenn man Krebs bekommt.« Damit meint sie, es müßte einen zureichenden Grund dafür geben. »Jetzt war ich ein ganzes Leben lang immer bemüht, alles recht zu machen, und ich habe doch Krebs. Und meine Schwester, die sich nie einen Deut darum gekümmert hat, wie Leben richtig zu leben sei, die immer ihren Neigungen nachgegeben hat, sich nicht um die Pflicht gekümmert hat, ist kerngesund.«

Die Einstellung, daß man nicht krank wird, wenn man richtig lebt, ist für sie zunächst unantastbar. Richtig leben heißt, einer Pflichtethik nachzuleben. Und doch beginnt sie sich jetzt zu fragen, ob dieses den Neigungen Nachgeben, wie es ihre Schwester ohne größere Überlegung tat, nicht doch auch legitim sei. Sie weiß nicht mehr so sicher, was es heißt, »richtig« zu leben.

Dennoch wird sie den Gedanken nicht los, daß sie sich bemühte, richtig zu leben, und daß sie trotzdem mit einer Krankheit gestraft worden ist. Strafe wofür? Sie beginnt, Situationen in ihrem Leben zu suchen, in denen sie sich schuldhaft benommen hat, bauscht diese Situationen auf, spricht von Schuldgefühlen, die sie haben müßte, die sie aber nicht erlebt. Ich biete ihr die Deutung an, daß Haltungen, die ihr bisher wesentlich gewesen seien, ihrem Leben nicht mehr zuträglich wären, so besehen sei die Krankheit ein Hinweis an sie, aber auch eine Chance, sich zu ändern.

Wir kamen an die Frage nach der Schuld und die mögliche Strafe leichter heran, als wir uns fragten, was sich denn durch die Krankheit in ihrem Leben verändert hatte. Sie fand, die Krankheit habe sie überhaupt verändert und zwar total in dem Sinne, daß eben all das Kontrollierte nur noch in Ansätzen vorhanden sei. Sie wisse jetzt, daß Kontrolle wirklich nicht alles sei. Sie spüre, daß sie viel lebendiger sei, wenn sie ihr Gefühl ausdrücke, und sie sei glücklich, daß sie spüre, daß sie auch Gefühle haben könne. Angesichts des Todes habe es ja keinen Sinn mehr, diese Gefühle zu maskieren. Sie sei ehrlich geworden im Ausdrücken ihrer Gefühle, auch ihrer Bedürfnisse – auch wenn sie ziemlich kleinkindhaft seien. Und das könne sie eigentlich nur angesichts ihres bevorstehenden Todes. Sie habe das Gefühl, sehr viel echter, sehr viel wärmer, sehr viel spontaner geworden zu sein. Das sei ihr wohl gut bekommen.

Indem ich sie dazu brachte zu erzählen, was sich alles in ihrem Leben verändert hatte, versuchte ich ihr indirekt zu zeigen, was sie sich vor ihrer Krankheit schuldig geblieben war, was sie jetzt, dank der Krankheit, in ihr Leben integrieren konnte. Das leuchtete ihr ein, und doch meinte sie immer wieder, sie müsse doch noch viel mehr falsch gemacht haben im Leben. Wir einigten uns schließlich darauf, daß man im Leben immer etwas falsch macht, und daß gerade eine solche Krankheit zeige, daß Leben nicht perfekt gelebt werden könne. Ich sagte ihr, es sei vielleicht überhaupt ein verhängnisvoll falsches Denken, das Gefühl zu haben, daß Krankheit eine Strafe sei. Wir hätten ja auch kaum je das Gefühl, daß Gesundsein eine besondere Belohnung sei.

Diese Diskussionen, die auch in der zwölften Stunde bestimmend waren, erlebte ich als mühsam. – Ich versuchte ihren Blick auf die Zukunft zu lenken, sich eher zu fragen, wie sie mit sich und ihrer Krankheit und ihrem Leben verantwortungsvoll umgehen wolle, als zu überlegen, was alles falsch gewesen sein könnte. Ich versuchte, ihr ihre Krankheit als existentielle Krise zu deuten, der sie sich gestellt habe, wodurch neue Perspektiven in ihr Leben gekommen seien – daß sie sich jetzt lebendiger und wärmer fühle, sei doch ein schönes Ergebnis.

In der letzten Stunde möchte sie wissen, was ich über das Leben nach dem Tode denke. Ich will zuerst ihre Phantasie hören:

Für sie bedeutet Sterben, Ruhe vor den Anforderungen anderer zu haben; das ist ihr das wesentlichste, und es ist etwas, was man häufig von Krebskranken hört. Sie sind offenbar doch Leute, die sich leicht überfordern lassen von den Anforderungen der Umwelt, wahrscheinlich gar nicht so sehr, weil die Umwelt so besonders fordernd wäre, sondern weil sie deren Forderungen als zwingend erleben, die sie erfüllen müssen, damit sie geliebt werden.

Ich frage sie, ob sie denn wirklich gleich sterben müsse, nur um vor den Anforderungen der andern Ruhe zu haben, oder ob sie das vielleicht jetzt nicht auch auf andere Weise schaffe?

Sie lacht.

Wir sprechen dann darüber, wie verschieden man Tod auffassen, das Jenseits sich vorstellen kann. Wir tauschen unsere verschiedenen Phantasien vom Jenseits aus, ich habe sie angeregt, das Buch ›Blick nach drüben‹ von Wiesenhütter zu lesen. Wiesenhütter hatte einen Lungeninfarkt gehabt, er lag sehr lange im Koma und hat in dem Buch auf nüchterne Weise beschrieben, was er in der Zeit erlebt hat.[31]

Als wir über das Sterben sprachen, wurde deutlich, daß sie sogar Sterben als Versagen interpretierte; Krankheit war für sie sowieso Versagen, nun auch noch das Sterben ebenso. Sie hat da allerdings nur etwas ausgesprochen, was wir wahrscheinlich alle von Zeit zu Zeit in uns fühlen: »Sterben sollte man nicht, und wenn man es tut, dann ist es ein Versagen.«

Darauf ich: »Wenn es ein Versagen ist, dann eines, das zu jedem Menschen gehört, Zeichen dafür, daß Versagen zum Leben überhaupt gehört.«

Noch einmal sprechen wir darüber, wie schwer es für sie ist, auch einmal zu versagen, und daß sie eigentlich lernen müßte zu versagen.

Das war die letzte Stunde der Arbeit der Krisenintervention.

Sie kam dann vier Wochen später wieder zu einem Gespräch und hat mich dabei erstmals mit meinem Namen angesprochen. Während der Zeit der Krisenintervention hatte sie nie meinen Namen gebraucht. Jetzt erst konnte sie eine persönliche Beziehung zu mir aufbauen.

Diese Krisenintervention zeigt, wie bei einer Verlustkrise das ganze Leben von diesem Verlust bestimmt wird, daß sich das Ausmaß der Krise also erst mit der Zeit dem Betroffenen eröffnet.

Indem die Krise zugelassen wird, ergeben sich Veränderungen im Erleben und Verhalten; gerade angesichts der fundamentalen Krise kann neues Erleben, können bisher in Schach gehaltene Seiten in einem Ausmaß zugelassen werden, wie es sonst kaum erfahrbar ist.

Bei der Trauerarbeit von Dora wurde übrigens deutlich, daß die zweite Phase der chaotischen Emotionen und der Übergang in die dritte Phase sich oft wiederholten. Das ist typisch für Verlustkrisen und zeigt, daß immer wieder neue Aspekte des Lebens in die Krise geraten und daß sich neue Einsichten, neue Erlebnisse daraus ergeben. Es wird zudem deutlich, daß Dora nicht wirklich Abschied genommen hat, nicht wirklich Abschied nehmen mußte, weder vom Leben noch von den Kindern. Das hängt unter anderem damit zusammen, daß die Krisenintervention in einer frühen Phase ihrer Krankheit erfolgte, in der sie auch körperlich noch keine Einbuße an Kräften spürte.

Diese Krisenintervention zeigt auch, wie viele, außerordentlich wichtige Probleme bei diesem Verfahren nur angesprochen werden, gestreift werden, und wie doch Veränderung stattfinden kann. Dora machte einen Individuationsprozeß durch: Sie löste sich – und das war in ihrem Alter sehr wesentlich – jetzt von den Werten, die durch ihren Vater vertreten wurden. Sie begann sich zu fragen, welche Werte sie selbst für ihr Leben als lebensfördernd ansah. In diesem Zusammenhang wurde sie mütterlicher zu sich selbst. Sie fand die für sie gute Balance zwischen dem Leben und Erleben von Emotionen und ihrem Bedürfnis nach Kontrolliertheit.

Exkurs: Krisenintervention und Kurztherapie

Gerade bei diesem Fallbeispiel wird eine Nähe zur Kurztherapie sichtbar. Kriseninterventionen erfolgen aber aus Anlaß einer dringlichen Krise. Sie wird dann oft im Stile einer Kurztherapie – wie hier – weitergeführt.

Unter einer *Kurztherapie* versteht man eine Therapieform, bei der die tiefenpsychologischen Kenntnisse und Techniken so eingesetzt werden, daß weniger Sitzungen erfolgen müssen als bei einer

Analyse, und bei der die therapeutischen Begegnungen in lockerer Folge stattfinden. Kurztherapien können durchaus lange dauern.[32]

Hier unterscheidet sich die Kurztherapie wesentlich von der Krisenintervention, bei der man zu Beginn der Intervention Sitzungen in dichter Folge anbietet und sich erst hernach, wenn es um das tiefere Aufarbeiten der dringendsten Probleme geht, dies in Sitzungen in lockerer Folge anbietet.

Man versucht bei beiden Verfahren umschriebene Probleme – oder ein umschriebenes Problem – zu lösen, indem man den Therapiesuchenden dazu anleitet, seine Gefühle und Bedürfnisse wahrzunehmen und Strategien der Problembewältigung zu finden. Malan[33], der Begründer der psychoanalytischen Kurztherapie, nannte als Indikation zur Kurztherapie: eine milde Psychopathologie; eine gute Ich-Stärke, die sich daran etwa erweisen kann, daß alle wesentlichen Übergänge im Leben ohne Symptomentwicklung oder zumindest ohne andauernde Symptomentwicklung bewältigt worden sind; eine gute Behandlungsmotivation; ein verständliches, umschriebenes Problem, das es zu lösen gilt.

Diese Kriterien, die heute überholt sind, werden oft immer noch als Ideal an die Menschen herangetragen, die eine Kurztherapie machen wollen oder gar eine Krisenintervention brauchen. Da wäre dann etwa der ideale Klient für Krisenintervention der, der eine gute Ich-Stärke hat, normalerweise gesund ist und jetzt mit einem erstmalig auftretenden Problem konfrontiert wird. Daß es diese Musterklienten kaum geben dürfte, wird bis hierher schon deutlich geworden sein, ganz abgesehen davon, daß eine Krisenintervention eben dann gemacht werden muß, wenn ein Mensch in der Krise ist, und da ist es eher schwierig, seine Ich-Stärke abzuschätzen.

Diese Ich-Stärke wird heute auch nicht mehr als Voraussetzung für eine Krisenintervention oder eine Kurztherapie gefordert. Vielmehr wird in diesen Verfahren so gearbeitet, daß man dem Menschen in der Krise oder dem Klienten in der Kurztherapie als Therapeut/Therapeutin die eigenen Ich-Funktionen zur Verfügung stellt, bis dieser Mensch wieder fähig ist, auf seine zurückzugreifen.[34] Etwa, indem wir sagen: »Wenn ich mich jetzt in Sie hineinversetze, dann fühle ich ...« Aber noch heute wird gefordert, daß das Problem, um das es geht, für die Methode der Kurztherapie verständlich sein soll, und daß bei der Krisenintervention

142

das eine Hauptproblem erkennbar sein muß, das nicht identisch ist mit dem die Krise auslösenden Konflikt; ferner, daß die durch die Krise ausgelöste Angst sowohl für den Therapeuten wie auch für den Menschen in der Krise erträglich ist. Weiter ist für beide Verfahren wesentlich, daß rasch eine Beziehung zustandekommt. In der Krisenintervention ist dieses Zustandekommen daran ersichtlich, daß sich der »Kriselnde« entspannt.

In beiden Verfahren geht der Therapeut/die Therapeutin aktiv vor, Übertragungsgeschehen wird sofort gedeutet. Die Unterschiede zwischen Krisenintervention und Kurztherapie bestehen außer der zeitlichen Anordnung der Sitzungen auch darin, daß der Mensch, der eine Kurztherapie machen möchte, eine gute Motivation mitzubringen hat, um sich mit seinen Problemen auseinanderzusetzen; dem Menschen in der Krise ist die Krise, die ihn total erfaßt, Motivation genug. Die Krise ersetzt also die Motivation.

Außerdem sind beim Krisengeschehen die Beziehungspersonen meistens existentiell von der Krise mitbetroffen, sie müssen also in die Gespräche miteinbezogen werden, will man nicht einfach die Krise von dem einen Menschen zu einem anderen Menschen verschieben.

Krisenintervention bei einem eskalierenden Streitpaar

Ein Ehepaar, er dreiunddreißig, sie achtundzwanzig, kommt in Paartherapie. Sie sind seit sechs Jahren verheiratet und haben, seit sie sich kennen, sehr oft Streit gehabt. Früher hätten sie sich dabei einfach angeschrien, in letzter Zeit aber sei es zu massiven handgreiflichen Auseinandersetzungen gekommen. Es werde immer schlimmer. Sie schaukelten sich gegenseitig auf beim Streiten: nehme die Frau einen Schuh, um ihren Mann zu schlagen, dann nehme er den Küchenstuhl; sie im Gegenzug dann etwa eine Nadel, um ihn zu stechen. Beide seien sie dann außer sich vor Wut und könnten sich nicht mehr kontrollieren. Meistens komme dann ein Freund von ihnen, der unter ihnen wohne und den Lärm höre, und drohe ihnen damit, die Polizei zu holen. Dann hätten sie eine große Wut auf ihn und beschimpften ihn. Ihnen ginge es dann aber besser. Dieser Freund habe ihnen nahegelegt, eine Paartherapie zu machen, sie selber wären nicht darauf gekommen. Aber es sei schon richtig, ihr Zustand sei unhaltbar und eine Veränderung dringend notwendig.

Ich befrage sie über das Ziel der Paartherapie aus ihrer Sicht, und sie sagen, sie wollten lernen, weniger mieinander zu streiten, sich besser zu verstehen oder, fügt die Frau noch an, sich zu trennen. Der Mann reagiert nicht auf diesen Vorschlag der Frau. Ihr gemeinsames Hauptproblem sieht der Mann darin, daß keiner von beiden nachgeben könne, sie sieht es darin, daß ihr Mann nicht akzeptiere, daß sie mehr Geld verdiene als er, und von ihm deshalb sehr oft zum Ausgleich entwertet werde. Als sie das sagt, entgegnet er sofort: »Aber du entwertest mich auch ständig.«

Sie: »Das fiel dir aber vorher nicht ein.«

Er: »Natürlich ist es mir auch eingefallen, ich habe es nur nicht gesagt.«

Sie: »Du bist gar nicht fähig, einen eigenständigen Gedanken zu fassen.«

Er: »Und du hattest schon immer einen miesen Charakter. Das zeigt sich glücklicherweise hier jetzt sofort.«

Die beiden streiten weiter, es werden keine wesentlich neuen Vorwürfe mehr gemacht.

Ich höre mir den Wortwechsel an, bin erstaunt über die Schnelligkeit, mit der er erfolgt; mir tut weh, wie die beiden einander verletzen. Ich spüre aber, daß sie beide die Gefühle des Verletztseins gar nicht zulassen können. Es geht so etwas wie ein automatischer Schlagabtausch vor sich, und ich habe mehr und mehr das Gefühl, Zuschauerin und Zuhörerin zu sein, deshalb sage ich schließlich, es genüge mir jetzt, sie hätten mir ihr Problem sehr eindrücklich vorgeführt, ich könne mir vorstellen, daß sie jetzt stundenlang so weiterstreiten könnten.

Er: »Ja, aber einem von uns brennt dann irgendwann eine Sicherung durch, dann werden wir handgreiflich. Das ist dann nicht besonders schön.«

Beide nicken schuldbewußt.

Ich frage sie, wie es denn hinterher sei, nach dem Streit. Jedes von ihnen ziehe sich dann zurück oder gehe aus, bis sie sich nach ein paar Stunden jeweils in der Küche wiederträfen, wo zunächst jedes für sich allein eine Mahlzeit zubereite: und schließlich würden sie sich dann versöhnen. Es sei dann sehr gut, aber sehr bald, nach zwei Tagen spätestens, würden sie wieder streiten, obwohl sie sich vorgenommen hätten, es nicht mehr zu tun.

Ich frage, wie denn überhaupt jeweils eine Versöhnung stattfinden könne, wenn doch keiner nachgeben wolle.

Die Frau: »Es gibt einen Satz, den dann immer einer von uns ausspricht, der heißt: ›Wir müssen miteinander aufräumen, damit die anderen (gemeint sind Freunde, die etwa kommen könnten) nicht sehen, wie es um uns steht.‹«

Es sei ihnen sehr wichtig, diese Streitereien zu verbergen; es gäbe zwar auch Freunde, die davon wüßten, und die würden sie auch immer wieder zu Hilfe rufen, die anderen wüßten aber nicht davon. Wörtlich: »Wir brauchen Menschen, die dazwischentreten. Manchmal denke ich, wir könnten uns umbringen.«

Sie: »Das glaube ich nicht, wir passen doch immer aufeinander auf.«

Auf die typische Auslösesituation ihrer Streitereien befragt, sagen sie übereinstimmend, es seien immer Bagatellen, und jedes wolle recht behalten. Sie könne z. B. nur sagen, das Wetter sei ganz schön, er erwidere darauf, es könnte aber schöner sein. Darauf sie: »Nein, es ist schön ...«, usw. Und dann ufere der Streit eben aus, es gehe nur noch darum, daß jeder recht behalten wolle.

Ganz so einfach, wie es die beiden hier darstellen, dürfte die

Sache allerdings nicht sein. Aufgrund dieses einen Beispiels liegt bereits die Vermutung nahe, die allerdings geprüft werden müßte, daß die Frau eher zufriedener ist mit ihrem Leben als ihr Mann und daß er das nicht ertragen kann. Vielleicht ist auch er der mehr depressiv Strukturierte von beiden. Ich lasse das Beispiel samt der Interpretation der beiden einfach einmal stehen. Aus der Vermutung heraus, die beiden könnten einander gar nicht mehr genau zuhören, frage ich sie zunächst einmal, welche Vorwürfe sie eigentlich bei ihrem Streit zu Beginn der Stunde von ihrem Partner jeweils zu hören bekommen hätten.

Er: »Sie sagte, ich sei dumm und unfähig, ich könnte mich nur brutal wehren.«

Sie: »Nein, das habe ich nicht gesagt...«

Ich unterbreche sie und sage, sie möchte mir doch bitte sagen, welche Vorwürfe sie gehört hätte.

»Ja, aber ich muß mich doch rechtfertigen.«

Ich: »Ich kann Ihr Bedürfnis, sich zu rechtfertigen, schon verstehen. Dieses Sich-rechtfertigen-Müssen spielt wohl eine sehr große Rolle bei ihren Streitereien. Sie dürfen sich nachher auch rechtfertigen, wenn Sie wollen, aber zuerst möchte ich wissen, was Sie an Vorwürfen gehört haben.«

Sie: »Ja, das stimmt mit dem Rechtfertigen. Ich habe gehört, ich hätte einen miserablen Charakter, ich sei eine ekelhafte Emanze, ich könne nie nachgeben.«

Er: »Das habe ich diesmal aber nicht...«

Ich schneide ihm das Wort ab und sage: »Beide haben wohl etwas gehört, was nicht gesagt worden ist.«

Wir spulen das Band zurück und hören den Streit im Wortlaut. Ihre Reaktionen darauf:

Sie: »Du sagtest ja, beide können wir nicht nachgeben.«

Er: »Du sagtest nicht, daß ich dumm und unfähig sei, sondern daß ich nicht akzeptieren könne, daß du mehr Geld verdienst als ich. Auch brutal sagtest du nicht. Warum habe ich das alles bloß so falsch aufgenommen?«

Er schaut mich fragend an, ich sage: »Vielleicht haben Sie Angst, Ihre Frau könnte Sie für dumm, unfähig und brutal halten.«

Ich lasse bewußt die Vermutung in der Projektion, damit er selbst entscheiden kann, ob er diese Eigenschaften als die seinen ansprechen will oder nicht: Er gerät dadurch weniger unter Druck.

Er: »Ich bin es manchmal auch, aber das sind immer Reaktionen, wenn sie ...«

Ich: »Jetzt wollen Sie sich rechtfertigen?«

Er lacht, gibt mit einer Handgeste das Wort seiner Frau.

Sie: »Ich habe das mit dem Entwerten auch ganz vergessen, dabei ist es doch wichtig. Aber das mit dem miserablen Charakter, das habe ich nicht vergessen gehabt« (triumphierend).

Ich: »Der Vorwurf mit der Emanze war frei erfunden?«

Er: »Der stammt aus anderen Streiten« (auch triumphierend).

Ich gebe beiden den Auftrag, bei den nächsten Streitereien sehr genau wahrzunehmen, was da eigentlich aus ihnen herausbreche, welche Formen von Entwertungen sie gebrauchten und wie es sich mit dem Rechtfertigen verhielte.

Manche Paare bringt man mit diesem Auftrag dazu, bewußter zu streiten, die Eskalationen halten sich dann im Rahmen. Das war noch nicht die eigentliche Krisenintervention, die erst folgte, sondern ein Ausschnitt aus einem Erstgespräch.

Dieses Erstgespräch zeigte deutlich, daß dieses Paar leicht in eine symmetrisch-rivalisierende Machtkollusion[35] verfällt, die bereits eskaliert. Das heißt, beide haben ein Problem mit Macht und Ohnmacht in der Beziehung, beide versuchen das Problem so zu lösen, daß sie die Machtposition halten. Von Eskalation sprechen wir in diesem Zusammenhang, wenn die gegenseitige Machtausübung und Kontrollfunktion immer mehr ausufert.

Wir können daraus schließen, daß bei diesem Paar wohl zusätzliche Belastungen ihrer Beziehung aufgetreten sind: Sie können äußerer Art gewesen sein, z.B. vermehrter Alkoholgenuß, Probleme mit der Arbeit, aber auch Probleme mehr psychologischer Art, indem z.B. die Frage der Trennung deutlicher im Raum stand als zuvor usw.

Jedes versucht bei dieser Kollusion zu siegen oder zumindest nicht unterlegen zu sein. Diese Gegenseitigkeit und Wechselseitigkeit des Gewinnenwollens charakterisiert die symmetrische im Gegensatz zu einer komplementären Machtkollusion, in der ein Partner eigentlich immer siegt, der andere eigentlich immer verliert. Dort haben wir es dann weniger mit ausufernden Streitereien zu tun, sondern vielmehr mit der Problematik der Rollenverteilung: Dabei gibt es immer eine geprügelte Frau oder einen geprügelten Mann. Bei symmetrischen Machtpaaren können sich jedoch die Streitereien in der Tat so aufschaukeln, wie es die beiden beschrieben haben: Auf das kleinste Anzeichen von Ohnmacht muß jeweils auf den Angriff des Gegenübers mit einer Machtdemonstration geantwortet werden, und diese Machtdemonstration besteht dann oft im Entwerten des Partners. Die Stellen, wo es dem andern am meisten weh tut, sind gegenseitig bekannt durch lang erprobte Praxis. Deshalb auch der Ausdruck »Machtkollusion«, dieses Verstricktsein ineinander, innerhalb dessen mit Sicherheit aus der Reaktion des einen die Reaktion des andern vorausgesagt werden kann. Col-ludere hieße eigentlich »Spielen miteinander«: Es ist allerdings hier ein recht zwanghaftes Spiel. In der eskalierenden Machtkollusion, in der jeder immer mehr bewirken will als der Partner oder die Partnerin, werden die Gefühle der Ohnmacht abgewehrt, die ängstigen. Denn sich ohnmächtig zu fühlen, hieße hilflos sein, gequält werden, hieße unter Umständen untergehen. Macht aber bedeutet: aktiv gestalten oder auch quälen können. Bei Paaren, die eine symmetrische Machtkollusion ausleben, kämpfen beide Partner heroisch gegen das Hilfloswerden, gegen das Abhängigwerden voneinander, gegen das Gequältwerden und erfahren dies alles doch andauernd. Was sich in einer Beziehung als Beziehungsmuster abspielt, ist zudem zumindest latent, wenn nicht akut zugleich auch ein intrapsychischer Konflikt. Gefühle der Hilflosigkeit, der Ohnmacht können nur immer gerade mit äußerster Anstrengung vom Bewußtsein ferngehalten werden – diese Menschen kämpfen enorm.

Bei diesen Paaren, bei denen sich eine symmetrische Beziehung konstelliert, haben beide dasselbe Grundproblem, dieselben Emotionen, die sie fürchten, dieselben Schwächen, die sie abwehren, und wenn sie die Schwächen brutal beim Partner bekämpfen, bekämpfen sie sie zugleich auch bei sich, allerdings mit der Gefahr verbunden, daß gerade durch dieses Streiten wieder neue Ängste geweckt werden. Verletzungen werden einander nachgetragen, die Angst vor dem Verlassenwerden wird groß, und der Streit muß noch mehr eskalieren. Diese Kollusion wird vielleicht auch deshalb oft angetroffen, weil viele Menschen nur Machtbeziehungen als Beziehungsform kennengelernt haben. Sie haben gelernt, daß einer oben ist, der andere unten, und sie haben sich entschlossen, wenn immer möglich oben zu sein – und in unserem Fall haben sich beide dazu entschlossen.

In der Machtkollusion werden also Gefühle der Ohnmacht, der Angst, vor allem der Trennungsangst, aber auch Bedürfnisse nach Akzeptiertwerden abgewehrt; auch hält man Seiten in sich selbst in Schach, die denen gleichen, die man am Partner sieht und geißelt, und die man schlecht ertragen kann. Damit hängt auch das Problem des Sich-rechtfertigen-Müssens zusammen. Über die zwanghafte Rechtfertigung werden wir dazu verführt, in einen Machtkampfzirkel einzusteigen. Wenn wir uns rechtfertigen, geben wir uns als Angeschuldigte zu erkennen und müssen dazu recht bekommen. Ein Zirkel von Schuldzuweisungen und Unschuldsbeweisen setzt hier ein, und das Machtspiel ist in vollem Gang. Dieser zwanghafte Rechtfertigungszirkel, den man auch damit begründen kann, daß man sich ja seiner Haut wehren, sich gegen ungerechtfertigte Angriffe verteidigen müsse, daß man das seiner Selbstachtung schuldig sei, führt selten zu dem Gefühl einer guten Autonomie, die man eigentlich zu verteidigen meint, sondern viel eher zu einem handfesten Streit mit neuen Verletzungen, mit neuen verletzenden Aussagen.

Wichtiger als die Frage, wer recht hat, wichtiger als die Rechtfertigung wäre die Frage, wo wir uns gekränkt, verletzt fühlen, welcher Anspruch, den wir zu Recht oder zu Unrecht haben, nicht erfüllt wird. Wenn es gelingt, diese Frage zu stellen, dann ist der Streitzirkel unterbrochen. Der Streit ist aber dazu da – gerade dieser eskalierende Streit –, eben diese Gefühle der Kränkbarkeit, der Verletzlichkeit abzuwehren. Deshalb wird diese Fragestellung nicht leicht zugelassen, sie löst sogar große Angst aus, die dann wieder machtvoll unter Kontrolle gehalten werden muß.

Innerhalb der Dynamik dieser Machtkollusion gibt es einen häufig eingeschlagenen Ausweg, der zeitweise die Beziehung entlastet: Das Problem wird vorübergehend an einen dritten delegiert. Das Delegieren ist ein sozialer Abwehrmechanismus, der zugleich ein Bewältigungsmechanismus ist. Wir kennen dieses Phänomen aus dem Alltagsleben: Im Gespräch schimpft man gemeinsam über einen gemeinsamen Feind und verhindert damit eine notwendige Auseinandersetzung untereinander. Man versteht sich dafür gut, fühlt sich einander nah. Man bringt sich damit allerdings darum, Konflikte wirklich auszutragen. »Wir beide sind gut – die anderen sind schlecht«, heißt das Arrangement. Ein Sündenbock ist gefunden und entlastet die Situation. Diese Entlastungsdelegation erlaubt es Streitpaaren manchmal, ein paar friedliche Tage zu erleben.

Diesen Abwehrmechanismus kann man auch bei Krisenintervention einsetzen, um eine vorübergehende – aber wirklich nur vorübergehende – Entlastung zu erreichen. Das Paar bestätigt, dieses Verhalten zu kennen und sich mit ihm auch Erleichterung zu verschaffen, indem es den hilfreichen Freund erwähnt, der jeweils bei zu großem Krach interveniert und über den sie dann herziehen können.

Kommen wir nun zur Krisenintervention: Am Tag nach unserem Erstgespräch rief der Mann sehr aufgebracht an, er drehe durch und seine Frau auch. So schlimm sei es schon lange nicht mehr gewesen, und der Freund sei auch nicht da. Sie steckten in einer großen Krise; ob sie vor der verabredeten Stunde, möglichst heute noch, vorbeikommen könnten.

In mir waren einige widerstreitende Empfindungen während dieses Anrufs: Die beiden stritten seit dem Vorabend, sie hatte bereits eine Platzwunde an der Augenbraue. Natürlich hatte ich bei unserem Erstgespräch gehört, daß der Freund jeweils die beiden Streithähne trennen mußte; der Freund hatte genug davon, die Frage war also, ob ich nun seine Rolle übernehmen sollte. Ich hörte auch noch den Satz »Wir brauchen Menschen, die dazwischentreten«.

Zudem war ich zeitlich sehr eingeengt, es paßte mir nicht. Andererseits hatte er mich in meiner Telefon-Zeit, die ich ihnen mitgeteilt hatte, angerufen. Das sprach dagegen, daß er in einem ersten Aufruhr ohne Überlegung angerufen hatte und bloß viel Wind machte. In seiner Stimme war zudem auch viel Besorgnis. Ich fragte mich: Werde ich da auf eine Art benutzt, in der ich mich nicht benutzen lassen will, oder besteht da wirklich eine Krise, bei der interveniert werden muß?

Ich ließ mir das vergangene Erstgespräch mit den beiden durch den Kopf gehen, überlegte mir, was die beiden nun noch zusätzlich in ihre Krise hatte hineintreiben können, außer der Tatsache, daß ihnen wohl in der Stunde sehr klar geworden war, daß sie wirklich Beratung brauchten. Da fiel mir plötzlich ein, daß die Frau ja eine mögliche Trennung von ihm angesprochen und er darauf überhaupt nicht reagiert hatte: so, wie wenn das Ziel der Therapie von ihnen abgesprochen gewesen wäre und Trennung als ein mögliches Ziel, sicher kein erhofftes, aber ein mögliches vor ihnen aufgetaucht wäre. Dann wäre der Mann in dem Erstgespräch allerdings noch nicht in der Lage gewesen, sich mit diesem Problem zu konfrontieren. Es fiel mir ein, daß ich auch nicht darauf zurückgekommen war, obwohl der Mann so stoisch reagiert hatte.

Da faßte ich einen Entschluß: Ich nannte ihm einen möglichen Termin nach meiner Arbeitszeit. Bis dahin, schlug ich vor, sollten sie getrennte Wege gehen. Das gingen sie ja sowieso, sie gingen ja beide arbeiten, erwiderte er. Er seufzte am Telefon erleichtert auf, und ich bekam das Gefühl, es wäre wohl doch nicht ganz falsch, die beiden zu sehen. Trotzdem fragte ich mich hinterher wieder, ob diese Krisenintervention wirklich sinnvoll sei: einerseits dachte ich, die beiden sollten doch selber sehen, wo sie blieben, ich wäre doch nicht einfach eine von denen, die da dazwischengehen; es hielt sich aber auch das Gefühl durch, daß es doch ganz wichtig sei, daß die beiden heute kämen; ich spürte ein Interesse an ihnen, und gleichzeitig hatte ich auch das Bedürfnis, mich von der ganzen Sache zu distanzieren.

Dieser Widerstreit der Gefühle spiegelt einerseits natürlich den gefühlsmäßigen Konflikt, in den man wohl immer gerät, wenn es um die Frage einer Krisenintervention innerhalb der Therapie geht; ich meine aber, daß diese widersprüchlichen Gefühle auch die psychische Dynamik dieses Paares selber spiegeln: Sie haben ein großes Interesse aneinander und zugleich das Bedürfnis, sich zu distanzieren.

Am Abend kommen sie, beide extrem angespannt und verkrampft. Sie entschuldigen sich, daß sie außer der Zeit kämen, aber sie hätten keinen anderen Ausweg mehr gewußt. Ich spüre einen Moment Angst vor den beiden und schließe daraus, daß die beiden selber große Angst haben müssen, denn ich selbst bin nicht gefährdet durch die beiden. Ich entschließe mich aber dazu, die Angst noch nicht anzusprechen. Ich bitte jedes von ihnen, knapp zu formulieren, welcher Konflikt die jetzige Spannung, die jetzige Krise heraufbeschworen habe. Sie sollen versuchen, den Konflikt zu beschreiben, die damit verbundenen Gefühle und Berfürchtungen.

Er: »Wir haben uns auf dem Heimweg unterhalten, wie es weitergehen sollte. Wir waren in guter Stimmung, aber nachdenklich.

Dann haben wir gemerkt, daß wir uns oft entwerten. Ich habe meiner Frau x-mal gesagt, sie fahre Auto wie der letzte Mensch.«

Zwischenfrage von mir: »Sie selbst fahren auch Auto?«

Er: »Ich habe einen Führerscheinentzug im Moment wegen Alkohol.«

Er spricht dann gleich weiter: »Dann kamen wir nach Hause, und ich sagte ihr, ich müßte mich gelegentlich nach einer neuen Stelle umschauen, bei uns in der Firma gäbe es nicht mehr so viele Aufträge. Ich dachte, es sei verantwortungsvoll, so zu handeln. Es bestehen auch keine Probleme bis jetzt in der Firma, aber wenn man doch so eine Entwicklung kommen sieht, kann man noch abspringen. Sie hat gleich getobt, Gift und Galle hat sie gespien, hat gesagt, ich sei ein Taugenichts, ein fauler Hund. Diese Katze hätte ich auch in der Therapie aus dem Sack lassen können. Ich fühlte mich ganz ungerecht behandelt, ich mußte mich doch wehren, ich wollte doch mit ihr nur einmal darüber sprechen. Und als ich mich wehrte, sagte sie: Meine Phantasie sei schon immer das Beste an mir gewesen; wenn das so weitergehe, werde sie sich scheiden lassen. Da bin ich auf sie losgegangen und habe sie ganz hart gepackt: eher sollte sie sterben als sich scheiden lassen. – Ich fühle mich sehr schlecht; ich mag es nicht, wenn ich so brutal bin; ich möchte doch mit ihr leben können. Ich habe Angst davor, daß sie mich einfach einmal verläßt.«

Als er diese letzten beiden Sätze sprach, hellte sich das Gesicht der Frau kurz auf, sie wirft ihm einen strahlenden Blick zu, dann verfinstert sich ihr Gesicht wieder.

Sie: »Wir waren gestern traurig, als wir von Ihnen weggingen. Wir waren traurig, daß wir einander ständig entwerten. Wir stellten auf dem Nachhauseweg fest, daß wir uns auch ohne daß wir streiten ständig entwerten. Dann erzählte er mir die Sache mit seinem Beruf. Und da ging mir ein Licht auf: Immer wenn er berufliche Probleme hat, trinkt er mehr, und dann haben wir noch mehr Streit. Ich sah eine grauenhafte Zeit auf uns zukommen. Ich bekam große Angst, und dann schleuderte ich ihm eben ins Gesicht, er sei ein Taugenichts, ein Tagedieb, ein fauler Hund und noch mehr solche Wörter – es war nicht schön. Und als er sich zu rechtfertigen begann, da tönte es wie Hohn in meinen Ohren, da kam ich wieder einmal mit der Scheidung. Ich weiß, daß das ein Reizwort ist für ihn. Ich fühle mich jetzt auch sehr elend, auch mies, daß ich durch die schlechten Erfahrungen mit ihm auch einfach nicht mehr glauben kann, daß er es anders meint. Ich spüre auch gar nicht, ob ich ihm etwas bedeute. Vorhin, als er sprach, spürte ich es, da ging es mir besser.«

Jetzt schaut er sie ganz erfreut an.

Natürlich werden beim Schildern der auslösenden Situation dieser Krise einige zusätzliche Probleme deutlich, die sicher gelöst werden müßten, z.B. das Arbeitsproblem und Alkoholproblem des Mannes; der Grundkonflikt scheint mir aber doch der zu sein, daß die Frau offenbar recht schnell die Trennung anbietet, obwohl ihn das zutiefst verletzt. Mein Gedanke, daß diese hingeworfene Bemerkung der Frau »oder auch Trennung«, die sie bei unserem Erstgespräch nachgeschoben hatte, noch nachgewirkt haben und den neuen Konflikt mitbedingt haben könnte, schien bestätigt.

Ich mache die beiden darauf aufmerksam, daß dieses Trennungsangebot auch schon hier in der Stunde als – zwar nicht gewolltes, aber immerhin mögliches – Ziel der Therapie genannt worden sei. Ich wundere mich nun nachträglich noch mehr, daß er darauf nicht reagiert habe, wenn ihn der Gedanke offensichtlich ängstige.

Er tut ganz erstaunt und sagt, er habe das nicht gehört. Auch wenn er es bewußt wirklich nicht gehört hat, dürfte es unbewußt doch einige Spannungen verursacht haben. Ich schlage vor, darüber zu sprechen, wie jedes von ihnen diese Trennungsangebote meine und wie es sich dabei fühle.

Sie: »Die Trennungsangebote gehen immer von mir aus. Ich drohe dir mit Scheidung, weil du mich im unklaren läßt über deine Gefühle mir gegenüber. Schon immer hast du es getan. Wenn du dann so verzweifelt wütend wirst, merke ich, daß es dich umbringen würde, wenn ich ginge, und das gibt mir Sicherheit, daß du nicht gehst.«

Er: »Die könntest du aber doch wohl leichter haben. Ich kann mir nämlich gar nicht sicher werden über meine Gefühle, weil du ständig sagst, daß du mich verlassen willst. Wenn ich mir jetzt zugeben würde, daß du die wichtigste Frau bist in meinem Leben, der wichtigste Mensch, dann würden mich ja deine Drohungen schon umbringen.«

Ich fasse zusammen: Sie biete zwar die Trennung an, aber sie wisse, daß er sie dann mit aller Kraft, durchaus brachial verstanden, zurückhalte. Sie drücke eigentlich dies aus: Ich will weggehen, halte du mich fest, sage mir, daß ich wichtig bin und daß du mich brauchst. Er halte sie zwar fest, aber er formuliere seine Gefühle ihr gegenüber nicht auf eine positive Weise. Also müsse das Spiel immer wieder von vorne beginnen.

Darauf sagt er, er habe immer gedacht, nur er sei abhängig von ihr, und weil das doch eigentlich gegen die Männerrolle sei, habe er sie immer entwertet und ihr nicht gesagt, wie sehr er sie brauche. Wenn sie ihn auch brauche, dann könne er schon sagen, wie sehr er sie brauche.

Beide wirken nun wesentlich entspannter.

Auffallend ist, daß er dann Gefühle formulieren will und auch meint, es zu können, wenn klar ist, daß sie so abhängig ist von ihm, wie er von ihr. Die Machtkollusion bleibt also weiter durchaus bestehen, und das ist auch nicht anders zu erwarten.

Für sie ist eindrücklich einzusehen, wie widersprüchliche Botschaften sie ihrem Mann gibt, hält sie sich doch für eine sehr eindeutige Persönlichkeit. Für sie ist auch erstaunlich zu erleben, wie sehr sie eigentlich will, daß er sie zurückhält, wie sehr sie ihn also auch immer wieder zu diesen brachialen Ausbrüchen provoziert. Sie schüttelt den Kopf und sagt: »Es ist ja eigentlich doch absurd, daß man einen Menschen kränkt, um einen Liebesbeweis zu erzwingen.«

Ich frage die beiden, ob sie in ihrer Lebensgeschichte schon früher etwas erlebt hätten, das diesen ihren Gefühlen und ihrem Verhalten in bezug auf Trennung entspräche.

Er erzählt daraufhin, seine Mutter sei x-mal von der Familie weggelaufen, sie sei jeweils nach Tagen, manchmal nach Wochen wiedergekommen. Wenn die Mutter gesagt habe, sie laufe jetzt weg, dann habe der Vater die Schultern gezuckt und entgegnet: »Lauf du nur weg, mir macht das nichts aus.« Er selbst wolle im Unterschied dazu eine Frau haben, die nicht das Weglaufen im Sinn habe. Er habe sich vorgestellt, eine Beziehung zu haben, in der nie über Trennung oder über Scheidung gesprochen werde. Immer, wenn seine Frau also über Trennung spricht, verletzt sie eine Regel, die für ihn gilt, von der sie aber bis jetzt nichts weiß. Natürlich muß er sich deshalb doppelt angegriffen und verunsichert fühlen.

Die Frau wiederum erzählt, ihr Mann sei wie ihr Vater. Sie habe nie gewußt, ob sie ihrem Vater wirklich etwas bedeute. Er habe sie entweder unheimlich vergöttert oder auch überhaupt nicht beachtet, ohne daß sie jeweils gewußt hätte, was sie falsch gemacht habe. Sie habe ihn dann innerlich aus Rache jeweils verlassen, und er habe sehr um sie werben müssen. Da beginnen beide zu lachen.

Es wird ihr bewußt, daß sie mit ihrem Mann umgeht, wie sie mit dem Vater umgegangen war. Sie sprechen über diese Erfahrungen in ihrer Kindheit und schimpfen gemeinsam über die Eltern.

Indem ich die Frage zur Lebensgeschichte stellte, hatte ich nicht nur eine Möglichkeit zum Verständnis ihrer Situation und ihres Verhaltens eröffnet, sondern ihnen auch Gelegenheit gegeben, sich miteinander zu solidarisieren und das Problem bei ihren Eltern zu sehen. Die Schwäche, die lag jetzt bei den Eltern, wurde dort angeprangert, von ihnen hatten sie jeweils etwas gelernt, was sich im Moment als lebensfeindlich herausstellte. Damit waren die beiden für einen Moment entlastet. Natürlich war das auch eine Entlastung durch Delegation des Problems. Mir schienen die beiden aber stark genug zu sein, dieses Problem auch wieder aus der Delegation zurück in ihre Beziehung und ihre Verantwortung zu nehmen. Ich bestätigte ihnen, wie enttäuschend es doch sei zu meinen, man hätte nun einen Partner, der einem die Wünsche, die durch die Erfahrungen in der Kindheit so wichtig geworden waren, erfüllen könne, und wenn gerade dieser Partner diese Wünsche dann doch nicht erfülle.

Sie: »Oder wenn man so miteinander umgeht, daß man sie einander nicht erfüllen kann.«

Er: »Ich glaube, ich habe da schon ein Problem. Ich lasse meine Frau nicht aus den Augen, ich reagiere gerade nicht so, wie mein Vater reagiert hat, ich reagiere gerade umgekehrt, aber eigentlich genauso hart.«

Sie: »Und ich werde wütend darüber: Du bist immer da, du kontrollierst mich eigentlich immer, und ich erhalte doch nicht von dir, was ich möchte.«

Er: »Was möchtest du denn?«

Sie: »Mensch, jetzt muß ich schon wieder sagen, ich möchte, daß du deine Gefühle mir gegenüber einmal klar ausdrückst.«

Es ist deutlich, daß bei dem Streit größtmögliche Nähe bei gleichzeitiger Distanz erlebt werden kann: Nähe ohne Distanz erleben sie wohl beide noch als sehr gefährlich, ihre Autonomie, ihr Selbstsein gefährdend.

Ich erkläre ihnen, daß sie jetzt wohl nicht einfach aufhören würden zu streiten. Vielleicht sei das auch so etwas wie ein Sport für sie, sie könnten ja Regeln einführen, welche Schläge erlaubt und welche nicht erlaubt seien. Sie könnten aber auch darauf achten, welche Ängste durch den Streit zugedeckt würden: vielleicht Ängste vor Abhängigkeit, vor Trennung, vor dem Verlassensein, vielleicht auch Angst vor dem Verlust der Selbstachtung. Vielleicht könne es ihnen dabei manchmal gelingen, ihre Angst zu äußern, statt den andern zu entwerten. Ich hätte übrigens am Anfang, als sie hereingekommen seien, große Angst gespürt. Wie es ihnen denn gegangen sei?

Sie: »Ich habe nur Wut und Trotz gespürt, wenig Angst.«

Er: »Ich habe die nackte Angst gespürt, deshalb wollte ich auch unbedingt zu Ihnen kommen. Mir fällt übrigens noch ein: Wenn Mutter zurückkam, bockte der Vater. Da mußten entweder der Pfarrer oder der Lehrer kommen, um die Sache einzurenken, und beide sind nachher über den Vermittler gemeinsam hergezogen.«

Ich: »Das sind ja schöne Aussichten.«

Beide sagen darauf, das sei bei ihnen genauso. Der Freund müsse vermitteln und dann würden sie über ihn herziehen, wenn er weg sei.

Ich: »Und ich stehe jetzt anstelle des Freundes und nachher zieht Ihr auch über mich her?«

Ich stelle dieses Problem bewußt zur Diskussion. Dieses Problem war mir ja schon ganz zu Anfang am Telefon gegenwärtig, und mir war wichtig, daß da nicht einfach ein Verhalten mit wechselnden Besetzungen wiederholt würde.

Die beiden schauen sich betroffen an.

Ich gebe zu erwägen, daß die Frage wohl die sei, ob sie für ihre Streitereien, mit denen vorläufig weiter zu rechnen sei, selber Verantwortung übernehmen würden. Ich sähe es nicht als erstrebenswert an, in die Fußstapfen ihres Freundes zu treten. Von mir her könnten sie aber außer den normalen Therapiestunden auch jeweils eine Krisenintervention im Monat bekommen, wenn nötig.

Sie haben nie mehr eine benötigt.

Eskalierende Streitpaare verleiten einen manchmal dazu zu meinen, man müsse in der Therapie oder in der Krisenintervention die Harmonie herstellen, die sie ersehnen und die sie durch Streiten zu erreichen hoffen – auch wenn sie sie natürlich dadurch nie erreichen –, die sie aber letztlich auch fürchten, weil sie sich in dieser Harmonie vielleicht selber als einzelne zu verlieren drohen. Wenn der Streit gerade Ruhe gibt, können diese Paare durchaus auch glücklich sein miteinander, aber es wäre illusorisch zu meinen, der Streit gehöre nicht zu ihnen. Wenn es gelingt, die Eskalation dieser Streitereien zu vermeiden, indem die Partner langsam lernen, zu ihren eigenen Schwächen zu stehen, zu ihren Bedürfnissen nach Versorgtwerden und Abhängigkeit, letztlich auch zu ihrem Schatten und zu ihrer Angst davor, dann ist schon viel gewonnen.

Krisen im psychotherapeutischen Prozeß

Auch innerhalb des psychotherapeutischen Prozesses gibt es Krisen – und Kriseninterventionen.

Beim Vergleich von Krisenintervention und Kurztherapie zeigte sich, daß die Krise die notwendige gute Motivation zur Auseinandersetzung mit sich selbst ersetzt, die die Kurztherapie fordert. Eine Krise kann also anstelle dieser sogenannten bewußten Motivation stehen, wobei so gesehen die Krise eine unbewußte Motivation, ein unbewußter Drang zur Veränderung wäre.

Daß eine Krise die fehlende oder nicht hinreichend klar bewußte Motivation ersetzen kann, wird spätestens deutlich, wenn wir als Therapeuten und Therapeutinnen einem Menschen eine Krise wünschen, damit psychisch etwas »in Bewegung« gerät. Wir wünschten uns manchmal diese dringliche Verdichtung des Lebens, die Neues werden läßt. Daß eine Krise die Motivation ersetzen kann, daß die Krise als Ausdruck unbewußter Motivation verstanden wird, zeigt, daß wir von einem Menschenbild ausgehen, das den Menschen als ein Wesen sieht, das das in ihm Angelegte zu einer schöpferischen Entfaltung bringen muß; das es selbst werden muß, sei dies in bewußt oder weniger bewußt erlebten Umschlagspunkten des Lebens, die sich als Krisen zeigen können.

Abwehrzentriertes Arbeiten – konfliktzentriertes Arbeiten

Den tiefenpsychologisch orientierten Therapien geht es um eine Auseinandersetzung des Bewußtseins mit dem Unbewußten mit dem Ziel, unbewußte Impulse, Ideen, Phantasien usw. ins Bewußtsein integrieren zu können. Das kann man aus der Sicht verschiedener Schulen zeigen: Spricht man allgemein tiefenpsychologisch von Abwehr-, Bewältigungs- und Kompensationsmechanismen, die Affekte, Phantasien, Triebimpulse in Schach halten sollen, dann in der Jungschen Terminologie vom Ich-Komplex mit seinen Gestaltungs-, Abwehr-, Bewältigungs- und Kompensationsmöglichkeiten[36] gegenüber unbewußten Komplexen. Dieser Ich-Komplex kann mehr oder weniger gut strukturiert sein, d.h., er ist mehr oder weniger altersgemäß autonom gegenüber den Eltern-Komplexen. In der Therapie geht es um das Spiel zwischen diesen unbewußten Komplexen und dem Ich-Komplex.

Diese unbewußten Komplexe sind in der Regel projiziert: Sie können in der analytischen Situation direkt, auf die therapeutische Beziehung gespiegelt, erlebt werden oder projiziert auf eine Lebenssituation, die zum Gegenstand des Nachdenkens wird, in einer Imagination, in einer Vorstellung oder eben auch in Träumen. Nun kann man aufgrund dieser psychodynamischen, dialektischen Wirkung eher abwehrzentriert oder eher konfliktzentriert arbeiten. Abwehrzentriert arbeiten heißt, daß man immer den Ich-Komplex stützt und damit zugleich die Abwehr, die Bewältigungsmöglichkeiten oder die Kompensationsmöglichkeiten. Konfliktzentriert bedeutet, daß man vor allem die Emotion, die Phantasie, den Trieb, die durch die Abwehr in Schach gehalten werden, anspricht.

Ob man eher abwehr- oder eher konfliktzentriert arbeitet, hängt einmal von der Diagnose ab. Je weniger gut strukturiert der Ich-Komplex ist, um so eher wird man abwehrzentriert, je strukturierter der Ich-Komplex, um so eher wird man konfliktzentriert arbeiten. Die Entscheidung für den einen oder anderen Zugang hängt aber nicht nur von der Diagnose, sondern auch von der Gegenübertragung ab. Je ärgerlicher z.B. ein Therapeut ist, um so eher wird er die Tendenz haben, konfliktzentriert zu arbeiten. Auch eine grundsätzlich weniger von der aktuellen Situation geprägte Gegenübertragung spielt dabei eine Rolle. Wenn z.B. ein sehr unsicherer Analysand kompensatorisch zu seiner Unsicherheit sich sehr arrogant benimmt, kann das im Analytiker, wenn er den Mechanismus der Arroganz noch nicht durchschaut hat, bewirken, daß er vor allem konfliktzentriert arbeitet. Das wiederum hat zur Folge, daß der Analysand Abwehr und Kompensation noch mehr verstärken muß, so daß die Therapie unmöglich wird.

Bei der Krisenintervention und auch bei der Kurztherapie gilt die Regel – und davon bin ich in diesem Buch immer ausgegangen –, daß man zuerst die Bewältigungsmechanismen des »Kriselnden« anspricht, daß man also den Ich-Komplex bei ihm stärkt und erst dann die jeweils andrängenden unbewußten Komplexe angeht, die Emotion, den Trieb, den Schatten usw.

Nun wird man in einer länger dauernden Therapie niemals ausschließlich abwehrzentriert oder konfliktzentriert arbeiten, beide Perspektiven lösen einander ab, gehen ineinander über, wobei Diagnose, Gegenübertragung und habituelle Einstellung des Therapeuten/der Therapeutin durchaus eine Rolle spielen. Arbeitet man konfliktzentriert und spürt dabei, daß die Emotion den kritischen Punkt ihrer besten Wirksamkeit überschreitet, dann verstärkt man die Abwehr.

Beispiel: Ein sechsundvierzigjähriger Mann träumt: »Ich bin in einem Festzelt mit anderen Menschen. Ein Typ in meinem Alter, Goldketten, offenes Hemd, der Pelz schaut heraus, redet so, daß alle ihm zuhören müssen. Ein junges Mädchen, etwa dreizehn, vierzehn, taucht auf, interessiert sich für ihn. Er greift sie und drückt sie eng an sich und gibt ihr einen Kuß auf den Mund. Ich war schon die ganze Zeit ganz kribbelig, aber jetzt halte ich es nicht mehr aus. Ich gehe zu ihm hin und sage ihm, er sei doch ein ganz mieser Kerl, sich so aufzublasen und das Mädchen zu vergewaltigen. Ich wache vor Wut auf.«

Das ist ein klassischer Schattentraum, von einem Mann geträumt, der zu der Zeit etwa ein halbes Jahr in Analyse ist. Er selber ist sehr dünn, blond und hat Mühe, sich mit seinen wenigen Haaren abzufinden. Der Traum stellt unter anderem den ersehnten und abgewehrten »Schatten« dar: Der Mann, bei dem der »Pelz« herausschaut und der den Pelz auch noch mit einer Goldkette ziert, zeigt, wie wertvoll ihm dieses Attribut der Männlichkeit wäre.

Jeden Traum kann man eher abwehrzentriert oder eher konfliktzentriert deuten. Wenn man die Träumer zu ihren Träumen Einfälle äußern läßt, dann wählen sie unbewußt den methodischen Zugang, der ihnen zunächst angemessen ist.

Auf die Frage: »Was fällt Ihnen zu diesem Traum ein?«, könnte er z. B. antworten: »Ich habe dem Kerl aber ganz toll die Meinung gesagt, ich bin stolz, daß ich gewagt habe, gegen diesen Mann aufzutreten vor dem ganzen Festzelt.« Er hätte damit die abwehrzentrierte Perspektive gewählt. Er erzählt, wie er mit dieser Schattenfigur umgeht, er redet nicht davon, daß dieser Mann jemand ist, der ihn offensichtlich eher irritiert und sehr wütend macht. Ginge er konfliktzentriert vor, würde er auf die Frage etwa antworten: »Das ist ja ein furchtbarer Typ, so aufgeblasen, ein geiler Bock.« Er würde also heftig die Empörung, die im Traum anklingt, aufnehmen, sie vielleicht sogar etwas ausufern lassen und wahrscheinlich verhältnismäßig bald – oder das würde man dann von Therapeutenseite anregen – sich fragen, wann er selbst so reagiere wie dieser aufgeblasene Typ (Interpretation auf der Subjektstufe). Das wäre dann der konfliktzentrierte Zugang. Beim abwehrzentrierten Zugang würde man auch Assoziationen zu diesem »Schattentypen« sammeln, aber diese Assoziationen zunächst immer noch in der Projektion belassen: Wenn der Analysand lang und breit erzählt, wo er diese Männer trifft, wie lächerlich sie sich benehmen, welche Autos sie fahren usw., sich dann aufregt über sie, so würde man das einfach einmal aufnehmen. Man würde es zunächst zulassen, daß diese Schattenfigur der eigenen Psyche auf andere Männer projiziert und delegiert bleibt. Erst sehr spät würde man den Träumer dann etwa fragen, was denn dieser Typ in seinem Traum zu suchen habe, vielleicht unterließe man sogar diese Frage.

Alles, was in der therapeutischen Situation geschieht, vor allem aber das Deuten jedweden Materials, kann man eher abwehrzentriert oder eher konfliktzentriert angehen. Welche Perspektiven man wählt, hängt nicht nur davon ab, welche Perspektive der Analysand/die Analysandin einem anbietet, hängt auch nicht nur davon ab, in welcher Rolle man sich als Therapeut/Therapeutin sieht, sondern auch von einer theoretischen Überlegung: Wie weit wird der Ich-Komplex des betreffenden Menschen in der Lage sein, die Emotionen, die der therapeutische Prozeß freisetzt, zu integrieren? Veränderung im therapeutischen Prozeß hängt damit zusammen, daß Emotionen freigesetzt werden. Dabei ist wünschenswert, daß Emotionen nicht einfach überborden, sondern daß immer gerade soviel an Emotionen freigesetzt wird, daß das Ich zwar in Bedrängnis gerät, die Emotion aber doch immer wieder in den Ich-Komplex, ins Selbstbild integrieren kann. Analysieren müßte also eigentlich immer unter einem leichten Krisendruck stattfinden, damit die notwendigen Veränderungen stattfinden können.

In der Jungschen Psychologie spricht man davon, daß die unbewußten Komplexe belebt und ans Bewußtsein angeschlossen werden; damit werden neue Bilder dem Bewußtsein zugänglich, ein Energiezustrom kann erlebt werden. Praktisch geht das so vor sich, daß man damit beginnt, über die Äußerungsform, in der sich ein unbewußter Komplex zeigt, sei es als Traum, als Phantasie, als Befürchtung, als Idee, als körperliches Symptom usw., zu sprechen, bzw. daß man dem Symbol Ausdruck verleiht. Das ist dann meistens von unangenehmen, ängstigenden oder auch ängstigend-euphorischen Gefühlen begleitet, und man beginnt, diese Gefühle abzuwehren. Weil man indessen in einer Beziehung zu einem Therapeuten/einer Therapeutin steht und dadurch die Sicherheit hat, zu zweit, mit einem kompetenten Helfer/einer kompetenten Helferin gemeinsam das Problem angehen zu können, kann man mehr zulassen, als wenn man allein für sich wäre. So sind schrittweise Veränderungen überhaupt möglich.

Franck hat sich immer wieder mit der Frage beschäftigt, was denn in der Therapie überhaupt Veränderung bewirke, und er kommt zu dem Schluß, es sei erwünscht, heftige Emotionen bis zu einem krisenhaften Höhepunkt herauszulocken – wobei der ja sehr früh erreicht sein kann –, dann sei der Analysand in einer labilen Phase, und da könnten alte Verhaltensmuster ausgelöscht und eine Bereitschaft zu neuen Verhaltensmustern gefunden werden.[37]

Das tönt nach Verhaltenstherapie; in diesem Zusammenhang gleichen sich aber die Ansichten der Verhaltenstherapie, der analytischen Therapie C. G. Jungs und auch die der Psychoanalyse. Insbesondere ist die Ähnlichkeit zur Komplextheorie deutlich. Gemeinsam besteht die Idee, daß es bei einer effektiven Therapie darauf ankomme, Emotionen zu schüren, bis ein krisenhafter Höhepunkt erreicht wird, durch den dann feststehende Strukturen verändert werden können. Diese Veränderungen sind jedoch nicht als plötzliche, großartige Veränderungen zu sehen, sondern als allmähliche, im Sinne kleiner Schritte. Dabei spielt aber die analytische Beziehung eine ganz entscheidende Rolle – zumindest für die Schulen, die sich der Tiefenpsychologie verpflichtet fühlen –, ebenso wie das Verhalten des Therapeuten/der Therapeutin in dem Sinne, ob es ihm/ihr gelingt herauszuspüren, wann die optimale emotionale Belastung des Klienten erreicht ist.

Ob die Krise in einer Therapie eintritt, ob diese als sinnvoll oder auch als weniger sinnvoll erlebt wird, hängt von drei psychischen

Bereichen ab: Der eine Bereich ist der Bereich der Abwehr, der Bewältigungsmechanismen und der Kompensation. Der zweite ist der der Emotionen, der Phantasien, der Triebe, des konstellierten Unbewußten. Und der dritte, äußerst wichtige Bereich ist die analytische Beziehung zwischen Analysand und Analytiker.

Es kann also zu einer Krise kommen, wenn ein Komplex, der mit sehr viel Energie konstelliert ist, plötzlich bestimmend wird. Das geschah z.B. in der Verliebtheitskrise, die ich als Beispiel für eine Überstimulierungskrise zu Beginn dieses Buches behandelt habe.

Dann kann eine Krise eintreten, wenn Analysand und Analytiker – vielleicht sogar gemeinsam – abwehren. Ich möchte dieses Problem bei der Diskussion der schleichenden Krise innerhalb des therapeutischen Prozesses noch einmal aufnehmen, es handelt sich hier um sehr komplizierte Vorgänge. Wenn sich ein Problem konstelliert, das sowohl dem Analysanden wie dem Analytiker unangenehm ist, dann kann es vorkommen, daß beide recht heftig abwehren: Das Problem wird dann aber nur immer drängender, virulenter. Daraus kann sich dann eine schöpferische Krise entwickeln, wenn beiden das Problem zu Bewußtsein kommt.

Wichtigster Auslöser für Krisen im therapeutischen Prozeß sind aber Probleme in der Beziehung zwischen Analytiker und Analysand.

Falls es einem therapeutisch notwendig erschiene, eine Krise zu provozieren, dann könnte man an jedem dieser drei Bereiche ansetzen.

Ciompi beschreibt einen Therapieansatz, den er »Technik der provozierten Krise« nennt.[38] Er geht dabei von den Feststellungen von Lindemann (1944/1968) und Caplan (1964) aus, daß auf der Höhe der Krise eine labile Phase eintrete, in der sich neue Verhaltensmuster leichter erlernen lassen als sonst. Der psychophysiologische Streß steigert sich bis zu einem Punkt, an dem alte Bahnungen gelöscht, neue möglich werden.

Ciompi berichtet, daß er die Technik der provozierten Krise bei chronischen Patienten anwende. Er erwähnt den Fall einer Patientin, die sich auf einer Station »eingerichtet« hatte, einer sehr ängstlichen Frau, die nie mehr die Station verließ, dort selbst aber viele Arbeiten verrichtete und geschätzt war. Sie konnte aber z.B., da sie die Station nicht verließ, ihre Zähne nicht reparieren lassen. Die

163

provozierte Krise, zu der sich das Team entschloß, nachdem alle anderen Versuche, die Frau aus der Station hinauszubringen, gescheitert waren, sah nun folgendermaßen aus: Die Frau wurde auf eine andere Station verlegt; die ihr gewohnte Arbeit, die ihr auch Anerkennung gab, wurde ihr weggenommen. Sie geriet in eine angstvoll-depressive Krise und erhielt zu diesem Zeitpunkt Verhaltenstherapie. Sie wurde massiv mit der Angst konfrontiert, auch ihre Zähne wurden mit ihrem Einverständnis saniert. Durch diese provozierte Krise lernte sie viele neue Verhaltensmöglichkeiten kennen, auch neue Erlebnismöglichkeiten wurden ihr zugänglich. Sie lebte nach der Bewältigung dieser Krise in einer Pension, konnte als Hilfskraft in einem Altersheim arbeiten und sich frei bewegen. Die Krise brachte alte Verhaltensmuster zum Erliegen, die Beziehung zu Menschen, die sie stützten und die mit ihrer Intervention auch zeigten, daß sie daran glaubten, daß in ihrem Leben noch mehr möglich sei, brachte sie in Kontakt mit den neuen Lebensmöglichkeiten. Ciompi entschuldigt sich wegen dieser manipulativen Technik, von der er übrigens annimmt, daß sie auch in der Politik angewandt werden könne.

Dennoch meine ich, daß man nicht willkürlich Krisen provozieren kann: die Krise hat ihre Zeit – und dann ist es wohl auch möglich, sie zu provozieren. Es ist auch diesem Ansatz von Ciompi zu entnehmen, daß die provozierte Krise dann erfolgte, als das betreuende Team in eine Krise mit der Patientin geriet.

Die natürliche Krise

Ich möchte jetzt kurz darauf eingehen, wie ich mit dem geschilderten Traum (S. 160) umgegangen bin, samt der damit verbundenen Wirkung. Der Analysand gab mir zunächst keinerlei Perspektive für die Deutung, er ging auf keinen Traumteil näher ein, sondern schaute mich nur sehr erwartungsvoll an. Ich habe ihn, wahrscheinlich irritiert durch sein unausgesprochenes »jetzt mach du einmal etwas«, sehr direkt, im Blick auf jene Schattengestalt seines Traumes, gefragt: »Wann spüren Sie denn diesen Typ?«

Das Wort »Typ« stammt von ihm, er hatte es bei der Traumschilderung angeboten. Ich habe das Wort aufgenommen, und es war mir klar, daß das ein komplexbeladenes Wort sein kann. Er platzte: »Sie denken, ich vergewaltige junge Mädchen, Sie denken wohl etwa, ich sei der gesuchte Unhold, der in letzter Zeit Mädchen verschleppt hat ...« usw.

Er wurde ausgesprochen ausfällig, stand auf, ging im Zimmer umher. Er geriet in eine rechte Krise. Dann fing er an zu weinen, setzte sich wieder, und ich sagte zu ihm: »Sie wehren sich doch gegen diesen Mann, wenn er in Ihren Träumen auftaucht.«

Nachdem ich zunächst ausgesprochen konfliktorientiert gefragt hatte, wohl auch um meine eigene Irritation abzuwehren, die ich besser angesprochen hätte, spreche ich nun die Form der Abwehr an, die in dem Traum dargestellt war. Er atmete sichtlich auf, wiederholte dann aber, es könnte doch sein, daß ich so etwas von ihm dächte usw. Ich erwiderte ihm, ich verstünde wohl, daß ein großer Konflikt zwischen seinem bewußten Selbstbild und dieser Schattenseite, die der Mann verkörpere, bestehe, es sei verständlich, daß er sich dagegen wehre, auch daß er sich dagegen wehre, daß ich ihn damit identifizieren könnte.

Meine Deutung zielte darauf ab, ihm zu zeigen, daß ein Unterschied zwischen seinem Ich und dieser Schattenfigur bestand. Ich half ihm damit, die totale Identifikation mit dieser Schattengestalt, zu der er im Moment neigte, aufzuheben, drückte dabei auch vorsichtig aus, daß die Idee, ich könnte ihn mit dieser Identifikation behaften, eine Projektion sein könnte. Auch stützte ich ihn in seinem Abwehrverhalten.

Darauf reagierte er: »Ja, aber, wissen Sie, diesen aufgeblasenen Typ, den gibt es natürlich schon bei mir, ich hab' sogar so eine dicke Goldkette.«

Zuerst löste die konfliktzentrierte Deutung eine heftige Krise aus, die ihm im nachhinein auch sehr viel Erinnerungsarbeit möglich machte. Seit seiner Jugend war es ihm immer wieder passiert, daß man ihn auf eine Schattenseite ansprach, mit der er zunächst kokettiert hatte, darauf pflegte er dann recht übertrieben zu reagieren. Hinter dieser Form der Reaktion steht seine Tendenz, sich mit seinen Schattenseiten zu identifizieren, sich dann aber als Folge eines völlig veränderten Selbstbildes sehr zu ängstigen: so, daß er sich dann geradezu von diesen Schattenseiten wieder distanzieren muß.

Dieses Beispiel habe ich angeführt, um zu zeigen, wie leicht der therapeutische Prozeß in eine Krise geraten kann, die therapeutisch durchaus sinnvoll, aber unter Umständen auch weniger sinnvoll sein kann.

Die provozierte Krise

Eine Krise kann eine bis dahin fehlende oder zu wenig ausgeprägte Motivation ersetzen. Bei den angefügten Kriseninterventionen sind wir meist von heftigen Emotionen, von konstellierten Komplexen, die man nicht mit der Lupe suchen mußte, die wirklich emotionell spürbar waren, ausgegangen; Leidensdruck war vorhanden. Leidensdruck und Motivation zur Auseinandersetzung mit sich selbst entsprechen sich in etwa. Natürlich löst nicht nur psychischer Druck Krisen aus. Eine körperliche Krankheit zum Beispiel kann uns auch in enormen Druck bringen, ebenso Probleme mit dem sozialen Umfeld.

Nun gibt es natürlich Therapien, die wenig emotionell betont sind. Als Analytiker/Analytikerin hat man bei ihnen das Gefühl, es laufe wenig oder immer dasselbe. Der Eindruck, daß die Menschen kommen, sich Luft machen, dann wieder gehen, ohne daß sich entscheidend etwas veränderte, macht sich dann breit. Die Therapie plätschert, und als Therapeut/Therapeutin plätschert man zunächst einmal mit. Und man fragt sich, ob man nicht endlich einmal etwas unternehmen, Entschlüsse fassen sollte, weiß aber auch nicht genau, ob der Analysand vielleicht doch noch mehr Zeit braucht, ob man also bloß ungeduldig ist. Zunehmend gerät man als Therapeut/Therapeutin dabei selbst in die Krise, und zwar auch mit seinem beruflichen Selbstbild. Man fragt sich, was man da eigentlich tut, ob das überhaupt noch Therapie ist usw. Man sagt sich, daß man sich da zu etwas benutzen läßt, was man eigentlich gar nicht mag, und irgendwann hat man dann genug davon.

Hat man sich etwa am Morgen, bevor man einen Menschen sieht, vorgenommen, daß es so nicht mehr weitergehen dürfe, dann wird man in einer solchen Phase deutlich weniger abwehrzentriert arbeiten als sonst, viel mehr konfliktzentriert. Der Analysand/die Analysandin geraten unter Druck. Er/sie spürt auch die

Entschlossenheit des Therapeuten zu einer Veränderung, die allenfalls als ein Liebesverlust erlebt wird. Diese Situation könnte als Ausgangspunkt für eine bewußt provozierte Krise angesehen werden. Beginnt man nun auf einmal konfliktzentriert zu arbeiten, nachdem man lange Zeit abwehrzentriert gearbeitet hat, also bisher eher ein »lieber Therapeut/liebe Therapeutin« war, wird man nun plötzlich sehr energisch, so kreiert das natürlicherweise auch neue Probleme für die therapeutische Beziehung. Dennoch ist diese Situation noch nicht als »provozierte Krise« zu bezeichnen. Eine »provozierte Krise« kann also aus dieser Situation entstehen: Wenn sie da ist, muß sie sehr bewußt und verantwortlich angegangen werden.

Beispiel: Ein Maler, achtundvierzig, bei dem Alkohol- und Beziehungsprobleme im Vordergrund stehen, hat eine Tochter, von der er sich nicht ablösen will. Die Tochter ist dreiundzwanzig, er deklariert sie als seine Muse. Er erpreßt sie, indem er ihr sagt, wenn sie von zu Hause ausziehe, habe er keine Inspiration mehr. Er hat auch Probleme mit dem Schöpferischen.

Wir beginnen miteinander zu arbeiten. Eigentlich müßte man bei ihm einen Alkoholentzug durchführen, aber der Analysand trinkt nicht ständig, sondern nur fast ständig und mit rhythmischer Heftigkeit. Wenn wieder einmal eine sehr bedeutsame Alkoholepisode hinter ihm liegt, dann meint auch er, er müsse wirklich einmal einen Entzug durchführen lassen, sagt dann aber meistens im gleichen Atemzug, jetzt gehe es ihm ja gerade wieder gut, jetzt könne er gerade wieder malen, der Zeitpunkt für einen Entzug sei ungünstig; kein Zeitpunkt zu einem Entzug paßt ihm.

Zu Beginn der Therapie kamen plötzlich sehr viele neue Ideen in ihm auf, wie und was er malen könnte; er hat viel von diesen Ideen gesprochen und doch nur wenige in die Realität umgesetzt, weil er »so absorbiert war von Verpflichtungen«. Wir haben versucht, die Verpflichtungen zu ordnen, haben auch öffentliche Stellen eingeschaltet, die halfen, diese Verpflichtungen zu regeln. Er machte Ausstellungen; auch Probleme, die damit in Zusammenhang standen, wurden in der Analyse bearbeitet.

Über längere Zeit sprach er in der Analysestunde immer sehr angeregt von seinen Bildern, und ich wurde innerlich zunehmend ungeduldiger. Ich fand die Gespräche zwar einerseits sehr anregend – am Schluß davon saßen wir jeweils vor einem Wust von Skizzenblättern, die er während des Gesprächs gemacht hatte. Es herrschte eine schöpferische Atmosphäre des Planens, des Luftschlösserbauens. Ich konnte mich dem Zauber dieser Atmosphäre nicht ganz entziehen, dachte dabei aber mit Unbehagen daran, daß er viele Probleme hätte, die wir angehen müßten. Mit der Zeit begann ich mir zwanzig Minuten von jeder Stunde für das Besprechen von Problemen zu erbitten. Das lief ziemlich stereotyp folgendermaßen ab: Er bekannte sich dazu, Probleme zu haben, mit dem Alkohol, mit der Frau, mit der Tochter, mit dem Geld usw., aber eigentlich fehle ihm doch nichts oder zuviel, als daß man es angehen könnte. Die Probleme, die er schilderte, wiederholten sich und mit der Zeit wurden diese wie übrigens auch die Blätter am Boden langweiliger und langweiliger. Er erzählte, er habe Träume gehabt, sie aber vergessen. Zu Beginn der Analyse hatte er jeweils die Träume gemalt, in Farben, die ineinanderflossen und die er mit den verschiedenen emotionalen Qualitäten der Träume in Zusammenhang brachte. Mit der Zeit blieben auch diese gemalten Träume aus.

Ich wurde immer unruhiger, immer unzufriedener und fand, mir müßte doch endlich etwas einfallen. Eines Tages ertappte ich mich bei dem Gedanken, daß ich diesem Menschen eine richtige Krise wünschte. Zu der Zeit etwa geschahen zwei wesentliche Ereignisse: Der Analysand verursachte in Volltrunkenheit einen Unfall mit dem Mofa. Er war einfach gegen eine Mauer gefahren und konnte aufgrund dieses Unfalls nicht mehr tennisspielen und nicht mehr wandern und bergsteigen. Dabei stellte das Tennisspielen eine ganz wichtige Kompensationsmöglichkeit für ihn dar. Er traf dort interessante Frauen, er war ein guter und begehrter Tennispartner, so konnte er auf dem Tennisplatz so etwas wie eine Heldenrolle ausleben. Das Wandern war für ihn wichtig, weil er dann das Gefühl hatte, sich zu spüren. Diese beiden Kompensationsmöglichkeiten, die ihm ein hinreichend gutes Selbstgefühl gewährleisteten, waren ihm also infolge des Unfalls versagt, zudem mußte die Tochter ganz dringend zur Absolvierung eines Praktikums in die Westschweiz, also fort von ihm.

Die Krise bahnte sich an. In der Analysestunde, in der er mir von all diesen Problemen berichtete, sagte er außerdem, es sei jetzt sehr schwierig für ihn, so wenig zu trinken, wie wir es eigentlich ausgemacht hätten. Das Trinken brauche er jetzt – zur Bewältigung der Situation. Er hoffte wohl auf meine Zustimmung. Ich witterte, daß vielleicht die entscheidende Krise im therapeutischen Prozeß in der Luft lag, und überlegte, wie ich sie auch von meiner Seite aus anbahnen oder verstärken könnte. Der Druck, unter dem er stand, war recht beachtlich, und doch schien er mir noch zu gering zu sein, hoffte er doch, mit dem Alkohol diese Krise zu meistern. Auch wußte ich, daß der soziale Druck im Steigen begriffen war: Seine Frau hatte wiederholt angekündigt, daß ihre Geduld aufgebraucht sei.

Ich sage ihm, ich könne schon verstehen, daß er den Alkohol jetzt mehr denn je als ein Mittel betrachte, um seine Probleme zu bewältigen; ich sähe aber nicht, wie wir in diesem Zustand weiter miteinander therapeutisch arbeiten könnten. – Ich setzte dabei auf den Bereich unserer Beziehung, wagte sie bewußt in Frage zu stellen und ihn damit herauszufordern, da sie verhältnismäßig gut war und ich ihm etwas bedeutete.

Ich füge hinzu: Da an einen Entzug im Moment offenbar nicht zu denken sei, sei es sinnlos, in der üblichen Frequenz – also eine Stunde pro Woche – weiterzuarbeiten. Ich schlug ihm vor, künftig alle drei Wochen für eine Stunde zu mir zu kommen. Nach dem Entzug, falls einer möglich wäre, rechne ich bei ihm mit einer schöpferischen Krise, in dem Fall sei ich allerdings bereit, ihn zwei Stunden pro Woche zu sehen. Er hörte mir freundlich zu – er war recht alkoholisiert – und nahm meine Vorschläge ganz gelassen auf, so im Sinne: »Wenn Sie meinen, Sie wissen das ja besser als ich.«

Mir war bei der ganzen Sache nicht so ganz wohl; einerseits war es mir wichtig, daß dieser Mensch in eine entscheidende Krise geriet, andererseits fand ich, daß ich ihn jetzt doch sehr manipulieren würde.

Am späten Abend noch telefonierte seine Frau; er sei besinnungslos betrunken, sie habe den Alkoholfürsorger eingeschaltet, und sie beide seien dafür, daß er ins Krankenhaus gebracht werde und daß man anschließend einen Entzug mache. So wurde es dann auch gehandhabt.

Ich besuchte ihn drei Tage nach seinem Eintritt ins Spital, und er betonte sehr deutlich, er wolle jetzt den Entzug wirklich machen. Zurückblickend auf unser letztes Gespräch sagte er, es sei ihm schon »hundeelend« dabei gewesen, er hätte das Gefühl gehabt, alle würden ihn verlassen, niemand halte mehr zu ihm, nicht einmal ich, wo ich es doch von Berufs wegen müßte. Trotzdem habe er auch das Gefühl gehabt, jetzt endlich geschehe etwas.

Auf meine etwas fragende Feststellung »Da müssen Sie aber eine tolle Wut auf mich gehabt haben«, sagte er: »Ja, aber wissen Sie, eine Wut, daß Sie das nicht schon längst gemacht haben.«

Der Entzug wurde dann durchgeführt, und es trat dann wirklich so etwas wie eine schöpferische Krise auf, während der er sehr viel bewältigen konnte, er machte einen Entwicklungsschub durch, den man auch in seinen Bildern sah. Die Beziehungen zu seiner Tochter und zu seiner Frau veränderten sich sichtlich. Nach einiger Zeit »versumpfte« jedoch der therapeutische Prozeß wieder von neuem. Das paßte im Grunde genommen zu ihm, wir überlegten also sehr ernsthaft miteinander, ob und wie wir noch einmal eine Krise provozieren sollten. Die Krise kam dann allerdings von außen in Form einer Steuerrechnung, zu einem Zeitpunkt, als er gerade bei einer für ihn wichtigen Ausstellung übergangen worden war. Diese Krise war wesentlich weniger schöpferisch.

Eine provozierte Krise kann einen Entwicklungsschub bringen, aber eine provozierte Krise ist nicht einfach ein Wundermittel, und es kann durchaus vorkommen, daß bei demselben Menschen der Prozeß immer wieder versackt. Das ist dann leichter zu akzeptieren, wenn wir uns nicht so ganz und gar auf eine idealistische Individuationsethik festlegen.

Natürlich ist es wichtig, sehr bewußt zu wissen, warum man als Therapeut/als Therapeutin eine Krise provoziert, und daß man auch überzeugt davon ist, daß sie sinnvoll ist. Eine Krise wird dann immer auch noch Aspekte haben, die wir nicht vorhergesehen haben und nicht vorhersehen konnten. Ganz wesentlich bei provozierten Krisen ist es, daß der Therapeut während der Zeit der Krisen sich zur Verfügung hält und daß er weiß, daß er unter Umständen zeitlich und emotionell einen wesentlich ausgedehnteren Einsatz zu leisten hat als üblicherweise.

Schleichende Krisen

Es gibt auch Krisen, die sich still und heimlich in den therapeutischen Prozeß »einschleichen«. Da hat man z.B. Analysen, die hinreichend gut laufen. Analysen müssen an sich nicht mehr als »hinreichend« gut laufen. Ich begegne immer wieder der Erwartung, daß in Analysen ständig etwas ganz Besonderes passieren müßte, und das ist natürlich nicht die Realität. Gerade Berichte über analytische Prozesse, in denen das Wesentliche gerafft dargestellt wird, während der Prozeß des stillen Reifens in seiner zeitlichen Dauer natürlich nicht adäquat vermittelt werden kann, tragen zu dieser Erwartung bei. Es gibt z.B. Analysen, die mit einer stürmischen Persönlichkeitsentwicklung beginnen und dann über sehr lange Zeit auf einem Hochplateau sich bewegen; eine Zeit, in der man vieles aus dem Leben klärt. Von solch einem »Hochplateau« spricht man in einem Bericht etwa in zwei Sätzen, auch wenn diese Situation sehr lange anhält. Es muß nicht ständig etwas Aufregendes in den Analysen geschehen. Ich betrachte eine Analyse dann als hinreichend gut, wenn Analytiker und Analysand einander spüren, im Verstehen und im Nicht-Verstehen, wenn sie miteinander darüber sprechen können; wenn einem bei diesem Prozeß ab und zu »ein Licht aufgeht«, wenn einen ein Bild packt, einen weiter beschäftigt und so das Leben sich neu ordnet, auf dieses Bild hin zentriert.

In solchen Analysen, die von beiden Beteiligten als hinreichend gut erlebt werden, können sich aber plötzlich Krisen einschleichen. Plötzlich werden diese Analysen problematisch, mühsam. Man weiß nicht wirklich weshalb, aber man hat das Gefühl, früher sei doch alles lockerer gegangen, interessanter gewesen, jetzt sei die Situation irgendwie fade geworden. Probleme werden dann nach wie vor formuliert, man versteht die Probleme auch oder meint sie zu verstehen, man deutet sie, aber die Deutungen wirken plötzlich nicht mehr, zumindest nicht mehr wie zuvor. Und so fängt dann die Verstrickung in eine schleichende Krise an.

Beispiel: Eine Frau zwischen fünfunddreißig und vierzig kommt mit der Diagnose Erschöpfungsdepression in die Therapie. Sie hat Beziehungsprobleme, ihr Beziehungssatz heißt: »Mich liebt man nur, wenn ich für andere alles mache, sonst liebt man mich nicht.«

Ihre ältesten Kinder gehen aus dem Haus, und nun wird für sie die Lebenssituation schwierig. Wir arbeiten zunächst an diesem Verlusterlebnis, das geht recht gut. Im Grunde genommen stellt sich hier die altersgemäße Individuationsthematik: Fragen wie »Wer bin ich? Was will ich? Was will ich noch mit meinem Leben machen?« stehen im Vordergrund. Die Frau versucht, eine neue Beziehungsform zu ihrem Mann zu finden. Der Mann hat ein ähnliches Bedürfnis, auch für ihn verändert sich das Leben sehr, das bisher stark auf die Kinder bezogen war.

Die Analysandin bringt einige Träume, nicht sehr viele, aber immer wieder einen, meistens dann, wenn eine Orientierung von ihrem Unbewußten her für die Therapie sehr wichtig ist. Sie entwickelt ein gutes Traumverständnis innerhalb etwa eines Jahres. Im Grund also eine Therapie, die auf recht gutem Wege ist – denke ich. Dann folgt eine Phase, in der ich den Eindruck bekomme, diese Therapie laufe mir irgendwie aus den Händen. Ich überlege mir auch, ob es vielleicht Zeit wäre, langsam an den Abschluß dieser Analyse zu denken. In dieser Phase sagt mir die Analysandin, sie spüre, daß ich nicht mehr so interessiert sei an ihr, ich fände sie wohl langweilig. (Im Schweizerdeutsch bedeutet langweilig sowohl langweilig als auch lästig.)

Ich überlege mir, ob mein Interesse wirklich weniger geworden ist; ich finde eigentlich, daß sie selber inzwischen ein wesentlich interessanteres Leben führe als zuvor, ihre Hauptprobleme eher geringer geworden seien. Ich sage ihr, ich könne nicht spüren, daß ich mich weniger als bisher für sie interessiere, ich würde mich aber als weniger besorgt erleben als zu Beginn der Analyse, auch weil ich das Gefühl hätte, daß sie schon recht autonom sei und sehr vieles selber bewältigen könne. Es wäre auch denkbar, daß unsere Analyse langsam auf ein Ende zuginge. Sie hört mir zu und sagt heftig, sie wolle nicht aufhören mit der Analyse, aber ich fände sie wohl langweilig.

Nun gab es für sie ein Kindheitstrauma, das in unserer Arbeit bereits öfters thematisiert worden war: Ihr Vater hatte immer wieder gesagt, er habe leider nur Töchter – er hatte sechs –, und die seien so langweilig. Sie hatte sich als Kind bemüht, so zu sein, wie der Vater sie haben wollte, um nicht als langweilig abgestempelt zu werden. Daher stammt wohl der Satz: »Mich liebt man nur, wenn ich tue, was die andern von mir wollen.« Es gelang ihr zwar immer wieder, für Momente ihres Lebens das warme Interesse des Vaters zu erringen, hinterher aber hörte sie ihn dann doch wieder zu jemandem sagen: »Leider habe ich nur Töchter, die sind langweilig.« Die Mutter setzte sich übrigens nicht für ihre Töchter ein, sie akzeptierte offenbar die Entwertung ihrer Töchter, vermutlich aus dem Schuldgefühl heraus, daß sie ihrem Mann nur Töchter geboren hatte, und ebenso sicher aus einem Gefühl des tiefen eigenen Unwerts heraus.

Ich war der Ansicht, daß sich hier eine Ablösesituation von der Therapie und von mir anbahnte, die sie aber zunächst einmal noch nicht wahrhaben wollte, fragte mich auch, ob sie vielleicht von sich aus schon daran gedacht habe, die Analyse zu beenden, und diesen Gedanken aus Schuldgefühlen heraus hatte abwehren müssen. Dann vermutete ich weiter, daß sie ihre Beziehung zu ihrem Vater aus der Kindheit auf mich übertrug und jetzt wohl auch herausfinden wollte, was ich von ihr verlangte, damit sie für mich nicht langweilig wäre. Ich erwartete, ein Thema unserer Gespräche könnte zunächst das schlechte Selbstwertgefühl angesichts ihres Vaters, der sie nicht akzeptiert hatte, werden; in Zusammenhang damit aber auch ihre gehemmte Aggression, ihr Gefühl, das nicht tun zu dürfen, was sie eigentlich wollte: und daß sie mich angesichts dieser Situation als »versagender Vater« erleben würde.

Ich habe ihr diesen Zusammenhang zu deuten versucht. Diese Deutung brachte einerseits viel Erinnerungsmaterial von ihr ans Licht; sie erzählte mir viele Geschichten von Situationen mit ihrem Vater, wie sie mit ihm etwas unternommen hatte und er ihr dann versichert habe, sie könne ihm fast einen Sohn ersetzen; wie sie dann aber, wieder im Verband der Mädchen, eben ein Mädchen war und mit allen Mädchen langweilig. Es kam viel sie sehr belastendes Material zum Vorschein. Dann sprach sie auch davon, daß sie selbst ihrer sich ablösenden Tochter gegenüber eine ähnliche Haltung einnähme, wie ich sie ihr gegenüber hätte: Sie spüre zwar weniger Besorgnis als früher, aber sie hätte auch das Interesse an dieser Tochter ein wenig verloren. Ich verstand, daß sie sich mit ihr identifizierte, fragte mich aber immer wieder, ob das mit dem Weniger-Interesse-Haben nicht eine Projektion sei, ein Versuch, die Ablösung zu forcieren, indem man das Interesse von dem entsprechenden Menschen – in diesem Falle von mir – abzieht. All das habe ich ihr verständlich zu machen versucht und noch vieles mehr – ohne Erfolg. Immer wieder kam sie in die Stunde und sagte: »Ich habe einfach das Gefühl, wir können nicht mehr arbeiten miteinander, Sie finden mich langweilig!« Sie sagte dann auch, sie komme nicht mehr so gerne, aber sie wolle nicht aufhören mit der Therapie. Mit der Zeit fand ich dieses Lamentieren über die Langeweile wirklich zunehmend langweilig und lästig, und ich begann, mich in der Tat zu langweilen. Es gab keine Deutungen mehr, die mir geblieben wären und die mich weiter beschäftigt hätten. Es fiel mir auch gar nichts mehr ein, es gab nichts mehr zu sagen. Sie indessen hatte keine Träume mehr. Ich hatte das Gefühl, sie schiebe mir die Schuld am Stagnieren unseres Prozesses zu. Weil ich sie langweilig fände, laufe nichts mehr. Ich wollte diese Schuld nicht annehmen, weil ich spürte, daß das nicht wirklich der Realität entsprach. Ich wurde aber zunehmend wütend, weil sich ihre Prophezeiungen erfüllten, und die Situation wirklich unheimlich langweilig wurde. Ich fand sie stur in ihrem Beharren, daß ich sie langweilig finden sollte, und mich selbst stur in meinem Bestehen darauf, daß sie das Problem Langeweile endlich auf die Seite legen sollte. Ich ärgerte mich über mich selber, daß ich nicht souveräner mit diesem Problem umgehen konnte, ich ärgerte mich darüber, daß mir nichts mehr einfiel, und daß ich mich da jetzt so verbohrt hatte.

Nachdem ich mir meinen massiven Ärger eingestanden hatte und die Analysandin dann wieder vor mir saß, dachte ich, es müsse doch irgendeine Lösung geben. Ich habe ihre Vorwürfe auf sich beruhen lassen und mich ganz auf mich selbst konzentriert und mich gefragt, was denn mit mir los sei in dieser Situation. Ich suchte ein inneres Bild dafür und konzentrierte mich darauf, was es mir in symbolischer Weise darüber sagen könne, welches Problem bei mir selbst betroffen sei. Ich sah aber kein Bild, sondern ich hörte plötzlich den Satz: »Langweilige Menschen müssen sterben.« Ich bin unheimlich erschrocken über diesen Satz. Hatte ich einen Todeswunsch dieser Frau gegenüber wegen solch einer Kleinigkeit? Die Vorstellung, Todeswünsche gegenüber meinen Analysanden zu haben, paßt nicht zu meinem analytischen Selbstbild, das kränkt mich. Ich war sehr entsetzt, betroffen, auch verwundert über diesen Satz: Dann ging mir plötzlich auf, daß ich durchaus genauso reagieren kann, wie ihr Vater reagiert hat, denn sein Ausspruch »Ihr seid Mädchen und langweilig« enthält im Grunde auch einen Todeswunsch. Und plötzlich verstand ich, was es war, das ich nicht annehmen wollte: Ich wollte nicht so brutal sein wie dieser Vater, ich wollte das Bild von diesem Vater, das sie auf mich projizierte, nicht übernehmen; stattdessen wollte ich dieses Problem Langeweile endlich einmal auf der deutenden Ebene erledigt haben, denn die damit verbundenen Gefühle ängstigten mich zutiefst. Sie enthielten für mich einen Todeswunsch.

Ich verstand also diesen Satz: »Langweilige Menschen müssen sterben« als Bedrohung, unter der wir beide standen: Bedrohung durch eine unheimliche Destruktivität, die einem anderen Menschen und auch uns selbst die Existenzberechtigung absprechen könnte, falls er langweilig, lästig wäre: eine Destruktivität, die auch in uns beiden stecken könnte.

Ich teilte meinen Einfall mit ihr, indem ich sagte: »Und wenn wir einander auch langweilen, das muß uns noch nicht umbringen.«

Ich fragte mich noch, ob das wohl eine adäquate Intervention sei; doch da schaute sie mich plötzlich irgendwie erlöst an und sagte: »Endlich haben Sie begriffen, wie wahnsinnig gefährlich es ist, langweilig zu sein.«

Sie hatte mich vollkommen begriffen, obwohl ich nicht wußte, was sie von dem ganzen Prozeß, der in mir abgelaufen war, mitbekommen hatte. Ich habe ihr den Satz, den ich gehört hatte, nicht mitgeteilt, sondern schon meine Verarbeitung dieses Satzes, meine Weigerung, sich durch Langeweile umbringen zu lassen. Dadurch konnte die Analysandin die totale Bedrohung, das Zunichte-Werden durch Langweiligsein zum Ausdruck bringen, aber auch die ganze Brutalität, die sie vom Vater her gespürt hat. Ich hatte diese Brutalität einen Moment lang in mir selbst gespürt.

Ich erlebe die Situationen in der Therapie als außerordentlich schwierig, in denen archaische Destruktivität, archaische Wut, archaische Angst plötzlich erlebbar werden, auch bei mir selbst. Und ich kann mich jetzt selbst gut darin begreifen, daß ich hier die Gefühle der Brutalität lange abgewehrt habe. Mir scheint das ein Aspekt des therapeutischen Berufes zu sein, den wir viel zu wenig in Betracht ziehen. Es werden von den Analysanden eben nicht nur die Beziehungen zu früheren Beziehungspersonen auf den Analytiker übertragen und damit nicht nur die ihnen zugrundeliegenden archetypischen Konstellationen, durch die diese persönlichen Beziehungen in ihrer emotionellen Erfahrbarkeit getönt waren, sondern auch die dazugehörigen Emotionen, die wir als Therapeuten/Therapeutinnen dann auch als eigene erleben und gleichzeitig spüren, daß sie nicht nur unsere eigenen sind. Natürlich können durch die Übertragung eigene unbewußte konflikthafte Beziehungen aktiviert werden, es werden aber zudem auch Emotionen aktiviert, die mit unserer kollektiven Geschichte als Menschen, nicht nur mit unserer individuellen Geschichte zu tun haben. Selbstverständlich mobilisieren auch wir unseren Widerstand gegen diese Emotionen, die uns bedrohen.[39] So manches Abwehrverhalten beim Therapeuten hat meines Erachtens damit zu tun, daß in den therapeutischen Prozessen archaische Gefühle belebt werden, mit denen wir z. B. in der eigenen Analyse nie konfrontiert worden sind, weil sie bis jetzt niemand in uns geweckt hat.

Die Analysandin rief mit ihrem Problem dieses Problem der Todesbedrohung durch Langeweile in mir wach, und ich ging zunächst mit dem Abwehrmechanismus der Intellektualisierung damit um. Diese Abwehr, meine ich, hat bewirkt, daß wir keinen Kontakt mehr zueinander fanden, da wohl jede von uns beiden in diesen Stunden den Kontakt zu sich verlor.[40] Damit wurde die Situation unserer Beziehung immer verfahrener; die Krise bahnte sich an, verschärfte sich immer mehr. Krisenintervention wurde erst dann möglich, als ich aufhörte, stur zu erwarten, daß sie ihr »langweiliges« Problem der Langeweile zur Seite legte, als ich verhältnismäßig empathisch mit mir selbst umzugehen begann und mich nicht mehr zornig, sondern empathisch selber fragte, was denn eigentlich mit mir los sei. Durch dieses Auf-mich-selbst-Eingehen und durch die bewußte Erwartung eines Bildes konnte ich meine starre Abwehr aufheben. Mir war deutlich geworden, daß ich durch meine Abwehr der Analysandin eine Möglichkeit genommen hatte, diese absolute Lebensbedrohung, die offenbar durch das Thema Langeweile ausgelöst war, bei ihr und bei mir wahrzunehmen: Es war deshalb unumgänglich, daß ich – und sei es nur für einen Augenblick – die Impulse dieses sadistischen Vaters, die ich so ablehnte, in mir zuließ.

Abwehr- und Angstinhalt, die eigentlich in derselben Psyche erlebt werden müßten, damit das Angsterlebnis bewältigt werden kann, wurde hier gespalten: Ich als Therapeutin übernahm den Part der Abwehr und die Analysandin den Part der Angst; sie quälte mich allerdings mit dieser Angst, brachte sie immer wieder in die Therapie ein, aber ich hörte nicht. Erst in dem Moment, als wir zusammen dieses Abgewehrte ansehen konnten, ging auch der therapeutische Prozeß in sehr erfreulicher Weise wieder weiter.

Ich meine, daß es sich hier um sehr komplizierte Vorgänge handelt; daß diese Form von Krisen sehr, sehr sorgfältig angegangen werden muß. Es ist nicht immer einfach für Therapeuten und Therapeutinnen zu akzeptieren, was in ihnen durch die Übertragung belebt wird, auch wenn es vorübergehend ist.

Abschließende Bemerkungen

Krisenintervention ist dann angebracht, wenn Menschen in ihrer Existenz von einer Krise erfaßt sind. Es handelt sich also dabei nicht um eine Technik, die irgendeine andere tiefenpsychologische Technik ersetzen würde.

Es liegt im Wesen der Krise selbst, in ihrem Wesen als Einengung und Zuspitzung, daß ein Durchbruch ansteht: Neue Lebensmöglichkeiten und Qualitäten des Erlebens werden erfahrbar, eröffnen sich dem Menschen in der Krise, oder aber es erfolgt ein Zusammenbruch, allenfalls wird der Tod als Ausweg gesucht.

Da in dieser emotionellen Situation der Bedrängnis sich das Leben auf ein Hauptproblem sozusagen konzentriert, das sowohl ein Hemmungs- als auch ein Entwicklungsthema trägt, wird das Lebensthema, das zur Bearbeitung ansteht, das integriert werden muß, samt den damit verbundenen Problemen, unverstellter erlebt als in Situationen weniger großen Druckes. Dadurch wird es für den Therapeuten/die Therapeutin einerseits einfacher als in Nicht-Krisensituationen, die problematischsten Themen kognitiv und emotionell zu erfassen. Darin liegt auch der große Vorteil einer Krisenintervention. Der damit natürlich auch gegebene große Nachteil besteht darin, daß die mit der Krise verbundene große Angst alle Beteiligten hemmen kann, so daß oft auch Offensichtliches nicht mehr gesehen wird.

Ob Krisenintervention gelingt, ob es also gelingt, auf die Weise zwischen dem »Kriselnden« und seiner Krise einen Abstand zu legen, daß der von der Krise Erfaßte in eine Beziehung zu seiner Krise kommt, so daß er das schöpferische Entwicklungsthema, das – außer bei den Verlustkrisen im engeren Sinne – letztlich die Krise bewirkt hat, aufnehmen kann, hängt davon ab, wie alle Beteiligten mit der vorhandenen Angst umgehen können; andererseits aber auch davon, ob es dem Helfenden gelingt, einen Kontakt zu dem Menschen in der Krise herzustellen. Menschen in der Krise treten in Kontakt mit ihrer Krise, indem sie auch zu einem Menschen wiederum in Kontakt treten. In der wiedergewagten Öffnung zu einem Menschen hin gelingt es, die Einengung, die der Krise eigen ist, schrittweise aufzuheben, damit aber haben wir die

Möglichkeit, das Entwicklungspotential, das in der Krise ins Leben drängt, zu entbinden.

Wenn nun allerdings ein Mensch in einer für ihn unerträglich gewordenen Krise Hilfe sucht, dann ist er auch bereit zu einem Kontakt, hofft auf einen Kontakt. Wer keine Hoffnung mehr in eine Beziehung zu einem anderen Menschen setzt, oder wer auch in dieser äußersten Dringlichkeitssituation die Gewißheit nicht verliert, daß jeder Mensch für sich ganz allein alle Probleme lösen muß, wird kaum zu einer Krisenintervention bereit sein. Von diesen Menschen wissen wir wenig, wir wissen nur, daß es sie durchaus auch gibt.

Die Kontaktnahme zu einem Menschen in der Krise, der ja primär auf die Krise bezogen ist und nicht auf einen anderen Menschen, wird dann erleichtert, wenn der Helfende rasch die Gefühle des Menschen in der Krise aufnehmen und ausdrücken kann. Das ist, dank der Dynamik der Krise, eher einfach, und was vielleicht manchmal wie Zauberei anmuten mag, dieses schnelle Erfassen der relevanten Probleme mit ihren Emotionen zu Beginn einer Krisenintervention durch das Wahrnehmen der Beziehungsdynamik und das der eigenen ausgelösten Gefühle, die oft recht präzis die Gefühle des Menschen in der Krise spiegeln, ist vor allem der Dynamik der Krise zu verdanken. Unsere eigenen, durch die Krise ausgelösten Gefühle vermögen auch deshalb diejenigen der Betroffenen zu spiegeln, weil diese so stark sind und durch wenig Abwehr verstellt auch uns auf unserer emotionellen Ebene in der vollen Konzentration auf diese Krisensituation treffen.

Natürlich muß in diesem Zusammenhang auch von der Seite des Therapeuten aus wahrgenommen werden, welche Gefühle aus seinem Leben durch die Krise geweckt werden. Indem der Helfende aber die Beziehungskonstellation mit ihren auffallenden Eigentümlichkeiten und die damit verbundenen Emotionen wahrnimmt und das alles im geeigneten Moment auch als vorsichtige Deutung einbringt, die die Schwierigkeiten des Menschen in der Krise erklären kann, fühlt sich der »Kriselnde« verstanden. Die Angst wird dadurch geringer, und neue Bewältigungsmechanismen können wieder eingesetzt werden.

Darüber hinaus, daß der Mensch in der Krise sich rasch verstanden fühlen soll in seiner unerträglichen Drucksituation, muß er auch das Gefühl bekommen, daß der helfende Mensch für ihn vertrauenswürdig ist, daß der Therapeut/die Therapeutin der richtige Mensch ist, um mit ihm auf diese gemeinsame Gratwanderung sich zu begeben. Eine Gratwanderung ist eine Krisenintervention allemal: Entweder gelingt es, die Krise zu entbinden, oder der Mensch in der Krise muß weitergewiesen werden. Das ist für den Betroffenen oft mit einem Verlust an Hoffnung verbunden. Dann gibt es auch Krisen, die abklingen, bevor es einem gelungen ist, das Entwicklungsthema auch wirklich zu fassen.

Das Mißlingen von Kriseninterventionen erlebe ich vor allem dann, wenn zwar durchaus ein neues Entwicklungsthema faßbar geworden ist, auch Strategien im Umgang mit den damit zusammenhängenden alltäglichen Problemen gefunden worden sind, und dennoch das Thema nicht in die Praxis des Lebens übertragen werden kann. Analog dem schöpferischen Prozeß muß dieses Thema ins Leben hineingetragen, hier erprobt werden, müssen die gefundenen Strategien auch angewendet, neue Verhaltensweisen auch riskiert werden. Das geschieht oft nicht. Menschen kommen oft mit der Bitte um Krisenintervention und sagen: »Bitte, helfen Sie mir, daß ich wieder der alte/die alte bin.« Wenn die emotionelle Ausnahmesituation abgeklungen ist und diese Menschen, zumindest was ihre emotionelle Balance betrifft, wieder die »alten« sind, besteht für sie dann kein weiterer Anlaß mehr, sich mit der Krise zu beschäftigen.

Die Entwicklungsmöglichkeit, die in der Krise liegt, scheint so nicht aufgenommen zu werden. Ich formuliere diese Aussage bewußt so zurückhaltend, weil es außerordentlich schwierig ist zu beurteilen, ob ein Entwicklungsimpuls aufgenommen worden ist oder nicht. Manchmal ist er nämlich in einer Weise aufgenommen, in der wir ihn nur nicht sehen können.

Auch scheint es mir durchaus dem Menschen gemäß zu sein, daß wir viele Impulse, die an uns ergehen, nicht aufnehmen können. Dennoch ergeht in unseren Krisen immer wieder der Anruf des Lebens an uns, uns neu zu öffnen, uns neu an unsern innern Möglichkeiten zu orientieren, um äußere Probleme kompetenter lösen zu können. Meistens erfolgt dieses Uns-Öffnen über die Beziehung zu einem Menschen, der mit uns sich von der Krise betreffen läßt: Krisensituationen beginnen sich produktiv zu öffnen, wenn wir uns in einer Beziehung einem Menschen aufschließen.

Anmerkungen

[1] Vgl. Heimann, P.: Bemerkungen zur Gegenübertragung. In: Psyche 18, 1964, S. 483–493.

[2] Ermann, M.: Behandlungskrisen und die Widerstände des Psychoanalytikers. In: Forum der Psychoanalyse 3, 1987, S. 100–111.

[3] Sandler, J.: Gegenübertragung und Rollenübernahme. In: Psyche 4, 1976, S. 297–305.

[4] Jung, C. G.: Die Psychologie der Übertragung. In: Praxis der Psychotherapie, GW 16. Walter, Olten 1971; Sandler, J.: Gegenübertragung, a. a. O.

[5] Caplan, G.: Principles of Preventive Psychiatry. Tavistock Publications, London 1964.

[6] Jaspers, K.: Allgemeine Psychopathologie. Springer, Berlin 1965, S. 686.

[7] Vgl. Landau, E.: Kreatives Erleben. Reinhardt, München/Basel 1984.

[8] Kast, V.: Paare. Beziehungsphantasien oder Wie Götter sich in Menschen spiegeln. Kreuz, Stuttgart 1984.

[9] Ringel, E.: Selbstmordverhütung. Huber, Bern 1969.

[10] Hillman, J.: Selbstmord und seelische Wandlung. Daimon, Zürich 1980.

[11] Pöldinger, W./Stoll-Hürlimann, M.: Krisenintervention auf interdisziplinärer Basis. Huber, Bern 1980.

[12] Reimer, C. H./Henseler, H.: Selbstmordgefährdung, Problemata. Frommann-Holzboog, Stuttgart 1981.

[13] Améry, J.: Hand an sich legen. Diskurs über den Freitod. Klett-Cotta, Stuttgart 1976.

[14] Hillman, J.: Selbstmord, a. a. O.

[15] Jung, C. G.: Briefe II, 1946–1955. Walter, Olten 1972, S. 44 f.

[16] Jung, C. G.: Briefe II, a. a. O., S. 46 f.

[17] Leutwiler, A.: Über den Umgang mit Suizidgefährdeten. In: Pflüger, P. M. (Hrsg.): Kurzpsychotherapie und Krisenintervention. Bonz, Fellbach 1978, S. 119 ff.

[18] Henseler, H.: Narzißtische Krisen. Zur Psychodynamik des Selbstmords. Rowohlt/Studium rororo 58, Reinbek bei Hamburg 1974.

[18] Vgl. Asper, K.: Verlassenheit und Selbstentfremdung. Walter, Olten 1987.

[19] Ringel, E.: Selbstmordverhütung, a. a. O.

[20] Henseler, H.: Narzißtische Krisen, a. a. O.

[21] Koppány, I.: Zur Frage der Objektbeziehungen und des Selbstkonzeptes bei Suizidanten. In: Reimer/Henseler: Selbstmordgefährdung, a. a. O., S. 55 ff.

[22] Vgl. Reimer, C./Henseler, H.: Selbstmordgefährdung, a. a. O.

[23] Henseler, H.: Narzißtische Krisen, a. a. O.

[24] Hefti, M.: Selbstmord: Ein menschliches Phänomen. Dissertation an der Universität Zürich 1986.

[25] Kast, V.: Trauern. Phasen und Chancen des psychischen Prozesses. Kreuz, Stuttgart 1982.

[26] Lindemann, E.: Jenseits von Trauer. Vandenhoeck & Ruprecht, Göttingen 1985.

[27] Kast, V.: Paare, a. a. O.

[28] von Uexküll, Th./Wesiack, W.: Wissenschaftstheorie und psychosomatische Medizin, ein bio-psycho-soziales Modell. In: Psychosomatische Medizin (Hrsg. v. Uexküll/Adler/Herrmann/Köhle/Schonecke/Wesiack). Urban und Schwarzenberg, München 1986; Beck, D.: Krankheit als Selbstheilung. Suhrkamp Taschenbuch 1126, Frankfurt/M. 1985; Capra, F.: Wendezeit. Scherz-Verlag, Bern/München/Wien 1983; Overbeck, E.: Krankheit als Anpassung. Der sozio-psychosomatische Zirkel. Suhrkamp Taschenbuch 973, Frankfurt/M. 1984; Studt, H. H. (Hrsg.): Psychosomatik in Forschung und Praxis. Urban und Schwarzenberg, München/Wien/Baltimore 1983; Stuttgen, Th.: Interaktionelle Psychosomatik. Springer, Berlin 1985.

[29] vgl. Anmerkung 28.

[30] Vgl. Dieckmann, H.: Die libidinöse Wiederbesetzung des Körpers in der Psychosomatik. In: Zeitschrift für Analytische Psychologie Bd. 12, Nr. 4, 1981, S. 269ff.

[31] Wiesenhütter, E.: Blick nach drüben. GTB 196, Gütersloh 1976.

[32] Rechenberger, H. G.: Was ist Kurztherapie? In: Pflüger, P. M. (Hrsg.): Kurzpsychotherapie, a. a. O.; Beck, D.: Die Kurzpsychotherapie. Huber, Bern 1974.

[33] Malan, D. H.: Psychoanalytische Kurztherapie. Huber/Klett, Stuttgart 1962.

[34] Fürstenau, P.: Zur Theorie psychoanalytischer Praxis. Klett-Cotta, Stuttgart 1979.

[35] Willi, J.: Die Zweierbeziehung. Rowohlt, Reinbek bei Hamburg 1975.

[36] Kast, V.: Das Assoziationsexperiment in der therapeutischen Praxis. Bonz, Fellbach 1980.

[37] Franck, J.: Les facteurs curatifs des psychothérapies. Zit. in: Ciompi, L.: Gedanken zu den therapeutischen Möglichkeiten einer Technik der provozierten Krise. In: Psychiatrica clinica 10, 1977.

[38] Ciompi, L.: Gedanken, a. a. O.

[39] Jung, C. G.: Die Psychologie der Übertragung, a. a. O., S. 186–189; Vgl. Ermann, M.: Krisen, a. a. O.

[40] Vgl. Ermann, M.: Behandlungskrisen, a. a. O.

Literatur

Améry, J.: Hand an sich legen. Diskurs über den Freitod. Klett-Cotta, Stuttgart 1976.

Beck, D.: Die Kurzpsychotherapie. Huber, Berlin 1974.

– Krankheit als Selbstheilung. Suhrkamp Taschenbuch 1126, Frankfurt/M. 1985.

Bowlby, J.: Loss, Sadness and Depression. Hogarth Press, London 1965.

Capra, F.: Wendezeit. Scherz, Bern/München/Wien 1983.

Caplan, G.: Principles of Preventive Psychiatrie. Tavistock Publications, London 1964.

Ciompi, L.: Gedanken zu den therapeutischen Möglichkeiten einer Technik der provozierten Krise. In: Psychiatrica clinica 10, 1977, S. 96–101.

Dieckmann, H.: Die libidinöse Wiederbesetzung des Körpers in der Psychosomatik. In: Zeitschrift für Analytische Psychologie, Bd. 12, Nr. 4, 1981, S. 269–285.

Ermann, M.: Behandlungskrisen und die Widerstände des Psychoanalytikers. In: Forum der Psychoanalyse 3, 1987, S. 100–111.

Everstine, D. S./Everstine, L.: Krisentherapie. Klett-Cotta, Stuttgart 1985.

Franck, J.: Les facteurs curatifs des psychothérapies. In: Prisma 2, 1975, S. 5–20.

Fürstenau, P.: Zur Theorie psychoanalytischer Praxis. Klett-Cotta, Stuttgart 1979.

Gastager, H. (Hrsg.): Hilfe in Krisen. Herder/Vandenhoeck & Ruprecht, Göttingen 1982.

Gorer, G.: Death, Grief and Mourning. Camelot-Press, London 1965.

Gulan, N.: Krisenintervention. Strategien psychosozialer Hilfen. Lambertus, Freiburg i. Br. 1983.

Haase, H. J. (Hrsg.): Krisenintervention in der Psychiatrie. Schattauer, Stuttgart 1978.

Hefti, M.: Selbstmord: Ein menschliches Phänomen. Dissertation an der Universität Zürich 1986.

Heimann, P.: Bemerkungen zur Gegenübertragung. In: Psyche 18, 1964, S. 483–493.

Henseler, H.: Narzißtische Krisen. Zur Psychodynamik des Selbstmords. Rowohlt/Studium rororo 58, Reinbek 1974.

Hillman, J.: Selbstmord und seelische Wandlung. Daimon, Zürich 1980.

Jaspers, K.: Allgemeine Psychopathologie. Springer, Berlin 1965.

Jung, C. G.: Briefe II, 1946–1955. Walter, Olten 1972.

– Die Psychologie der Übertragung. In: Praxis der Psychotherapie, GW 16. Walter, Olten 1971.

Kast, V.: Das Assoziationsexperiment in der therapeutischen Praxis. Bonz, Fellbach 1980.

– Trauern. Phasen und Chancen des psychischen Prozesses. Kreuz, Stuttgart 1982.

– Paare. Beziehungsphantasien oder Wie Götter sich in Menschen spiegeln. Kreuz, Stuttgart 1984.

Koppány, I.: Zur Frage der Objektbeziehungen und des Selbstkonzeptes bei Suizidanten. In: Reimer, C. H./Henseler, H.: Selbstmordgefährdung, Problemata. Frommann-Holzboog, Stuttgart 1981.

Kübler-Ross, E.: Leben bis wir Abschied nehmen. Kreuz, Stuttgart 1979.

Landau, E.: Kreatives Erleben. Reinhardt, München/Basel 1984.

Leutwiler, A.: Über den Umgang mit Suizidgefährdeten. In: Pflüger, P. M. (Hrsg.): Kurzpsychotherapie und Krisenintervention. Bonz, Fellbach 1978.

Lindemann, E.: Jenseits von Trauer. Beiträge zur Krisenbewältigung und Krankheitsvorbeugung. Vandenhoeck & Ruprecht, Göttingen 1985.

Malan, D. H.: Psychoanalytische Kurztherapie. Huber/Klett, Stuttgart 1962.

Overbeck, E.: Krankheit als Anpassung. Der sozio-psychosomatische Zirkel. Suhrkamp Taschenbuch 973, Frankfurt/M. 1984.

Parkes, C. M.: Vereinsamung. Die Lebenskrise bei Partnerverlust. Rowohlt Taschenbuch 7130, Hamburg 1978.

Pöldinger, W., Stoll-Hürliman, H. (Hrsg.): Krisenintervention auf interdisziplinärer Basis. Huber, Bern 1980.

Pflüger, P. M. (Hrsg.): Kurzpsychotherapie und Krisenintervention. Bonz, Fellbach 1978.

Reimer, C. H./Henseler, H.: Selbstmordgefährdung, Problemata. Frommann-Holzboog, Stuttgart 1981.

Ringel, E.: Selbstmordverhütung. Huber, Bern 1969.

Rechenberger, H. G.: Was ist Kurztherapie? In: Pflüger, P. M. (Hrsg.): Kurzpsychotherapie und Krisenintervention. Bonz, Fellbach 1978.

Rothschild, B.: Seelische Not-Situationen. Beltz, Weinheim 1980.

– Seele in Not. Was tun? Fachverlag AG, Zürich 1980.

Sandler, J.: Gegenübertragung und Rollenübernahme. In: Psyche 4, 1976.

Stengel, E.: Selbstmord und Selbstmordversuch. Fischer, Frankfurt/M. 1969.

Studt, H. H. (Hrsg.): Psychosomatik in Forschung und Praxis. Urban und Schwarzenberg, München 1983.

Stuttgen, Th.: Interaktionelle Psychosomatik. Springer, Berlin 1985.

Tausch, A.-M.: Gespräche gegen die Angst. Rowohlt, Reinbek 1981.

von Uexküll, Th./Wesiack, W.: Wissenschaftstheorie und psychosomatische Medizin, ein bio-psycho-soziales Modell. In: Psychosomatische Medizin. (Hrsg. v. Uexküll/Adler/Herrmann/Köhle/Schonecke/Wesiack). Urban und Schwarzenberg, München 1986.

Wiesenhütter, E.: Blick nach drüben. GTB 196, Gütersloh 1976.

Willi, J.: Die Zweierbeziehung. Rowohlt, Reinbek bei Hamburg 1975.

– Therapie der Zweierbeziehung. Rowohlt, Reinbek bei Hamburg 1978.

Eugen Drewermann/Ingritt Neuhaus
Grimms Märchen
tiefenpsychologisch gedeutet

Das Mädchen ohne Hände
48 Seiten mit 12 Farbtafeln

Der goldene Vogel
64 Seiten mit 13 Farbtafeln

Marienkind
64 Seiten mit 8 Farbtafeln

Die Kristallkugel
64 Seiten mit 7 Farbtafeln

Frau Holle
52 Seiten mit 8 Farbtafeln

Schneeweißchen und Rosenrot
55 Seiten mit 6 Farbtafeln

Die kluge Else/Rapunzel
104 Seiten mit 4 Farbtafeln

Der Trommler
84 Seiten mit 4 Farbtafeln

Brüderchen und Schwesterchen
97 Seiten mit 4 Farbtafeln

Der Herr Gevatter/Der Gevatter Tod/Fundevogel
85 Seiten mit 4 Farbtafeln

Aschenputtel
104 Seiten mit 4 Farbtafeln

Die zwei Brüder
126 Seiten mit 4 Farbtafeln

WALTER-VERLAG

Arno Gruen
im dtv

Der Verrat am Selbst
Die Angst vor Autonomie
bei Mann und Frau

Heute aktueller denn je: der Begriff der Autonomie, der nicht Stärke und Überlegenheit meint, sondern die volle Übereinstimmung des Menschen mit seinen eigenen Gefühlen und Bedürfnissen. Wo sie nicht vorliegt – eher die Regel als die Ausnahme –, entstehen Abhängigkeit und Unterwerfung, Macht und Herrschaft. Ein Buch, das eine Grunddimension mitmenschlichen Daseins erfaßt.
dtv 35000

Der Wahnsinn der Normalität
Realismus als Krankheit:
eine grundlegende Theorie zur menschlichen Destruktivität

Arno Gruen legt die Wurzeln der Destruktivität frei, die sich viel öfter, als uns klar ist, hinter vermeintlicher Menschenfreundlichkeit oder »vernünftigem« Handeln verbergen. Er überzeugt durch die Vielzahl der Beispiele und schafft die Beweislage, daß dort, wo Innen- und Außenwelt auseinanderfallen, Verantwortung und Menschlichkeit ausbleiben.
dtv 35002

Falsche Götter
Über Liebe, Haß und die
Schwierigkeit des Friedens

»Ich meine nicht, daß man mit Politikern psychoanalytisch reden soll. Ich meine, daß man jemandem, der lügt, sagen soll, daß er lügt. Solange wir glauben, daß wir die Liebe dieser Leute benötigen, um erlöst zu werden, sind wir verloren. Wenn wir wieder lernen, andere Menschen auf eine natürliche Art empathisch wahrzunehmen, kann uns niemand mehr an der Nase herumführen.«
dtv 35059 (Januar 1993)

Erzählte Lebenshilfe

Frauen berichten vom
Kinderkriegen
Hrsg. v. Doris Reim
dtv 10242

Die geheimnisvolle Villa
Kinder der Kinderklinik
Tübingen erzählen
Geschichten zu einem
Bild
Herausgegeben von
Michael Klemm,
Gerlinde Hebeler und
Werner Häcker
Mit einer Zeichnung
dtv 30316

Gabriele M. Grafenhorst:
Abtreibung
Erfahrungsberichte zu
einem Tabu
dtv 30300

Germaine Greer:
Daddy
Die Geschichte eines
Fremden
dtv 30302

Torey L. Hayden:
Sheila
Der Kampf einer
mutigen Lehrerin um
die verschüttete Seele
eines Kindes
dtv 30056

Kein Kind wie alle
anderen
Wie eine Lehrerin mit
ungewöhnlichen
Methoden ihren
Schülern zu einem
besseren Leben verhilft
dtv 30004

Hüten und Hassen
Geschwister-Geschichten
Hrsg. v. Günter Franzen
und Boris Penth
dtv 11512

Ich habe ein behindertes
Kind
Mütter und Väter
berichten
Hrsg. v. Edith Zeile
dtv 10859

Harlan Lane:
Mit der Seele hören
Die Lebensgeschichte
des taubstummen
Laurent Clerc und sein
Kampf um die
Anerkennung der
Gebärdensprache
dtv 11314

Robert Lane:
Robby
Ein Zeugnis für die
unglaubliche Kraft des
Menschen, Leid durch
Verständnis und Liebe zu
überwinden
dtv 30016

Jacques Lusseyran:
Das wiedergefundene
Licht
Die Lebensgeschichte
eines Blinden im
französischen Widerstand
dtv/Klett-Cotta
dtv 30009

Das Leben beginnt heute
Erinnerungen
und Begegnungen
dtv/Klett-Cotta
dtv 30083

Klaus Möckel:
Hoffnung für Dan
Aus dem Alltag mit
einem behinderten Kind
dtv 30355

Christopher Nolan:
Unter dem Auge der Uhr
Ein autobiographischer
Bericht
dtv 30314

Clara C. Park:
Eine Seele lernt leben
Der erfolgreiche Kampf
einer Mutter um
ihr autistisches Kind
dtv 30347

Claus Stephani:
Niemandmensch:
Bericht einer
Gedemütigten
Originalausgabe
dtv 30324

Anneliese Ude:
Betty
Protokoll einer
Kinderpsychotherapie
dtv 30034

Tränen im Regenbogen
Phantastisches und
Wirkliches aufgeschrieben von Mädchen und
Jungen der Kinderklinik Tübingen
dtv 30331

Anneliese Ude-Pestel:
Ahmet
Geschichte einer
Kindertherapie
dtv 10070

Dietmar Zöller:
Wenn ich mit euch
reden könnte ...
Ein autistischer Junge
beschreibt sein Leben
dtv 30018

Dorothee Lehmann:
Dagmar
Der gemeinsame Weg
einer Mutter und ihres
mongoloiden Kindes zu
Reife und Lebensfreude
dtv 11372

Doris Lund:
Eric
Der wunderbare Funke
Leben
dtv 11259

dialog und praxis

Kinder
Eltern
Familie

Bruno Bettelheim:
Der Weg aus dem
Labyrinth
Leben lernen als
Therapie
dtv 15051

Themen meines
Lebens
Essays über Psycho-
analyse, Kinder-
erziehung und das
jüdische Schicksal
dtv 35062

Paula J. Caplan:
So viel Liebe,
so viel Haß
Zur Verbesserung
der Mutter-Tochter-
Beziehung
dtv 35060

Eugen Drewermann:
Lieb Schwesterlein,
laß mich herein
dtv 35050

Rapunzel, Rapunzel
laß dein Haar herunter
dtv 35056
Grimms Märchen
tiefenpsychologisch
gedeutet

Nancy Friday:
Eifersucht
Die dunkle Seite
der Liebe
dtv 35063

Sara Gilbert:
Morgen werde ich
schlank sein
Diät und Psyche
dtv 35064

Arno Gruen:
Der Verrat am Selbst
Die Angst
vor Autonomie
bei Mann und Frau
dtv 35000

Der Wahnsinn der
Normalität
Realismus als
Krankheit:
eine grundlegende
Theorie zur mensch-
lichen Destruktivität
dtv 35002

Falsche Götter
Über Liebe, Haß und
die Schwierigkeit des
Friedens
dtv 35059

Der frühe Abschied
Eine Deutung des
Plötzlichen Kindstodes
dtv 35066

dialog und praxis

Kinder Eltern Familie

Verena Kast:
Wege aus Angst
und Symbiose
Märchen psychologisch gedeutet
dtv 35020

Mann und Frau
im Märchen
Psychologische
Deutung
dtv 35001

Familienkonflikte
im Märchen
Psychologische
Deutung
dtv 35034

Wege zur Autonomie
Märchen psychologisch gedeutet
dtv 35014

Kinder verstehen
Ein psychologisches
Lesebuch für Eltern
Hrsg. v.
Sophie von Lenthe
dtv 35017

Irène Kummer:
Wendezeiten im Leben
der Frau
Krisen als Chance zur
Wandlung
dtv 35051

Maria Montessori:
Kinder sind anders
dtv / Klett-Cotta
dtv 35006

Christiane Olivier:
Jokastes Kinder
Die Psyche der Frau
im Schatten der
Mutter
dtv 35013

Gerlinde Ortner:
Märchen,
die Kindern helfen
Geschichten gegen
Angst und Aggression
und was man beim
Vorlesen wissen sollte
dtv 35065

Jirina Prekop:
Der kleine Tyrann
Welchen Halt
brauchen Kinder?
dtv 35019

Anne Wilson Schaef:
Im Zeitalter der Sucht
Wege aus
der Abhängigkeit
dtv 35022

Die Flucht vor der
Nähe
Warum Liebe,
die süchtig macht,
keine Liebe ist
dtv 35054